消防設備士　第7類　総目次

JN057041

はじめに

◎本書は、消防設備士第7類の試験合格に必要な知識及び過去の試験問題をまとめたものです。

◎試験問題は合計35問で構成されており、科目別の内容及び本書の章は次のとおりとなっています。

試験問題の科目別の内容			問題	本書
筆記	消防関係法令（共通）		6問	第1章　消防関係法令（全類共通）
	消防関係法令（7類）		4問	第2章　消防関係法令（第7類の内容）
	電気に関する基礎的知識		5問	第3章　電気に関する基礎的知識
	構造・機能及び整備	電気部分	9問	第4章　警報器の構造・機能（電気部分）
				第5章　警報器の点検・整備
		規格部分	6問	第6章　警報器の構造・機能（規格部分）
実技	鑑別等		5問	第7章　実技／鑑別等

◎合格基準は、筆記と実技で分かれています。

◎筆記の合格基準は各科目毎に40％以上の点数で、かつ、全体の出題数の60％以上の点数となっています。従って、ある科目の正解率が40％未満の場合は、他の科目全て満点であっても不合格となります。

◎実技の合格基準は、60％以上の点数となっています。実技は1つの問題について、問いが2～3問程度出されている場合が多く、この場合は配点が細分化されます。ただし、配点内容は公表されていません。

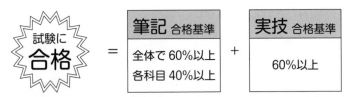

◎試験に合格するためには、筆記及び実技の両方で合格基準に達していなければなりません。なお、実技は「写真・イラスト・図面等による記述式」となっています。

◎各章では、項目を更に細かく区分し、各項目ごとにテキスト⇒過去問題⇒問題の正解・解説、の順番に編集してあります。消防設備士第7類について、基礎知識がない読者の方は、テキスト⇔過去問題⇔正解・解説を見比べて、問題の中身を理解して下さい。

◎基礎知識がついたら、過去問題を繰り返し解いて、必要な知識や数値を暗記するようにします。

◎過去問題の左端にある「□」はチェックマークを表しています。習熟度に応じてご活用下さい。また、問題文の最後の［★］は頻出問題であることを表し、［改］は法改正等に合わせて内容を一部変更していることを表しています。

◎［編］は、複数の類似問題を編集部で1つの問題にまとめたものであることを表しています。

◎「第1章　消防関係法令（全類共通）」使われている写真は、次のメーカーからご提供いただいたものです。本文で表記している略称と会社名は、次のとおりです。

〈写真協力〉

◇ヤマトプロテック…ヤマトプロテック株式会社

令和6年4月　消防設備士　編集部

一部免除について

◎電気工事士の免状を所有している方は、受験申請時に「科目免除」を行うと、以下のアミ部分が免除となり、**太枠部分の問題**で受験することになります。

試験問題の科目別の内容			問題	本書	
筆記	消防関係法令（共通）		6問	第1章	消防関係法令（全類共通）
	消防関係法令（7類）		4問	第2章	消防関係法令（第7類の内容）
	電気に関する基礎的知識		5問	第3章	電気に関する基礎的知識
	構造・機能及び整備	電気部分	9問	第4章	警報器の構造・機能（電気部分）
				第5章	警報器の点検・整備
		規格部分	6問	第6章	警報器の構造・機能（規格部分）
実技	鑑別等		5問	第7章	実技／鑑別等

◎電気主任技術者の資格を有している方は、受験申請時に「科目免除」を行うと、以下のアミ部分が免除となり、**太枠部分の問題**で受験することになります。

試験問題の科目別の内容			問題	本書	
筆記	消防関係法令（共通）		6問	第1章	消防関係法令（全類共通）
	消防関係法令（7類）		4問	第2章	消防関係法令（第7類の内容）
	電気に関する基礎的知識		5問	第3章	電気に関する基礎的知識
	構造・機能及び整備	電気部分	9問	第4章	警報器の構造・機能（電気部分）
				第5章	警報器の点検・整備
		規格部分	6問	第6章	警報器の構造・機能（規格部分）
実技	鑑別等		5問	第7章	実技／鑑別等

◎消防設備士 甲種第4類または乙種第4類の資格を有している方は、受験申請時に「科目免除」を行うと、以下のアミ部分が免除となり、**太枠部分**の問題で受験することになります。

試験問題の科目別の内容			問題	本書
筆記	消防関係法令（共通）		6問	第1章　消防関係法令（全類共通）
	消防関係法令（7類）		4問	第2章　消防関係法令（第7類の内容）
	電気に関する基礎的知識		5問	第3章　電気に関する基礎的知識
	構造・機能及び整備	電気部分	9問	第4章　警報器の構造・機能（電気部分）
				第5章　警報器の点検・整備
		規格部分	6問	第6章　警報器の構造・機能（規格部分）
実技	鑑別等		5問	第7章　実技／鑑別等

◎消防設備士 甲種第1・2・3・5類または乙種第1・2・3・5・6類のいずれかの資格を有している方は、受験申請時に「科目免除」を行うと、以下のアミ部分が免除となり、**太枠部分**の問題で受験することになります。

試験問題の科目別の内容			問題	本書
筆記	消防関係法令（共通）		6問	第1章　消防関係法令（全類共通）
	消防関係法令（7類）		4問	第2章　消防関係法令（第7類の内容）
	電気に関する基礎的知識		5問	第3章　電気に関する基礎的知識
	構造・機能及び整備	電気部分	9問	第4章　警報器の構造・機能（電気部分）
				第5章　警報器の点検・整備
		規格部分	6問	第6章　警報器の構造・機能（規格部分）
実技	鑑別等		5問	第7章　実技／鑑別等

◎その他、詳細については消防試験研究センターのHPをご確認ください。

法令の基礎知識

◎法令は、法律、政令、省令などで構成されている。法律は国会で制定されるものである。政令は、その法律を実施するための細かい規則や法律の委任に基づく規則をまとめたもので、内閣が制定する。省令は法律及び政令の更に細かい規則や委任事項をまとめたもので、各省の大臣が制定する。

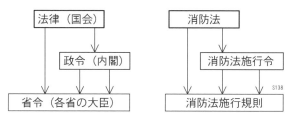

◎消防設備士に関係する法令をまとめると、次のとおりとなる。

消防設備士に関係する法令		本書の略称
法律	消防法	法
政令	消防法施行令	令、政令
	危険物の規制に関する政令	危険物令
総務省令	消防法施行規則	規則
	危険物の規制に関する規則	危険物規則
	漏電火災警報器に係る技術上の規格を定める省令	規格省令
	漏電火災警報器の設置基準の細目について	設置基準細目

5

◎法令では、法文を指定する場合、条の他に「項」と「号」を使用する。

〔法令の例（途中一部省略）〕

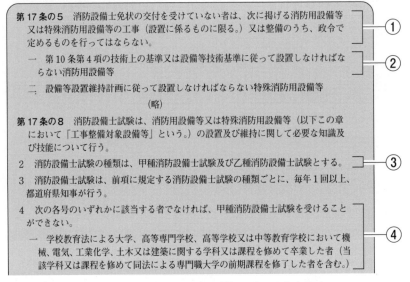

第17条の5 消防設備士免状の交付を受けていない者は、次に掲げる消防用設備等又は特殊消防用設備等の工事（設置に係るものに限る。）又は整備のうち、政令で定めるものを行ってはならない。 ─①

一　第10条第4項の技術上の基準又は設備等技術基準に従って設置しなければならない消防用設備等 ─②

二　設備等設置維持計画に従って設置しなければならない特殊消防用設備等

（略）

第17条の8 消防設備士試験は、消防用設備等又は特殊消防用設備等（以下この章において「工事整備対象設備等」という。）の設置及び維持に関して必要な知識及び技能について行う。

2　消防設備士試験の種類は、甲種消防設備士試験及び乙種消防設備士試験とする。 ─③

3　消防設備士試験は、前項に規定する消防設備士試験の種類ごとに、毎年1回以上、都道府県知事が行う。

4　次の各号のいずれかに該当する者でなければ、甲種消防設備士試験を受けることができない。 ─④

一　学校教育法による大学、高等専門学校、高等学校又は中等教育学校において機械、電気、工業化学、土木又は建築に関する学科又は課程を修めて卒業した者（当該学科又は課程を修めて同法による専門職大学の前期課程を修了した者を含む。）

①第17条の5　1項。1項しかない場合は「第17条の5」と略す。
②第17条の5　1項1号または第17条の5　1号。
③第17条の8　2項。
④第17条の8　4項1号。

注意：本書では、条以降の「第」を省略して表記している。

第1章　消防関係法令（全類共通）

1．消防法令上の定義

◎**防火対象物**とは、山林又は舟車、船きょ若しくはふ頭に繋留された船舶、建築物その他の工作物若しくはこれらに属する物をいう（法第2条2項）。

〔解説〕船きょとは、ドックとも呼ばれ、船の建造や修理などを行うために構築された設備である。工作物とは、人為的に作られたもので、建築物のほか橋やトンネルなど。

◎**消防対象物**とは、山林又は舟車、船きょ若しくはふ頭に繋留された船舶、建築物その他の工作物又は物件をいう（法第2条3項）。

〔解説〕物件とは、「又は」の前部で示されているもの以外の全てが対象となる。

防火は、火災を防ぐこと。また、消防は消火＋防火の意。

```
┌─────────────────────────────────┬──────┐
│            防火対象物              │ こ属 │
│ ［山林］ ［舟車］ ［船きょ(ドック)］│ れす │
│ ［繋留中の船舶］［建築物］［工作物］ │ らる │
├─────────────────────────────────┤ に物 │
│            ［物件］               │      │
│ 消防対象物                        │ S140 │
└─────────────────────────────────┴──────┘
```

【防火対象物と消防対象物のイメージ】

◎**関係者**とは、防火対象物又は消防対象物の**所有者**、**管理者**又は**占有者**をいう（法第2条4項）。

◎**関係のある場所**とは、防火対象物又は消防対象物のある場所をいう（法第2条5項）。

◎**舟車**とは、船舶安全法第2条1項の規定を適用しない船舶、端舟、はしけ、被曳船その他の舟及び車両をいう（法第2条6項）。

〔解説〕船舶安全法は船体、機関および諸設備について最低の技術基準を定め、船舶がこれを維持するよう強制している法律である。

◎**危険物**とは、消防法 別表第1の品名欄に掲げる物品で、同表に定める区分に応じ同表の性質欄に掲げる性状を有するものをいう（法第2条7項）。

〔消防法 別表第1〕

類別	性　質	品　名
第1類	酸化性固体	1．塩素酸塩類　　2．過塩素酸塩類　　（3〜　省略）
第2類	可燃性固体	1．硫化リン　　　2．赤リン　　　　（3〜　省略）
第3類	自然発火性物質及び禁水性物質	1．カリウム　　　2．ナトリウム　　（3〜　省略）
第4類	引火性液体	1．特殊引火物（ジエチルエーテルなど） 2．第一石油類（ガソリンなど） 3．第二石油類（灯油、軽油など）　　（4〜　省略）
第5類	自己反応性物質	1．有機過酸化物　2．硝酸エステル類　（3〜　省略）
第6類	酸化性液体	1．過塩素酸　　　2．過酸化水素　　（3〜　省略）

◎**消防用設備等**とは、政令で定める消防の用に供する設備、消防用水及び消火活動上必要な施設をいう（法第17条1項）。

◎**特定防火対象物**とは、法第17条1項の防火対象物（劇場、病院、飲食店、百貨店、旅館、地下街等）で多数の者が出入するものとして政令で定めるものをいう（法第17条の2の5　2項4号）。

◎**複合用途防火対象物**とは、防火対象物で政令で定める2以上の用途に供されるものをいう（法第8条1項）。

◎**住宅用防災機器**とは、住宅における火災の予防に資する機械器具又は設備であって政令で定めるものをいう（法第9条の2　1項）。

◎**無窓階**<ruby>無窓階<rt>むそうかい</rt></ruby>とは、建築物の地上階のうち、総務省令で定める**避難上又は消火活動上有効な開口部を有しない階**をいう（令第10条1項5号）。

◎令第10条1項5号の総務省令で定める避難上又は消火活動上有効な開口部を有しない階は、11階以上の階にあっては直径50cm以上の円が内接することができる開口部の面積の合計が当該階の床面積の30分の1を超える階（普通階）以外の階、10階以下の階にあっては直径1m以上の円が内接することができる開口部又はその幅及び高さがそれぞれ75cm以上及び1.2m以上の開口部（大型開口部）を2以上有する**普通階以外の階**とする（規則第5条の3　1項）。

〔解説〕無窓階については、この規定の他にも細かく定められている。無窓階では、内部からの避難が困難であり、かつ、消防隊の進入も困難と推測されるため、施設内に設置する消防用設備の基準が厳しくなる。

　　　　10階以下の階で床面積が15m×10m＝150m²の場合、75cm×1.2mの引き違い窓の必要個数を調べてみる。開口部の面積の合計（最小値）は、150m²／30＝5m²となる。引き違い窓1個当たりの開口部面積は75cm×1.2m×2＝1.8m²となり、普通階にするためには3個以上設置する必要がある。2個では無窓階となる。

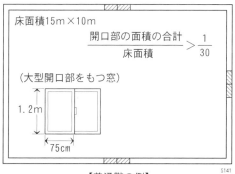

床面積15m×10m

$$\frac{開口部の面積の合計}{床面積} > \frac{1}{30}$$

（大型開口部をもつ窓）

1.2m

75cm

【普通階の例】
S141

◎**地階**とは、床が地盤面下にある階で、床面から地盤面までの高さがその階の天井の高さの3分の1以上のものをいう（建築基準法施行令第1条1項2号）。

第1章

【1】 消防法令に定める「関係者」として、誤っているものは次のうちどれか。

☐ 1. 防火対象物の管理者

2. 消防対象物の所有者

3. 防火対象物の防火管理者

4. 消防対象物の占有者

【2】 無窓階の説明として、消防法令上、正しいものは次のうちどれか。[編]

☐ 1. 建築物の外壁に窓を有しない階

2. 採光上又は排煙上有効な開口部を有しない階

3. 排煙上又は消火活動上有効な窓が一定基準に達しない階

4. 消火活動上有効な窓が一定基準に達しない階

5. 消火活動上有効な窓を有しない階

6. 避難上又は排煙上有効な開口部が一定基準に達しない階

7. 窓を有しない階

8. 避難上又は消火活動上有効な開口部を有しない階

【3】 消防法令に定められている用語の定義として、誤っているものは次のうちどれか。

☐ 1. 関係のある場所………防火対象物又は消防対象物のある場所をいう。

2. 舟車………………………船舶安全法第2条1項の規定を適用しない船舶、端舟、はしけ、被曳船その他の舟をいう。

3. 関係者…………………防火対象物又は消防対象物の所有者、管理者又は占有者をいう。

4. 複合用途防火対象物…防火対象物で政令で定める2以上の用途に供されるものをいう。

▶▶正解&解説………………………………………………………………………

【1】 正解3

【2】 正解8

【3】 正解2

2. 舟車とは、船舶安全法第2条1項の規定を適用しない船舶、端舟、はしけ、被曳船その他の舟及び車両をいう。

2. 消防法の基本

■1. 消防用設備等の設置及び維持

◎学校、病院、工場、事業場、興行場、百貨店、旅館、飲食店、地下街、複合用途防火対象物その他の防火対象物で政令で定めるものの関係者は、政令で定める消防の用に供する設備、消防用水及び消火活動上必要な施設（「消防用設備等」という）について消火、避難その他の消防の活動のために必要とされる性能を有するように、政令で定める技術上の基準に従って、設置し、及び維持しなければならない（法第17条1項）。

〔解説〕消防用設備規制の基本法は、この第17条1項にある。すなわち、

　　　　①政令で定める防火対象物の関係者は、

　　　　②政令で定める技術上の基準に従って、

　　　　③政令で定める消防用設備等を設置し、及び維持しなければならない。

　　①の政令で定める防火対象物は、法第2条2項で定める防火対象物のうち、令第6条（具体的には令別表第1）で指定されているものである。令別表第1には、戸建て一般住宅が含まれておらず、消防用設備等を設置・維持しなければならない防火対象物からは除外されている。

◎法第17条1項の政令で定める防火対象物は、「令別表第1（13P参照）」に掲げる防火対象物とする（令第6条）。

◎住宅の用途に供される防火対象物の関係者は、次項（法第9条の2　2項）の規定による**住宅用防災機器**（住宅における火災の予防に資する機械器具又は設備であって政令で定めるものをいう）の設置及び維持に関する基準に従って、住宅用防災機器を設置し、及び維持しなければならない（法第9条の2　1項）。

▶▶過去問題◀◀

【1】次の記述のうち、消防法令上、誤っているものは次のうちどれか。[★]

□　1．消防用設備等とは、消防の用に供する設備、消防用水及び消火活動上必要な施設をいう。

　　2．防火対象物の関係者とは、防火対象物の所有者、管理者又は占有者をいう。

　　3．消防用設備等を設置することが義務付けられている防火対象物は、病院、旅館等不特定多数の者が出入りする防火対象物に限られる。

　　4．戸建て一般住宅については、消防用設備等の設置義務はない。

【2】消防用設備等に関する記述として、消防法令上、正しいものは次のうちどれか。[★]

　□　1．消防用設備等を設置することが義務付けられている防火対象物は、学校、病院及び旅館等の不特定多数の者が出入りする防火対象物に限られている。

　　　2．戸建て一般住宅についても、一定の規模を超える場合、消防用設備等を設置しなければならない。

　　　3．消防用設備等とは、消防の用に供する設備及び消火活動上必要な施設をいう。

　　　4．政令で定める防火対象物の関係者は、政令で定める技術上の基準に従って消防用設備等を設置し、及び維持する義務がある。

▶▶正解＆解説‥‥‥‥‥‥‥‥‥‥‥‥‥‥‥‥‥‥‥‥‥‥‥‥‥‥‥‥‥‥‥‥‥‥‥‥‥‥‥

【1】正解3

　1．法第17条1項。

　2．法第2条4項。

　3．消防用設備等の設置が義務付けられている防火対象物は、令別表第1（13P）に掲げる用途の防火対象物である。病院、旅館等不特定多数の者が出入りする防火対象物に限られているわけではない。

　4．戸建て一般住宅については、「消防用設備等」の設置義務はないが、法第9条の2により、「住宅用防災機器」の設置義務がある。

【2】正解4

　1．消防用設備等の設置が義務付けられている防火対象物は、令別表第1（13P）に掲げる用途の防火対象物である。

　2．戸建て一般住宅は、その規模に関わらず「消防用設備等」を設置しなくてもよい。ただし、「住宅用防災機器」を設置しなければならない。

　3．消防用設備等とは、消防の用に供する設備、消防用水及び消火活動上必要な施設をいう。「消防用水」が抜けている。

　4．法第17条1項。

3. 防火対象物の区分

◆施行令 別表第1　　　　　　　　　　　　　　　　　□ は特定防火対象物

◎法第17条1項で定める**防火対象物**は、以下のとおりである。

(1)	イ	劇場、映画館、演芸場又は観覧場
	ロ	公会堂又は集会場
(2)	イ	キャバレー、ナイトクラブ、その他これらに類するもの
	ロ	遊技場又はダンスホール
	ハ	風俗店
	ニ	カラオケボックス、インターネットカフェ、漫画喫茶など個室を営む店舗
(3)	イ	待合、料理店その他これらに類するもの
	ロ	飲食店
(4)		百貨店、マーケットその他の物品販売業を営む店舗又は展示場
(5)	イ	旅館、ホテル、宿泊所その他これらに類するもの
	ロ	寄宿舎、下宿又は共同住宅
(6)	イ	①～③病院、入院・入所施設を有する診療所・助産所 ④入院・入所施設を有しない診療所・助産所
	ロ	①老人短期入所施設、養護老人ホーム、有料老人ホーム、②救護施設、 ③乳児院、④障害児入所施設、⑤障害者支援施設
	ハ	①老人デイサービスセンター、老人福祉センター ②更生施設 ③助産施設、保育所、幼保連携型認定こども園、児童養護施設、 　児童自立支援施設、児童家庭支援センター ④児童発達支援センター　　⑤身体障害者福祉センター
	ニ	幼稚園又は特別支援学校
(7)		小学校、中学校、義務教育学校、高等学校、中等教育学校、高等専門学校、大学、専修学校、各種学校その他これらに類するもの
(8)		図書館、博物館、美術館その他これらに類するもの
(9)	イ	公衆浴場のうち、蒸気浴場、熱気浴場その他これらに類するもの
	ロ	イに掲げる公衆浴場以外の公衆浴場
(10)		車両の停車場又は船舶若しくは航空機の発着場（旅客の乗降又は待合いの用に供する建築物に限る）
(11)		神社、寺院、教会その他これらに類するもの
(12)	イ	工場又は作業場
	ロ	映画スタジオ又はテレビスタジオ

(13)	イ	自動車車庫又は駐車場
	ロ	飛行機又は回転翼航空機の格納庫
(14)		倉庫
(15)		（1）～（14）に該当しない事業場（事務所、事務所からなる高層ビル、官公庁等）
(16)	イ	複合用途防火対象物のうち、その一部に特定用途（特定防火対象物となる用途）があるもの
	ロ	イに掲げる複合用途防火対象物以外の複合用途防火対象物
(16の2)		地下街
(16の3)		準地下街（地下道とそれに面する建築物の地階（（16の2）を除く））
(17)		重要文化財、重要有形民俗文化財、史跡、重要な文化財、重要美術品として認定された建造物
(18)		延長50m以上のアーケード
(19)		市町村長の指定する山林
(20)		総務省令で定める舟車

備考

1. 2以上の用途に供される防火対象物で第1条の2　2項後段の規定の適用により複合用途防火対象物以外の防火対象物となるものの主たる用途が（1）から（15）までの各項に掲げる防火対象物の用途であるときは、当該防火対象物は、当該各項に掲げる防火対象物とする。

2. （1）から（16）に掲げる用途に供される建築物が（16の2）に掲げる防火対象物内に存するときは、これらの建築物は、同項に掲げる防火対象物の部分とみなす。

3. （1）から（16）に掲げる用途に供される建築物又はその部分が（16の3）に掲げる防火対象物の部分に該当するものであるときは、これらの建築物又はその部分は、同項に掲げる防火対象物の部分であるほか、（1）から（16）に掲げる防火対象物又はその部分でもあるものとみなす。

4. （1）から（16）に掲げる用途に供される建築物その他の工作物又はその部分が（17）に掲げる防火対象物に該当するものであるときは、これらの建築物その他の工作物又はその部分は、同項に掲げる防火対象物であるほか、（1）から（16）に掲げる防火対象物又はその部分でもあるものとみなす。

【1】消防法令上、特定防火対象物に該当しないものは、次のうちどれか。[★]

☐ 1．小学校

　　2．物品販売店舗

　　3．旅館

　　4．公衆浴場のうち、蒸気浴場、熱気浴場その他これらに類するもの

【2】消防法令上、特定防火対象物に該当するものは、次のうちどれか。

☐ 1．小学校

　　2．共同住宅

　　3．百貨店

　　4．図書館

【3】消防法令上、特定防火対象物に該当しないものは、次のうちどれか。

☐ 1．飲食店

　　2．映画館

　　3．テレビスタジオ

　　4．幼稚園

【4】特定防火対象物の組合せとして、消防法令上、正しいものは次のうちどれか。

☐ 1．劇場、小学校及び幼稚園

　　2．公会堂、飲食店及び図書館

　　3．百貨店、ナイトクラブ及び工場

　　4．旅館、病院及びダンスホール

【5】消防法令上、特定防火対象物に該当するものは、次のうちどれか。

☐ 1．図書館と事務所からなる高層ビル

　　2．蒸気浴場、熱気浴場その他これらに類する公衆浴場

　　3．テレビスタジオが併設された映画スタジオ

　　4．冷凍倉庫を含む作業場

【1】正解1　　【2】正解3　　【3】正解3　　【4】正解4

主な特定防火対象物	特定防火対象物ではないもの
劇場、映画館、公会堂	共同住宅
ナイトクラブ、ダンスホール	小学校
飲食店	図書館
百貨店、物品販売店舗	工場、作業場（冷凍倉庫を含む）
旅館	映画スタジオ、テレビスタジオ
病院、保育所、幼稚園	倉庫
公衆浴場のうち、蒸気浴場、熱気浴場	事務所、事務所からなる高層ビル

【5】正解2

　　1と4は、2以上の用途に供されるため、複合用途防火対象物となる。ただし、いずれも特定用途ではないため、特定防火対象物とはならない。

4. 防火対象物の適用

■1. 同一敷地内における2以上の防火対象物

◎同一敷地内に管理について権原を有する者が同一の者である令別表第1（13P参照）に掲げる防火対象物が2以上あるときは、それらの防火対象物は、法第8条1項（防火管理者の選任等）の規定の適用については、一の防火対象物とみなす（令第2条）。

■2. 防火対象物の適用

◎防火対象物が開口部のない耐火構造の床又は壁で区画されているときは、その区画された部分は、この節（消防用設備等の設置及び維持の技術上の基準）の規定の適用については、それぞれ別の防火対象物とみなす（令第8条）。

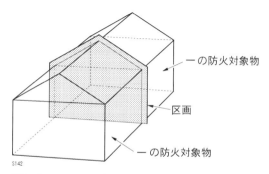

一の防火対象物

区画

一の防火対象物

S142

【開口部のない耐火構造の床又は壁による区画】

◎複合用途防火対象物の部分で、令別表第1の（1）～（15）の用途のいずれかに該当する用途に供されるものは、この節（消防用設備等の設置及び維持の技術上の基準で、一部除く）の規定の適用については、その管理者や階に関係なく、同一用途に供される部分を一の防火対象物とみなす（令第9条）。

◎特定防火対象物の地階で、地下街と一体をなすものとして消防長又は消防署長が指定したものは、スプリンクラー設備に関する基準、自動火災報知設備に関する基準、ガス漏れ火災警報設備に関する基準、非常警報器具又は非常警報設備に関する基準（それぞれ一部）の適用については、地下街の一部であるものとみなす（令第9条の2）。

■3．消防用設備等の1棟1設置単位の原則と例外

◎法第17条では、防火対象物の関係者について、消防用設備等の設置・維持の作為義務を定めている。

◎この場合、防火対象物の単位が重要となってくる。法令では、防火対象物について消防用設備等を設置する上での基本単位を、建築物の「棟」としている（「消防用設備等の設置単位について」）。

◎ただし、同じ棟であっても別の防火対象物とみなす場合がある。この例外規定を定めているのが、令第8条・9条・9条の2などである。

◎令第8条は、一の防火対象物であってもある条件を満たせば、区画された部分は別の防火対象物と見なすというものである。この規定による区画は、第8条による規定であることから、「令8区画」と俗称されている。ただし、「開口部」のないことが厳格に運用されている。この「開口部」とは、採光、換気、通風、出入等のために設けられた出入口、窓、パイプ、階段等を指す。

◎令第9条は、令別表第1の（16）の複合用途防火対象物で（1）〜（15）までのいずれかの用途に供されるものは、その管理者や階に関係なく、**同一用途に供される部分を一の防火対象物とみなして**、技術上の基準を適用するというものである。

◎ただし、火災発生時に極めて重要な役割を果たす**スプリンクラー設備、自動火災報知設備、ガス漏れ火災警報設備、漏電火災警報器、非常警報装置、避難器具及び誘導灯**は、この令第9条の適用を受けることができない。

▶▶過去問題◀◀

【1】消防用設備等を設置する場合の防火対象物の基準について、消防法令上、正しいものは次のうちどれか。［★］

☐　1．防火対象物が開口部のない耐火構造の床又は壁で区画されているときは、それぞれ別の防火対象物とみなされる。

　　2．同一敷地内にある2以上の防火対象物は、原則として一の防火対象物とみなされる。

　　3．設置することが義務付けられている防火対象物は、百貨店、病院、旅館等不特定多数の者が出入りする防火対象物に限られている。

　　4．戸建て一般住宅についても一定の規模を超える場合、消防用設備等の設置を義務付けられる場合がある。

【2】消防用設備等の設置に関する説明として、消防法令上、正しいものは次のうちどれか。

□　1．防火対象物が開口部のない耐火構造の床又は壁で区画されているときは、それぞれ別の防火対象物とみなして消防用設備等を設置しなければならない。

　　2．防火対象物が耐火構造の壁で区画され、かつ、階層を異にするときは、それぞれ別の防火対象物とみなして消防用設備等を設置しなければならない。

　　3．複合用途防火対象物については、常にそれぞれの用途ごとに消防用設備等を設置しなければならない。

　　4．複合用途防火対象物については、主たる用途に適応する消防用設備等を設置しなければならない。

【3】消防用設備等の設置単位は原則として棟ごとであるが、同一棟内の部分でも別の防火対象物とみなされるものとして、消防法令上、正しいものは次のうちどれか。［編］

□　1．耐火構造の建物で、特定防火設備である防火戸又は壁で区画された部分。

　　2．耐火建築物又は準耐火建築物で、特定防火設備である防火戸及び耐火構造の床又は壁で区画された部分。

　　3．耐火建築物で、特定防火設備である防火戸及び耐火構造の床又は壁で区画された部分。

　　4．防火構造の床又は壁で区画され、開口部は特定防火設備である防火戸で区画された部分。

　　5．防火構造の床又は壁で区画され、かつ、開口部にはドレンチャー設備が設けられた部分。

　　6．開口部のない耐火構造の床又は壁で区画された部分。

　　7．開口部のない耐火構造の床及び特定防火設備である防火戸を有する壁で区画された部分。

【4】消防用設備等を設置しなければならない防火対象物に関する説明として、消防法令上、誤っているものは次のうちどれか。

□　1．防火対象物が開口部のない耐火構造の床又は壁で区画されたときは、消防用設備等の設置について、その区画された部分をそれぞれ別の防火対象物とみなす。

　　2．複合用途防火対象物で同一の用途に供される部分は、消防用設備等の設置について、用途の管理者又は階に関係なく一の防火対象物とみなされる場合がある。

　　3．同一敷地内にある2以上の防火対象物で、外壁間の中心線からの水平距離が1階は3m以下、2階以上は5m以下で近接する場合、消防用設備等の設置について、1棟とみなされる。

　　4．特定防火対象物の地階で、地下街と一体を成すものとして消防長又は消防署長が指定したものは、消防用設備等の設置について、地下街の一部とみなされる場合がある。

【5】1階が物品販売店舗、2階が料理店である防火対象物に消防用設備等を設置する場合について、消防法令上、正しいものは次のうちどれか。

□　1．1階と2階の管理者が別であれば、それぞれ別の防火対象物とみなす。

　　2．1階と2階が耐火構造の床又は壁で区画され、かつ、開口部に特定防火設備である防火戸が設けられていれば、それぞれ別の防火対象物とみなす。

　　3．階段部分を除き、1階と2階が耐火構造の床又は壁で区画されていれば、それぞれ別の防火対象物とみなす。

　　4．1階と2階が開口部のない耐火構造の床又は壁で区画されていれば、それぞれ別の防火対象物とみなす。

【6】消防用設備等の設置及び維持に関する記述として、消防法令上、誤っているものは次のうちどれか。

□　1．市町村は、その地方の気候又は風土の特殊性により、消防用設備等の技術上の基準に関する政令又はこれに基づく命令の規定のみによっては防火の目的を充分に達しがたいと認めるときは、条例で当該規定と異なる規定を設けることができる。

　　2．政令別表第1（16）項に掲げる防火対象物の部分で、同表（16）項以外の防火対象物の用途のいずれかに該当する用途に供されるものは、消防用設備等の設置及び維持の技術上の基準の適用について、同一用途に供される部分を一の防火対象物とみなす。

3．防火対象物の構造の別を問わず、当該防火対象物が開口部のない耐火構造の床又は壁で区画されているときは、その区画された部分は、消防用設備等の設置及び維持の技術上の基準の適用について、それぞれ別の防火対象物とみなす。

4．政令別表第1に定める防火対象物以外の防火対象物については、消防法第17条第1項に規定する消防用設備等の設置義務はない。

▶▶正解＆解説‥‥

【1】正解1

2．同一敷地内に2以上の防火対象物があり、管理について権原を有する者が同一の者である場合は、一の防火対象物とみなされるが、単に同一敷地内にあるだけでは、それぞれ別の防火対象物となる。

3．消防用設備等の設置が義務付けられている防火対象物は、令別表第1（13P）に掲げる用途の防火対象物である。病院、旅館等不特定多数の者が出入りする防火対象物に限られているわけではない。

4．戸建て一般住宅は、その規模に関わらず「消防用設備等」を設置しなくてもよい。ただし、「住宅用防災機器」を設置しなければならない。

【2】正解1

2．この場合、「開口部のない耐火構造の床」で区画されていないことから、別の防火対象物とはみなされない。

3．複合用途防火対象物の場合、令別表第1の（1）〜（15）のいずれかに該当する用途に供されるものについては、同一用途に供される部分を一の防火対象物とみなすが、令別表第1の（16）〜（20）については対象外となる（令第9条）。

4．複合用途防火対象物の場合、令別表第1の（1）〜（15）のいずれかに該当する用途に供されるものについては、同一用途に供される部分を一の防火対象物とみなすため、同一用途ごとに適応する消防用設備等を設置しなければならない。

【3】正解6

1〜5＆7．「開口部のない耐火構造の床又は壁で区画」されていない部分は、一の防火対象物と見なされる。

6．開口部のない耐火構造の床又は壁で区画された部分は、それぞれ別の防火対象物とみなされる。

※ドレンチャー設備とは、建築物の外周に配置された複数のドレンチャーヘッドから水を放水して水幕を作り、飛散する火の粉やふく射熱から建築物を守る防火設備。

※防火設備とは、建築基準法に規定されている建物内において延焼を防止するため（または延焼リスクの高い部分）に設けられる防火戸などを指す。特定防火設備は、火災の火炎を受けても１時間以上火炎が貫通しない構造のものと規定されている。「特定防火設備である防火戸」は、常時閉鎖型防火戸と随時閉鎖型防火戸がある。ただし、令８区画との関連はない。

【４】正解３

3．この場合、屋外消火栓設備の設置に関してのみ、一の建築物とみなす（令第19条２項）。全ての消防用設備等を対象としているわけではない。屋外消火栓設備では、建築物ごとに１階及び２階の床面積の合計が一定数値以上のものについて、設置しなければならない。

（屋外消火栓設備に関する基準）

第19条　屋外消火栓設備は、令別表第１に掲げる建築物で、床面積（地階を除く階数が１であるものにあっては１階の床面積を、地階を除く階数が２以上であるものにあっては１階及び２階の部分の床面積の合計をいう）が、耐火建築物にあっては9,000m²以上、準耐火建築物（建築基準法第２条９号の３に規定する準耐火建築物をいう）にあっては6,000m²以上、その他の建築物にあっては3,000m²以上のものについて設置するものとする。

　　2　同一敷地内にある２以上の令別表第１に掲げる建築物（耐火建築物及び準耐火建築物を除く。）で、当該建築物相互の１階の外壁間の中心線からの水平距離が、１階にあっては３m以下、２階にあっては５m以下である部分を有するものは、前項の規定の適用については、一の建築物とみなす。

【５】正解４

この問題の防火対象物は、特定用途を含む、一の複合用途防火対象物となる。

1．複合用途防火対象物は、同一用途ごとに一の防火対象物とみなす。そのため、管理者が別でなくても、この場合、それぞれ別の防火対象物とみなす。

2．区画されている部分に開口部があってはならない。

3．この場合、階段部分が開口部となる。

【６】正解２

1．「14．消防用設備等の技術上の基準と異なる規定」62P参照。

2．例外として、「スプリンクラー設備、自動火災報知設備、ガス漏れ火災警報設備、漏電火災警報器等は、令第９条の適用を受けず、複合用途防火対象物として設置・維持しなければならない」。

　　これらの消防用設備等は、火災発生時などに重要な役割を担うため、用途に限らず防火対象物に設置する必要がある。

3．令第８条の規定は、防火対象物の構造の別（耐火構造や準耐火構造など）は問わない。

4．「２．消防法の基本」11P参照。

5. 消防用設備等の種類

◎消防用設備等とは、政令で定める消防の用に供する設備、消防用水及び消火活動上必要な施設をいう（法第17条1項）。

◎法第17条1項の政令で定める消防の用に供する設備は、消火設備、警報設備及び避難設備とする（令第7条1項）。

◎消火設備は、水その他消火剤を使用して消火を行う機械器具又は設備であって、次に掲げるものとする（令第7条2項）。

1．消火器及び次に掲げる簡易消火用具
　　イ．水バケツ　　ロ．水槽　　ハ．乾燥砂　　ニ．膨張ひる石又は膨張真珠岩
2．屋内消火栓設備
3．スプリンクラー設備
4．水噴霧消火設備
5．泡消火設備
6．不活性ガス消火設備
7．ハロゲン化物消火設備
8．粉末消火設備
9．屋外消火栓設備
10．動力消防ポンプ設備

◎警報設備は、火災の発生を報知する機械器具又は設備であって、次に掲げるものとする（令第7条3項）。

1．自動火災報知設備
1の2．ガス漏れ火災警報設備
2．漏電火災警報器
3．消防機関へ通報する火災報知設備
4．警鐘、携帯用拡声器、手動式サイレンその他の非常警報器具及び次に掲げる非常警報設備
　　イ．非常ベル　　ロ．自動式サイレン　　ハ．放送設備

◎避難設備は、火災が発生した場合において避難するために用いる機械器具又は設備であって、次に掲げるものとする（令第7条4項）。

1．すべり台、避難はしご、救助袋、緩降機、避難橋その他の避難器具
2．誘導灯及び誘導標識

◎法第17条1項の政令で定める消防用水は、防火水槽又はこれに代わる貯水池その他の用水とする（令第7条5項）。

◎法第17条１項の政令で定める**消火活動上必要な施設**は、排煙設備、連結散水設備、連結送水管、非常コンセント設備及び無線通信補助設備とする（令第７条６項）。

◎**連結散水設備**は、散水ヘッド、配管、送水口等から構成されている。火災の際に消防ポンプ自動車が送水口から送水すると、水は配管を通り、地階の天井に設けてある散水ヘッドから散水する。

◎**連結送水管**は、送水口、放水口、放水用具、配管等から構成されている。ビルに火災が発生すると、消防隊は火災階に急行し、その階の放水口にホースを接続する。同時に、消防ポンプ自動車が送水口から圧送すれば、直ちに放水できる。

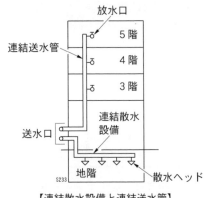

【連結散水設備と連結送水管】

▶▶過去問題◀◀

【1】消防法令上、一定の防火対象物の関係者は、消防用設備等を設置し、維持することが義務づけられているが、これに関する説明として、正しいものは次のうちどれか。

☐ 　1．設置することが義務付けられている防火対象物は、百貨店、病院、旅館等の不特定多数の者が出入する防火対象物に限られる。

　　2．一戸建ての住宅についても、一定の規模を超える場合、消防用設備等を設置しなければならない。

　　3．防火対象物の関係者とは、防火対象物の所有者、管理者又は占有者をいう。この関係者で権原を有するものが、設置し維持すべきことに対する命令に違反した場合、処罰の対象となる。

　　4．消防用設備等とは、消防の用に供する設備、消防用水及び消火活動上必要な施設をいい、水バケツはこれに含まれない。

【2】消防用設備等の設置及び維持に関する説明として、消防法令上、正しいものは次のうちどれか。

- [ ] 1．消防用設備等を政令で定める技術上の基準に従って設置し、及び維持することが義務付けられているのは、防火対象物の所有者ではなく、防火管理者である。
  2．消防用設備等とは、政令で定める消防の用に供する設備、消防用水及び消火活動上必要な施設をいう。
  3．消防用設備等を設置することが義務付けられている防火対象物は、百貨店、病院、ホテル等の特定防火対象物に限られる。
  4．防火対象物とは、山林又は舟車、船きょ若しくはふ頭に繋留された船舶、建築物その他の工作物又は物件をいう。

【3】消防法令に定められている用語の定義又は説明として、誤っているものは次のうちどれか。[★]

- [ ] 1．消防の用に供する設備……消火設備、警報設備及び避難設備をいう。
  2．消火活動上必要な施設……排煙設備、連結散水設備及び動力消防ポンプ設備をいう。
  3．防火対象物の関係者………防火対象物の所有者、管理者又は占有者をいう。
  4．複合用途防火対象物………政令で定める2以上の用途に供される防火対象物をいう。

【4】消防用設備等の種類について、消防法令上、誤っているものは次のうちどれか。[★]

- [ ] 1．動力消防ポンプ設備は、スプリンクラー設備と同じく、消火設備に含まれる。
  2．自動火災報知設備は、非常警報設備と同じく、警報設備に含まれる。
  3．避難橋は、すべり台や誘導灯と同じく、避難設備に含まれる。
  4．消防機関へ通報する火災報知設備は、無線通信補助設備と同じく、消火活動上必要な施設に含まれる。

【5】消防用設備等の種類について、消防法令上、誤っているものは次のうちどれか。

- [ ] 1．屋内消火栓設備は、スプリンクラー設備と同じく、消火設備に含まれる。
  2．連結送水管は、消火器と同じく、消火設備に含まれる。
  3．避難橋は、すべり台や誘導灯と同じく、避難設備に含まれる。
  4．漏電火災警報器は、非常警報設備と同じく、警報設備に含まれる。

【6】 消防法令上、「警報設備」に含まれないものは、次のうちどれか。[★]

☐ 1．消防機関へ通報する火災報知設備　　2．手動式サイレン

　　3．放送設備　　　　　　　　　　　　4．無線通信補助設備

▶▶正解&解説…………………………………………………………………………………

【1】正解3

　1．消防用設備等の設置が義務付けられている防火対象物は、令別表第1に掲げる用途の防火対象物である。病院、旅館等不特定多数の者が出入りする防火対象物に限られているわけではない。「3．防火対象物の区分」13P参照。

　2．戸建て一般住宅は、その規模に関わらず「消防用設備等」を設置しなくてもよい。ただし、「住宅用防災機器」を設置しなければならない。「2．消防法の基本」11P参照。

　3．消防長又は消防署長は、防火対象物の関係者で権原を有する者に対し、消防用設備等の設置維持命令を出すことができる（法第17条の4）。この命令の違反者は、1年以下の懲役または100万円以下の罰金に処せられる（法第41条1項5号）。

　4．水バケツ、水槽、乾燥砂、膨張ひる石または膨張真珠岩は、簡易消火用具として「消防の用に供する設備」の消火設備に含まれる。

【2】正解2

　1．設置・維持が義務付けられているのは、防火対象物の関係者（所有者など）で、防火管理者ではない。「2．消防法の基本」11P参照。

　3．消防用設備等の設置が義務付けられている防火対象物は、令別表第1に掲げる用途の防火対象物である。特定防火対象物に限られているわけではない。「3．防火対象物の区分」13P参照。

　4．防火対象物とは、山林又は舟車、船きょ若しくはふ頭に繋留された船舶、建築物その他の工作物若しくはこれらに属する物をいう。設問の内容は「消防対象物」。「1．消防法令上の定義」8P参照。

【3】正解2

　2．消火活動上必要な施設は、排煙設備、連結散水設備、連結送水管、非常コンセント設備及び無線通信補助設備をいう。動力消防ポンプ設備は、「消防の用に供する設備」の消火設備に含まれる。

【4】正解4

　3．「避難橋（ひなんきょう）」は、建築物相互を連結する橋状のもの（避難器具の基準　消防庁告示第1号）をいい、避難設備に含まれる。

　4．「消火活動上必要な施設」は、排煙設備、連結散水設備、連結送水管、非常コンセント設備及び無線通信補助設備をいう。消防機関へ通報する火災報知設備は、「消防の用に供する設備」の警報設備に含まれる。

【5】正解2

2．連結送水管は、「消火活動上必要な施設」に含まれる。

【6】正解4

1〜3．いずれも「警報設備」に含まれる。

4．無線通信補助設備は、「消火活動上必要な施設」に含まれる。

▍6．既存防火対象物に対する適用除外

■1．技術上の基準に関する従前の規定の適用

◎法第17条1項の消防用設備等の技術上の基準に関する政令などを施行または適用する際、現在すでに存在する防火対象物における消防用設備等、または現在新築、増築、改築、移転、修繕若しくは模様替えの工事中の防火対象物に係る消防用設備等が、政令などの規定に適合しないときは、消防用設備等に対し、当該規定は、適用しない。この場合においては、当該消防用設備等の技術上の基準に関する**従前の規定を適用**する（法第17条の2の5　1項）。

〔解説〕この規定は、消防用設備等の技術上の基準が改正された後であっても、既存する消防用設備等については、従前の規定を適用することを定めたものである。ただし、従前の規定が適用されない消防用設備等がある他、従前の規定が適用されない場合もある。

■2．従前の規定が適用されない消防用設備等

◎法第17条の2の5　1項において、次に掲げる消防用設備等は、消防用設備等の技術上の基準に関する従前の規定を適用しないものとする（令第34条など）。

①簡易消火用具

②不活性ガス消火設備（全域放出方式のもので省令で定める不活性ガス消火剤（二酸化炭素）を放射するものに限る。）（不活性ガス消火設備の設置及び維持に関する技術上の基準であって省令で定めるものの適用を受ける部分に限る。）

③自動火災報知設備（特定防火対象物などに設けるものに限る。）

④ガス漏れ火災警報設備（特定防火対象物などに設けるものに限る。）

⑤漏電火災警報器

⑥非常警報器具及び非常警報設備

⑦誘導灯及び誘導標識

⑧必要とされる防火安全性能を有する消防の用に供する設備等であって、**消火器、避難器具**及び①〜⑦の消防用設備等に類するものとして消防庁長官が定めるもの

■3．従前の規定が適用されないケース

◎法第17条の2の5　1項の規定は、消防用設備等で次のいずれかに該当するものについては、適用しない（法第17条の2の5　2項1号〜4号）。

①法第17条1項の消防用設備等の技術上の基準に関する政令などの従前規定に対し、もともと消防用設備等が**違反**しているとき。

②工事の着手が、法第17条1項の消防用設備等の技術上の基準に関する政令などの施行又は適用の後で、政令で定める増築、改築〔※1〕又は大規模の修繕若しくは模様替え〔※2〕を行ったとき。

〔※1〕政令で定める増築及び改築は、次に掲げるものとする（令第34条の2）。

- 工事の着手が基準時以後である増築又は改築に係る当該防火対象物の部分の床面積の合計が、**1,000m²以上**となるもの

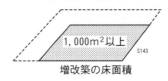

1,000m²以上　S143

増改築の床面積

- 工事の着手が基準時以後である増築又は改築に係る当該防火対象物の部分の床面積の合計が、基準時における当該防火対象物の延べ面積の**2分の1以上**となるもの

$\frac{1}{2}$ 以上

増改築の床面積

〔解説〕基準時とは、防火対象物における消防用設備等について、それらの規定が適用されない期間の始期をいう。

〔※2〕大規模の修繕及び模様替えは、当該防火対象物の主要構造部である**壁**について行う**過半**の修繕又は模様替えとする（令第34条の3）。

〔解説〕修繕は、建築物の全部又は一部の除去等を伴わない程度の主要構造部の現状回復的工事。模様替えは、建築物の全部又は一部の除去、増加等を伴わない範囲で主要構造部を変更する工事。

③消防用設備等が、消防用設備等の技術上の基準に関する政令等の規定に適合するに至っているもの。

〔解説〕この場合、将来にわたり消防用設備等を技術上の基準（適合時の基準）に従って設置し、及び維持しなければならないことになる。従前の規定は適用されない。

④**特定防火対象物**における消防用設備等であるとき、又は消防用設備等の技術上の基準に関する政令等の施行又は適用の際、現に新築、増築、改築、移転、修繕若しくは模様替えの工事中の特定防火対象物に係る消防用設備等であるとき。

〔解説〕この規定により、特定防火対象物については、消防用設備等の技術上の基準が改正されるごとに、新規定が適用されることになる。また、新築・増築・改築中の特定防火対象物は、設計を変更するなどして消防用設備等を新規定に適合させなければならない。

▶▶ 過去問題 ◀◀

【1】消防用設備等の技術上の基準に関する政令若しくはこれに基づく命令の規定が改正されたとき、改正後の規定に適合させなければならない消防用設備等として、消防法令上、正しいものは次のうちどれか。[★]〔編〕

□　1．工場に設置されている屋内消火栓設備
　　2．展示場に設置されている自動火災報知設備
　　3．ラック式倉庫に設置されているスプリンクラー設備
　　4．図書館の蔵書室に設置されている窒素を放射する不活性ガス消火設備

【2】用途が事務所である防火対象物において、消防用設備等の技術上の基準に関する政令又はこれに基づく命令の規定が改正されたとき、改正後の規定に適合させなければならない消防用設備等として、消防法令上、誤っているものは次のうちどれか。ただし、防火対象物の構造、用途、規模の変更等はないものとする。

□　1．消火器　　　　　　2．避難器具
　　3．屋内消火栓設備　　4．誘導灯

【3】消防用設備等の技術上の基準に関する政令若しくはこれに基づく命令の規定が改正されたとき、改正後の規定に適合させなければならない消防用設備等として、消防法令上、正しいものは次のうちどれか。ただし、防火対象物の構造、用途、規模の変更等はないものとする。

□　1．スプリンクラー設備　　2．動力消防ポンプ設備
　　3．非常警報設備　　　　　4．排煙設備

【4】既存の特定防火対象物以外の防火対象物を消防用設備等（消火器、避難器具等を除く。）の技術上の基準が改正された後に増築した場合、消防用設備等を改正後の基準に適合させなければならないものとして、消防法令上、正しいものは次のうちどれか。ただし、当該消防用設備等は従前の規定に適合しているものとする。

- □ 1．増築部分の床面積の合計が、500m²を超え、かつ、増築前の延べ面積の1／3以上である場合
  2．増築部分の床面積の合計が、500m²以上であるか、又は増築前の延べ面積の1／3以上である場合
  3．増築部分の床面積の合計が、1,000m²を超え、かつ、増築前の延べ面積の1／2以上である場合
  4．増築部分の床面積の合計が、1,000m²以上であるか、又は増築前の延べ面積の1／2以上である場合

【5】防火対象物を消防用設備等の技術上の基準が改正された後に増築又は改築した場合、消防用設備等を改正後の基準に適合させなければならない増築又は改築の規模として、消防法令上、正しいものは次のうちどれか。

- □ 1．増築に係る当該防火対象物の部分の床面積の合計が、増築前の延べ面積の1／3となる場合
  2．改築に係る当該防火対象物の部分の床面積の合計が、1,000m²となる場合
  3．増築に係る当該防火対象物の部分の床面積の合計が、500m²となる場合
  4．増築又は改築以前の当該防火対象物の延べ面積と、増築又は改築後の延べ面積との差が、500m²となる場合

【6】既存の防火対象物を消防用設備等の技術上の基準が改正された後に増築、改築又は修繕若しくは模様替えをした場合、消防用設備等を改正後の基準に適合させなければならない増築、改築又は修繕若しくは模様替えに該当するものとして、消防法令上、正しいものは次のうちどれか。

- □ 1．延べ面積が1,000m²の倉庫を1,200m²に増築する。
  2．延べ面積が1,500m²の工場のうち500m²を改築する。
  3．延べ面積が2,000m²の遊技場の主要構造部である壁を2／3にわたって模様替えする。
  4．延べ面積が2,500m²の劇場の主要構造部である壁を1／3にわたって修繕する。

【7】 消防法令上、設備等技術基準の施行又は適用の際、既に存する防火対象物における消防用設備等（消火器、避難器具その他政令で定めるものを除く。）がこれらの規定に適合せず、当該規定が適用されていないとき、当該防火対象物を増築する場合、当該消防用設備等を当該規定に適合させなければならないものは次のうちどれか。ただし、当該消防用設備等は、従前の規定に適合しているものとする。[編]

☐ 1. 基準時の延べ面積が1,000m²の工場を1,500m²に増築するもの

2. 基準時の延べ面積が1,500m²の倉庫を2,000m²に増築するもの

3. 基準時の延べ面積が2,500m²の図書館のうち、700m²を改築するもの

4. 基準時の延べ面積が2,500m²の図書館を3,200m²に増築するもの

5. 基準時の延べ面積が3,000m²の中学校のうち、800m²を改築するもの

6. 基準時の延べ面積が3,000m²の中学校を3,800m²に増築するもの

【8】 現に存する特定防火対象物以外の防火対象物における消防用設備等（消火器・避難器具その他政令で定めるものを除く。）に係る設備等技術基準が改正された後に、当該防火対象物の大規模の修繕または模様替えを行った場合、当該消防用設備等を改正後の基準に適合させなければならない大規模の修繕および模様替えとして、消防法令上、正しいものは次のうちどれか。ただし、当該消防用設備等は、従前の規定に適合しているものとする。

☐ 1. 主要構造部である屋根及び柱について行う、それぞれ過半の修繕又は模様替え

2. 主要構造部である床について行う、過半の修繕又は模様替え

3. 主要構造部である壁について行う、過半の修繕又は模様替え

4. 主要構造部である天井・床及び屋根について行う、それぞれ過半の修繕又は模様替え

【9】 既存の防火対象物における消防用設備等は、設備等に関する法令の改正があっても、原則として、改正前の基準に適合していればよいと規定されているが、法令の改正後に一定の「修繕」が行われた場合は、この規定は適用されず、改正後の基準に適合させなければならない。この一定の「修繕」に該当するものは、次のうちどれか。

☐ 1. 主要構造部である柱を2分の1にわたって修繕したもの

2. 主要構造部である床を2分の1にわたって修繕したもの

3. 主要構造部である壁を3分の2にわたって修繕したもの

4. 主要構造部である屋根を3分の2にわたって修繕したもの

【10】 防火対象物の増築に関する次の記述において、文中の （ ） に当てはまる数値として、消防法令上、正しいものは次のうちどれか。

　　「設備等技術基準の施行又は適用の際、現に存する特定防火対象物以外の防火対象物における消防用設備等(消火器、避難器具その他政令で定めるものを除く。)がこれらの規定に適合せず、当該規定が適用されていないとき、当該防火対象物を増築する場合、基準時以後の増築部分の床面積の合計が、（ ） m² 以上となるものは、当該消防用設備等を当該規定に適合させなければならない。」

☐ 　1．300 　　2．500 　　3．700 　　4．1,000

▶▶正解&解説……………………………………………………………………………

【1】 正解2

　　2．展示場は、令別表第1の（4）に該当し、特定防火対象物となる。「②自動火災報知設備（特定防火対象物などに設けるものに限る）」に該当するため、消防用設備等の技術上の基準について、従前の規定は適用されない。規定が改正されるごとに、新規定に適合させなければならない。

【2】 正解3

　　従前の規定が適用されない消防用設備等は、消火器、避難器具、誘導灯である。これらは、技術上の基準に関する政令が改正されるごとに、改正後の規定に適合させなければならない。一方、屋内消火栓設備は、従前の規定がそのまま適用されるため、改正があってもそのまま使用を続けることができる。

【3】 正解3

【4】 正解4

【5】 正解2

　　2．増築又は改築に係る当該防火対象物の部分の床面積の合計が、1,000m² 以上となる場合は、増築又は改築にあわせて、消防用設備等を改正後の基準に適合させなければならない。

【6】 正解3

　　1&2．延べ面積の1／2以上の増改築に該当しないため、従前の規定が適用される。

　　3．「主要構造部である壁について行う過半の修繕又は模様替え」に該当するため、消防用設備等を改正後の基準に適合させなければならない。

　　4．劇場は特定防火対象物である。特定防火対象物は、増改築や修繕・模様替えにかかわらず、消防用設備等の技術上の基準が改正されるごとに消防用設備等を基準に適合させなければならない。設問では、消防用設備等を改正後の基準に適合させなければならない増改築、修繕・模様替えに該当するものを選ぶよう求めている。また、4の内容は「過半の修繕又は模様替え」に該当しない。

【7】正解1

　1．この場合、「増築又は改築に係る防火対象物の部分の床面積の合計が、工事着手時における防火対象物の延べ面積の2分の1以上となるもの」に該当するため、増築にあわせて、消防用設備等を改正後の基準に適合させなければならない。

【8】正解3

【9】正解3

　大規模の修繕及び模様替えは、当該防火対象物の主要構造部である壁について行う過半の修繕又は模様替えとする。

【10】正解4

　消防用設備等について、技術上の基準に関する従前の規定が適用されない内容をまとめた記述である。

7．既存防火対象物の用途変更の特例

■1．特例の適用

◎法第17条1項の防火対象物の用途が変更されたことにより、用途が変更された後の防火対象物における消防用設備等が、これに係る消防用設備等の技術上の基準に関する規定に適合しないこととなるときは、特例として用途変更後の消防用設備等は、技術上の基準に関する規定を適用しない。

　この場合においては、用途が変更される前の防火対象物における消防用設備等の技術上の基準に関する規定を適用する（法第17条の3　1項）。

〔解説〕この特例が適用される場合は、用途が変更される前の消防用設備等の技術上の基準に従って、消防用設備等を設置し、及び維持することになる。

■2．特例が適用されない場合

◎法第17条の3　1項の特例規定は、消防用設備等で次の各号に該当するものについては、適用しない（法第17条の3　2項）。

　①法第17条1項の防火対象物の用途が変更された際、用途が変更される前の防火対象物における消防用設備等が、すでに技術上の基準に適合していないことにより法第17条1項の規定に違反しているとき。

　②法第17条1項の防火対象物の用途の変更の後に、一定規模以上の増築、改築又は大規模の修繕若しくは模様替えに係る工事に着手したとき。

　〔解説〕大規模の修繕若しくは模様替えは、当該防火対象物の主要構造部である壁について行う過半（1／2以上）の修繕又は模様替えとする（令第34条の3）。

③法第17条1項の消防用設備等の技術上の基準に関する規定に適合しているとき。

〔解説〕この場合、将来にわたり消防用設備等を技術上の基準（用途変更後の基準）に従って設置し、及び維持しなければならないことになる。用途変更前の基準は適用されない。

④法第17条1項の防火対象物の用途が変更され、その変更後の用途が特定防火対象物の用途であるとき。

〔解説〕この規定により特例が適用されるのは、変更後の用途が非特定防火対象物の用途に限られることになる。この場合、変更前の用途は問わない。特定防火対象物の用途に変更する場合は、全て特例が適用されず、変更後の用途区分に適合する消防用設備等を設置しなければならない。

▶特例が適用される例

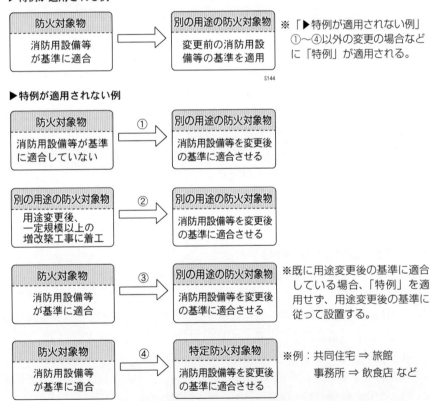

▶特例が適用されない例

34

【1】防火対象物の用途が変更された場合の消防用設備等の技術上の基準の適用について、消防法令上、正しいものは次のうちどれか。[★]

□　1．防火対象物の用途が変更された場合は、変更後の用途に適合する消防用設備等を設置しなければならない。

　　2．変更後の用途が特定防火対象物に該当しなければ、すべての消防用設備等を変更しなくてよい。

　　3．変更後の用途が特定防火対象物に該当する場合は、変更後の用途区分に適合する消防用設備等を設置しなければならない。

　　4．用途変更前に設置された消防用設備等が違反していた場合は、変更前の基準に適合するよう措置しなければならない。

【2】防火対象物の用途変更と消防用設備等（消火器、避難器具その他政令で定めるものを除く。）の技術基準の関係について、消防法令上、正しいものは次のうちどれか。

□　1．消防用設備等が変更前の用途に係る技術基準に違反していた場合、変更後の用途に係る技術基準に従って設置しなければならない。

　　2．用途が変更された場合、いかなる用途の防火対象物であっても変更後の用途に係る技術基準に従い設置しなければならない。

　　3．用途が変更されて特定防火対象物になった場合、変更前の用途に係る技術基準に従って設置されていれば、変更後の用途基準に従って設置する必要はない。

　　4．用途が変更された後に、主要構造部である壁について過半の修繕を施した場合、変更前の用途に係る技術基準に従って設置されれば、変更後の用途に係る技術基準に従って設置する必要はない。

【3】 防火対象物の用途が変更された場合の消防用設備等の技術上の基準の適用について、消防法令上、誤っているものは次のうちどれか。 [編]

□ 1. 原則として、用途変更前に設置された消防用設備等はそのままにしておいてよいが、その後、一定規模以上の増改築工事を行う場合は、変更後の用途区分に適合する消防用設備等を設置しなければならない。

2. 用途変更前に設置された消防用設備等が基準に違反していた場合は、用途変更後の基準に適合する消防用設備等を設置しなければならない。

3. 変更後の用途が特定防火対象物に該当する場合は、変更後の用途区分に適合する消防用設備等を設置しなければならない。

4. 用途変更後、設置義務のなくなった消防用設備等については、撤去するなど確実に機能を停止させなければならない。

5. 用途変更前に設置された適法な消防用設備等については、法令に定める場合を除き、変更する必要はない。

▶▶正解&解説……………………………………………………………………………………………

【1】 正解3

1. 特例が設けられているため、変更前の用途に適合する消防用設備等で良い場合がある。

2. 変更後の用途が特定防火対象物に該当しなくても、消防用設備等を技術上の基準（用途変更後の基準）に適合するように変更しなければならない場合がある。具体的には、①用途が変更される前の技術上の基準に適合していないとき、②用途変更後に、一定規模以上の増築・改築等の工事に着手しているとき、などである。

4. この場合、用途変更後の基準に適合するよう措置しなければならない。

【2】 正解1

1. 特例が適用されない例の①に該当。

2. 特例が設けられているため、変更前の用途に適合する消防用設備等で良い場合がある。

3. 変更後の用途基準に従って設置する。特例が適用されない例の④に該当。

4. 変更後の用途基準に従って設置する。特例が適用されない例の②に該当。

【3】 正解4

1. 特例が適用されない例の②に該当。

2. 特例が適用されない例の①に該当。

3. 特例が適用されない例の④に該当。

4. 不要となった消防用設備等については、消防法令では特に規定されていない。ただし、廃棄物等として法令（廃棄物処理法やリサイクル法）の適用を受ける。

5. 特例が適用される内容である。

8. 定期点検及び報告

■1. 定期点検及び報告

◎法第17条1項の**防火対象物**（政令で定めるものを除く）**の関係者**は、当該防火対象物における消防用設備等又は特殊消防用設備等について、総務省令で定めるところにより、**定期に点検**し、その結果を消防長又は消防署長に**報告**しなければならない。

　　ただし、当該防火対象物のうち政令で定めるものにあっては、**消防設備士又は消防設備点検資格者に点検**させなければならない（法第17条の3の3）。

◎法第17条の3の3の消防用設備等又は特殊消防用設備等について**点検を要しない**防火対象物は、令別表第1（13P参照）の（20）に掲げる防火対象物（総務省令で定める**舟車**）とする（令第36条1項）。

◎消防設備士又は消防設備点検資格者に点検させなければならない防火対象物は、次に掲げる防火対象物とする（令第36条2項）。

①**特定防火対象物**で、延べ面積が**1,000m²以上**のもの

②**特定防火対象物以外**で、延べ面積が**1,000m²以上**のもののうち、消防長又は消防署長が**火災予防上必要があると認めて指定するもの**　　など

③**屋内階段**（避難経路）が一の特定防火対象物

　　（令別表第1（1）～（4）項、（5）項イ、（6）項、（9）項イが対象）

◎新型インフルエンザ等その他の**消防庁長官**が定める事由により、これらの項に規定する期間ごとに法第17条の3の3の規定による点検を行い、又はその結果を報告することが困難であるときは、**消防庁長官**が当該事由を勘案して定める期間ごとに当該点検を行い、又はその結果を報告するものとする（規則第31条の6　4項）。

◎**消防設備点検資格者**とは、消防用設備等又は特殊消防用設備等の工事又は整備について5年以上の実務の経験を有する者等で、消防用設備等又は特殊消防用設備等の点検に関し必要な知識及び技能を修得することができる講習であって、登録講習機関の行うものの課程を修了し、登録講習機関が発行する免状の交付を受けている者とする（規則第31条の6　7項）。

■２．点検及び報告の期間

◎消防用設備等の点検について、その期間は、総合点検で１年ごと、機器点検で６月ごととする（消防庁告示）。

◎防火対象物の関係者は、点検の結果を、**維持台帳に記録**するとともに、次の各号に掲げる防火対象物の区分に従い、当該各号に定める期間ごとに**消防長又は消防署長**に報告しなければならない（規則第31条の６　３項）。

　①特定防火対象物…………………………… **１年に１回**

　②特定防火対象物以外の防火対象物……… **３年に１回**

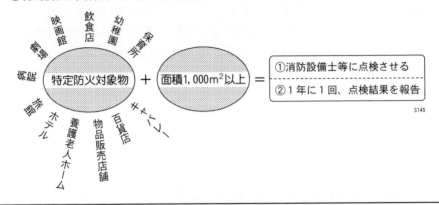

S145

▶▶過去問題◀◀

【１】消防用設備等の定期点検を消防設備士又は消防設備点検資格者にさせなければならない防火対象物として、消防法令上、正しいものは次のうちどれか。ただし、いずれの防火対象物も消防長又は消防署長が火災予防上必要があると認めて指定するものではないものとする。［編］

　□　１．延べ面積にかかわらず、すべての防火対象物

　　　２．延べ面積にかかわらず、すべての特定防火対象物

　　　３．延べ面積が 1,000m² 以上の防火対象物

　　　４．延べ面積が 1,000m² 以上の特定防火対象物

　　　５．延べ面積が 1,000m² 以上の特定防火対象物以外の防火対象物

【２】消防用設備等の定期点検を消防設備士又は消防設備点検資格者にさせなければならない防火対象物として、消防法令上、正しいものは次のうちどれか。ただし、消防長又は消防署長が指定するものを除く。

　□　１．ホテルで、延べ面積が500m²のもの

　　　２．映画館で、延べ面積が700m²のもの

　　　３．キャバレーで、延べ面積が1,000m²のもの

　　　４．駐車場で、延べ面積が1,500m²のもの

【3】消防設備士又は消防設備点検資格者に、消防用設備等を定期に点検させ、その結果を消防長又は消防署長に報告しなければならない防火対象物として、消防法令上、正しいものは次のうちどれか。

□　1．すべての高層建築物
　　2．キャバレーで、延べ面積が500m²のもの
　　3．病院で、延べ面積が1,000m²のもの
　　4．すべての旅館

【4】消防用設備等は定期的に点検し、その結果を一定期間ごとに消防長又は消防署長に報告しなければならないが、防火対象物の用途と報告の期間の組合せとして、消防法令上、正しいものを2つ答えなさい。[編]

□　1．保育所　　　　……3年に1回
　　2．幼稚園　　　　……3年に1回
　　3．劇場　　　　　……6ヶ月に1回
　　4．物品販売店舗　……1年に1回
　　5．養護老人ホーム……1年に1回
　　6．小学校　　　　……1年に1回
　　7．百貨店　　　　……6か月に1回
　　8．駐車場　　　　……1年に1回

【5】消防用設備等の定期点検を消防設備士又は消防設備点検資格者にさせなければならない防火対象物として、消防法令上、正しいものを3つ選びなさい。ただし、いずれの防火対象物も消防長又は消防署長の指定を受けていないものとする。
[編]

□　1．映画館で、延べ面積が700m²のもの
　　2．集会場で、延べ面積が1,000m²のもの
　　3．共同住宅で、延べ面積が2,000m²のもの
　　4．飲食店で、延べ面積が1,000m²のもの
　　5．飲食店で、延べ面積が300m²のもの
　　6．百貨店で、延べ面積が1,000m²のもの
　　7．旅館で、延べ面積が500m²のもの
　　8．ホテルで、延べ面積が500m²のもの
　　9．診療所で、延べ面積が500m²のもの
　　10．小学校で、延べ面積が1,000m²のもの
　　11．幼稚園で、延べ面積が800m²のもの
　　12．映画スタジオで、延べ面積が3,000m²のもの

【6】消防用設備等の定期点検を消防設備士又は消防設備点検資格者にさせなければならない特定防火対象物の最小の延べ面積として、消防法令に定められているものは、次のうちどれか。

□　1．300m^2　　　　2．500m^2
　　3．1,000m^2　　　4．2,000m^2

【7】消防用設備等の定期点検及び報告に関する記述について、消防法令上、誤っているものは次のうちどれか。ただし、総務省令で定める舟車を除く。[★]

□　1．消防法第17条に基づいて設置された消防用設備等は、定期に点検をしなければならない。
　　2．特定防火対象物以外の防火対象物にあっては、点検を行った結果を維持台帳に記録し、消防長又は消防署長に報告を求められたときに報告すればよい。
　　3．特定防火対象物の関係者は、点検の結果を消防長又は消防署長に報告しなければならない。
　　4．延べ面積が1,000m^{2}以上の特定防火対象物の消防用設備等にあっては、消防設備士又は消防設備点検資格者に点検をさせなければならない。

【8】消防用設備等の点検及び報告に関する記述として、消防法令上、正しいものは次のうちどれか。

□　1．消防用設備等の点検結果については、消防長又は消防署長から報告を求められたときに報告すればよい。
　　2．店舗に任意に設置された消防用設備等であっても一定期間ごとに点検し、その結果を報告しなければならない。
　　3．延べ面積が1,000m^{2}以上の病院に設置された法令上設置義務のある消防用設備等の点検は、消防設備士又は消防設備点検資格者に行わせなければならない。
　　4．点検を行った消防設備士は、消防用設備等の点検結果について消防長又は消防署長に報告しなければならない。

【9】消防用設備等の定期点検及び報告に関する記述について、消防法令上、正しいものは次のうちどれか。ただし、総務省令で定める舟車を除く。また、規則第31条の6第4項の規定に基づく消防庁長官の定める事由により、点検等の期間を延長する措置は考慮しないものとする。[★]

□　1．すべての防火対象物に設置された消防用設備等の点検は、消防設備士又は消防設備点検資格者でなければ行うことはできない。

2．消防法第17条に基づいて設置された消防用設備等は、定期に点検をしなければならない。

3．消防設備士または消防設備点検資格者は、点検した結果について、消防長又は消防署長に報告しなければならない。

4．特定防火対象物の消防用設備等は、すべて定期に点検し、その結果を都道府県知事に報告しなければならない。

【10】消防法第17条の3の3に基づく消防用設備等の定期点検及び報告について、消防法令上、誤っているものは次のうちどれか。

☐　1．定期点検の結果は、防火対象物の関係者が消防長又は消防署長に報告する。

2．防火対象物の関係者が、自ら消防用設備等の定期点検を行う防火対象物もある。

3．戸建て一般住宅に設置された消火器は、点検報告の対象とはならない。

4．延べ面積1,000m²以上の特定防火対象物の消防用設備等の定期点検は、消防設備士の免状の交付を受けている者のみができる。

【11】消防用設備等の定期の点検を消防設備士又は消防設備点検資格者に点検させなければならない防火対象物として、消防法令上、正しいものは次のうちどれか。ただし、すべて耐火構造、地階はなく階数3、延べ面積は300m²とし、避難階は1階とする。また、いずれの防火対象物も、屋内階段は規則に定める避難上有効な構造を有しないものとし、消防用設備等又は特殊消防用設備等の防火安全性能を確保するために、消防設備士等による点検が特に必要であるものと規則に定める防火対象物には該当しないものとする。

☐　1．避難階又は地上に直通する屋内階段が1で、1階及び2階がパチンコ店、3階が美容室の複合用途防火対象物

2．避難階又は地上に直通する屋外階段が1で、1階及び2階が学習塾、3階が喫茶店の複合用途防火対象物

3．避難階又は地上に直通する屋内階段が1のカラオケ店

4．避難階又は地上に直通する屋外階段が1のビジネスホテル

【12】消防用設備等又は特殊消防用設備等の点検及び報告の期間に関する記述について、文中の（　）に当てはまる語句として、消防法令上、正しいものは次のうちどれか。ただし、（　）には同じ語句が入るものとする。

「新型インフルエンザ等その他の（　）が定める事由により、これらに規定する期間ごとに法第17条の3の3の規定による点検を行い、又はその結果を報告することが困難であるときは、（　）が当該事由を勘案して定める期間ごとに当該点検を行い、又はその結果を報告するものとする。」

- [ ] 1．消防長又は消防署長　　2．消防庁長官
- 3．総務大臣　　4．都道府県知事

▶▶正解＆解説……………………………………………………………………………

【1】正解4

【2】正解3

　1．ホテル、旅館、宿泊所は、令別表第1（5）イに該当し、特定防火対象物である。ただし、延べ面積が1,000m²未満であるため、点検する者の資格を問わない。

　2．映画館、劇場、演芸場は、令別表第1（1）イに該当し、特定防火対象物である。ただし、延べ面積が1,000m²未満であるため、点検する者の資格を問わない。

　3．キャバレー、ナイトクラブ、その他これらに類するものは、令別表第1（2）イに該当し、特定防火対象物である。延べ面積が1,000m²以上であるため、消防設備士又は消防設備点検資格者に定期点検をさせなければならない。

　4．駐車場、自動車車庫は、令別表第1（13）イに該当し、特定防火対象物以外の防火対象物である。延べ面積が1,000m²以上であるが、設問により「消防長又は消防署長が指定するものを除く」としてあるため、点検する者の資格を問わない。

【3】正解3

　3．病院、診療所、助産所は、令別表第1（6）イに該当し、特定防火対象物である。延べ面積が1,000m²以上であるため、消防設備士又は消防設備点検資格者に定期点検をさせなければならない。

【4】正解4＆5

　定期点検の結果について、特定防火対象物は1年に1回、特定防火対象物以外の防火対象物は3年に1回、それぞれ報告しなければならない。

特定防火対象物…保育所、幼稚園、劇場、物品販売店舗、養護老人ホーム、百貨店

特定防火対象物以外の防火対象物…小学校、駐車場

【5】正解2＆4＆6

　特定防火対象物で、延べ面積が1,000m²以上のものは、消防設備士又は消防設備点検資格者に定期点検をさせなければならない。

【6】正解3

【7】正解2

　　1．法第17条の3の3では、定期点検及び報告の対象を「当該防火対象物における消
　　　防用設備等」としている。このため、設問では「消防法第17条に基づいて設置され
　　　た消防用設備等」という表現になっている。なお、任意に設置された消防用設備等に
　　　ついては、一定期間ごとの点検及び結果報告に関する規定は適用されない。

　　2．特定防火対象物以外の防火対象物にあっては、消防用設備等を定期に点検し、点検
　　　の結果を維持台帳に記録するとともに、3年に1回、消防長又は消防署長に点検の結
　　　果を報告しなければならない。

【8】正解3

　　1．消防用設備等の点検結果については、1年に1回又は3年に1回、消防長又は消防
　　　署長に報告しなければならない。

　　2．任意に設置された消防用設備等については、一定期間ごとの点検及び結果報告に関
　　　する規定は適用されない。

　　4．消防用設備等の点検結果について、消防長又は消防署長に報告しなければならない
　　　のは、防火対象物の関係者であり、点検を行った消防設備士ではない。

【9】正解2

　　1．防火対象物のうち政令で定めるものにあっては、消防設備士又は消防設備点検資格
　　　者に点検させなければならない。

　　2．法第17条の3の3では、定期点検及び報告の対象を「当該防火対象物における消防
　　　用設備等」としている。このため、設問では「消防法第17条に基づいて設置された消
　　　防用設備等」という表現になっている。なお、任意に設置された消防用設備等につい
　　　ては、一定期間ごとの点検及び結果報告に関する規定は適用されない。

　　3．消防用設備等の点検結果について、消防長又は消防署長に報告しなければならない
　　　のは、防火対象物の関係者であり、点検を行った消防設備士ではない。

　　4．消防用設備等の点検結果については、特定防火対象物は1年に1回、特定防火対象
　　　物以外の防火対象物は3年に1回、消防長又は消防署長に報告しなければならない。

【10】正解4

　　4．消防設備士の免状の交付を受けている者の他、消防設備点検資格者も定期点検を行
　　　うことができる。

【11】正解3

　　令第36条2項3号を要約すると「屋内階段（避難経路）が1つある特定防火対象物」
　　となる。

　　1．パチンコ店は特定防火対象物ではあるが、3階の美容室は政令別表第1（15）項に
　　　該当し、特定防火対象物ではないため点検の対象とはならない。

　　2＆4．屋外階段が1つあるため該当しない。

【12】正解2

9. 防火対象物点検資格者

◎一定の防火対象のうち、政令で定めるものの管理について権原を有する者は、定期に、**防火対象物点検資格者**に、当該防火対象物における防火管理上必要な業務、消防の用に供する設備、消防用水又は消火活動上必要な施設の設置及び維持その他火災の予防上必要な事項（点検対象事項）が点検基準に適合しているかどうかを点検させ、その結果を消防長又は消防署長に報告しなければならない。ただし、第17条の3の3の規定（消防用設備等の点検及び報告）による点検及び報告の対象となる事項については、この限りでない（法第8条の2の2）。

〔解説〕一定の防火対象物とは、特定防火対象物で、収容人数ごとに細かく規定されている。

◎法第8条の2の2　1項の規定による点検は、1年に1回行うものとする。

◎**防火対象物点検資格者**は、次の各号（①及び②以外は省略）のいずれかに該当する者で、防火対象物の点検に関し必要な知識及び技能を修得することができる講習であって、登録講習機関の行うものの課程を修了し、当該登録講習機関が発行する防火対象物の点検に関し必要な知識及び技能を修得したことを証する書類（免状）の交付を受けている者とする（規則第4条の2の4　4項）。

①消防設備士で、消防用設備等又は特殊消防用設備等の工事、整備又は点検について3年以上の実務の経験を有する者

②消防設備点検資格者で、消防用設備等又は特殊消防用設備等の点検について3年以上の実務の経験を有する者

▶▶過去問題◀◀

【1】防火対象物点検資格者についての次の記述のうち、文中の（　）に当てはまるものとして、消防法令上、正しいものは次のうちどれか。

「消防設備士が防火対象物点検資格者になる条件の一つとして、消防用設備等の工事、整備又は点検について（　）年以上の実務経験が必要である。」

☐　1．1
　　2．2
　　3．3
　　4．4

▶▶正解&解説⋯⋯⋯⋯⋯⋯⋯⋯⋯⋯⋯⋯⋯⋯⋯⋯⋯⋯⋯⋯⋯⋯⋯⋯⋯⋯⋯⋯⋯⋯⋯

【1】正解3

■1. 消防用設備等の設置後の措置

◎法第17条1項の防火対象物のうち特定防火対象物その他の政令で定めるものの関係者は、同項の政令で定める技術上の基準に従って設置しなければならない消防用設備等を**設置したとき**は、総務省令で定めるところにより、その旨を**消防長又は消防署長に届け出て、検査**を受けなければならない（法第17条の3の2）。

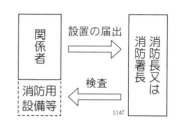

◎ただし、消防用設備等のうち、次に掲げるものは、設置しても検査を受けなくてもよい設備とする。

> 簡易消火用具（水バケツ、水槽、乾燥砂、膨張ひる石・膨張真珠岩）
> 非常警報器具（警鐘、携帯用拡声器、手動式サイレン）

■2. 届出及び検査が必要な防火対象物

◎法第17条の3の2の政令で定める防火対象物は、次に掲げる防火対象物とする（令第35条）。

※いずれも一部で、詳細は省略。「令別表第1」13P参照。

1. 次に掲げる**特定防火対象物**

> カラオケボックス、旅館、病院、診療所・助産所（入院施設有り）、老人短期入所施設・養護老人ホームなど
>
> （2）ニ、（5）イ、（6）イ①〜③、（6）ロ、（6）ハの一部、
> （16）イの一部、（16の2）の一部、（16の3）の一部

2. 次に掲げる**特定防火対象物**で、延べ面積が **300m² 以上**のもの

> 劇場・演芸場、集会場、キャバレー、ナイトクラブ、ダンスホール、遊技場、飲食店、百貨店、診療所・助産所（入院施設無し）、保育所、幼稚園・特別支援学校、蒸気浴場など
>
> （1）、（2）イ〜ハ、（3）、（4）、（6）イ④、（6）ハ及びニ、（9）イ、
> （16）イの一部、（16の2）の一部、（16の3）の一部

3. 次に掲げる**防火対象物**で、延べ面積が **300m² 以上**のもののうち、消防長又は消防署長が火災予防上必要があると認めて**指定するもの**

> 共同住宅、小中学校、図書館、美術館、公衆浴場、車両の停車場、神社、教会、作業場、工場、倉庫など
>
> （5）ロ、（7）、（8）、（9）ロ、（10）〜（15）まで、（16）ロ、（17）及び（18）

4．特定防火対象物の用途に供される部分が避難階以外の階（1階及び2階を除く）に存する防火対象物で、当該避難階以外の階から避難階（通常は1階）又は地上に直通する階段が2（当該階段が屋外に設けられ、又は総務省令で定める避難上有効な構造を有する場合にあっては、1）以上設けられていないもの

■3．特定1階段等防火対象物

◎令第35条1項4号は、特定1階段等防火対象物と呼ばれており、極めて難解な表現となっている。

◎特定1階段等防火対象物を解りやすく定義すると、「地階又は3階以上の部分に特定用途部分があり、かつ、1階に通じる避難に使用する階段が屋内に1つしかない防火対象物」となる。

◎「避難階以外の階」は1階と2階を除くものとする（令第4条の2の2　1項2号）。

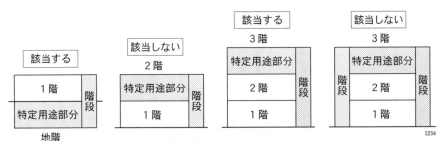

【特定1階段等防火対象物】

S234

■4．届出及び検査

◎法第17条の3の2の規定による検査を受けようとする防火対象物の関係者は、当該防火対象物における消防用設備等又は特殊消防用設備等の設置に係る工事が完了した場合において、その旨を工事が完了した日から4日以内に消防長又は消防署長に別記様式第1号の2の3の届出書（省略）に次に掲げる書類（省略）を添えて届け出なければならない。

▶▶過去問題◀◀

【1】消防用設備等の検査を行わなければならない防火対象物として、消防法令上、適切なものは次のうちどれか。ただし、消防長又は消防署長が指定するものを除く。

□　1．延べ面積1,000m²の中学校

　　2．延べ面積500m²のダンスホール

　　3．延べ面積500m²の美術館

　　4．延べ面積1,000m²の共同住宅

【2】設備等技術基準に従って設置しなければならない消防用設備等（簡易消火用具及び非常警報器具を除く。）を設置した場合、消防長又は消防署長に届け出て、検査を受けなければならない防火対象物として、消防法令上、正しいものを2つ答えなさい。ただし、消防長又は消防署長が指定するものを除く。[編]

☐　1．延べ面積が 250m² の入院施設を有しない助産所

　　2．延べ面積が 250m² の集会場

　　3．延べ面積が 250m² の教会

　　4．延べ面積が 250m² のカラオケボックス

　　5．延べ面積が 500m² のナイトクラブ

　　6．延べ面積が 1,000m² の中学校

　　7．延べ面積が 500m² の美術館

　　8．延べ面積が 1,000m² の共同住宅

【3】消防用設備等を設備等技術基準に従って設置した場合、消防法令上、消防機関の検査を受けなくてもよい防火対象物は次のうちどれか。ただし、防火対象物はすべて平家建で、非常警報器具及び簡易消火用具は設置されていないものとする。

☐　1．延べ面積200m²の老人短期入所施設

　　2．延べ面積350m²の診療所

　　3．延べ面積250m²の特別支援学校

　　4．延べ面積500m²の演芸場

【4】消防用設備等（簡易消火用具及び非常警報器具を除く。）を設置したときの届出及び検査について、消防法令上、誤っているものは次のうちどれか。

☐　1．特定防火対象物以外の防火対象物に設置した消防用設備等であっても、消防長又は消防署長へ届け出て検査を受けなければならない場合がある。

　　2．消防用設備等を設置したときに、届け出て検査を受けるのは、当該防火対象物の関係者である。

　　3．延べ面積が300m²以上の特定防火対象物に消防法第17条に基づき設置した消防用設備等については、消防長又は消防署長へ届け出て検査を受けなければならない。

　　4．消防用設備等を設置したときに届け出て検査を受けるのは、当該防火対象物の工事を行った工事責任者である。

【5】設置義務のある消防用設備等（簡易消火用具及び非常警報器具を除く。）を設置したときの届出及び検査に関する記述について、消防法令上、正しいものは次のうちどれか。

☐　1．特定防火対象物に消防用設備等を設置したとき、消防設備士は消防長又は消防署長に届け出て検査を受けなければならない。

　　2．延べ面積が300m²以上の防火対象物に消防用設備等を設置したとき、消防設備士は消防長又は消防署長に届け出て検査を受けなければならない。

　　3．特定防火対象物以外の防火対象物であっても延べ面積が300m²以上あり、かつ、消防長又は消防署長から火災予防上必要があると認めて指定された場合は、届け出て検査を受けなければならない。

　　4．特定防火対象物に消防用設備等を設置したとき、防火対象物の関係者は市町村長等に届け出て検査を受けなければならない。

【6】消防用設備等の設置届に基づく検査について、消防法令上、誤っているものを2つ答えなさい。［編］

☐　1．特定防火対象物で延べ面積が300m²以上ある場合は、検査を受けなければならない。

　　2．特定防火対象物以外の防火対象物で延べ面積が300m²以上のもののうち、消防長又は消防署長が火災予防上必要があると認めて指定する場合は、検査を受けなければならない。

　　3．消防用設備等のうち簡易消火用具及び非常警報器具は、検査の対象から除かれている。

　　4．検査を受けなければならない特定防火対象物の関係者は、消防用設備等の設置に係る工事が完了した日から10日以内に消防長又は消防署長に届け出なければならない。

　　5．特定防火対象物以外のものについては、延べ面積に関係なく届け出て検査を受ける必要はない。

【7】 消防用設備等を設備等技術基準に従って設置した場合、消防長又は消防署長に届け出て検査を受けなくてもよい防火対象物として、消防法令上、正しいものは次のうちどれか。ただし、当該防火対象物の避難階は1階であり、階段は屋内にのみ設けられ、総務省令で定める避難上有効な構造を有していないものとする。

- [ ] 1．地上に直通する階段が1か所ある2階建ての旅館で、延べ面積が100m²のもの

　　2．地上に直通する階段が1か所ある3階建ての飲食店で、延べ面積が150m²のもの

　　3．地上に直通する階段が2か所ある4階建ての入院施設のある診療所で、延べ面積が200m²のもの

　　4．地上に直通する階段が2か所ある5階建ての作業場で、延べ面積が250m²のもの

▶▶正解&解説……………………………………………………………………………………

【1】 正解2

　2．ダンスホールは、延べ面積が300m²以上のものが対象となる。

　1&3&4．中学校、美術館及び共同住宅は、延べ面積が300m²以上で消防署長等の指定があるものが対象となる。

【2】 正解4&5

　1&2&5．入院施設を有しない助産所、集会場及びナイトクラブは、延べ面積が300m²以上のものが対象となる。

　3&6～8．教会、中学校、美術館、共同住宅は、延べ面積が300m²以上で消防署長等の指定があるものが対象となる。

　4．カラオケボックスは、延べ面積に関係なく対象となる。

【3】 正解3

　1．老人短期入所施設は、延べ面積にかかわらず消防用設備等の検査が必要となる。

　2．診療所は、入院施設の有無で基準が異なってくるが、延べ面積が350m²であるため、いずれであっても消防用設備等の検査が必要となる。

　3．延べ面積が300m²以上ではないため、消防用設備等の検査が不要となる。

　4．延べ面積が300m²以上であるため、消防用設備等の検査が必要となる。

【4】正解4

1．例えば、令別表第1において、（5）ロの寄宿舎、下宿、共同住宅は特定防火対象物ではないが、延べ面積が300m² 以上で、消防長又は消防署長が必要があると認めて指定した場合、消防用設備等を設置したときは、その旨を消防長又は消防署長へ届け出て検査を受けなければならない。

3．特定防火対象物については、延べ面積にかかわらず、全てが届出・検査の対象になるものと、延べ面積が300m² 以上の場合に届出・検査の対象となるものがある。

　　例えば、カラオケボックス（（2）ニ）を営む店舗は、延べ面積が300m² 未満であっても消防用設備等を設置した場合は、届出・検査が必要となる。また、劇場（1）は延べ面積が300m² 以上のところが消防用設備等を設置した場合に、届出・検査が必要となる。

　　設問にある延べ面積が300m² 以上の特定防火対象物では、全てのところで届出・検査が必要となる。

4．消防用設備等を設置したときに届け出て検査を受けるのは、当該防火対象物の関係者である。

【5】正解3

1＆2．「消防設備士」⇒「関係者」。

4．「市町村長等」⇒「消防長又は消防署長」。

【6】正解4＆5

4．「工事が完了した日から10日以内」⇒「工事が完了した日から4日以内」。

5．特定防火対象物以外のものであっても、延べ面積が300m² 以上で消防長又は消防署長から指定を受けると、消防用設備等の届出及び検査が必要となる。

【7】正解4

1．この旅館は、特定1階段等防火対象物に該当しない。しかし、旅館は延べ面積に関係なく、消防用設備等の届出及び検査が必要となる。

2．この飲食店は、特定1階段等防火対象物に該当するため、消防用設備等の届出及び検査が必要となる。

3．この診療所は、特定1階段等防火対象物に該当しない。しかし、入院施設がある診療所は延べ面積に関係なく、消防用設備等の届出及び検査が必要となる。

4．この作業場は、特定1階段等防火対象物に該当しない。更に、工場は延べ面積が300m² 以上で消防長又は消防署長から指定を受けると、消防用設備等の届出及び検査が必要となる。延べ面積250m² の作業場は届出及び検査が不要となる。

▌11. 工事整備対象設備等の着工届

◎甲種消防設備士は、法第17条の5（57P参照）の規定に基づく工事をしようと
するときは、その工事に着手しようとする日の**10日前**までに、総務省令で定め
るところにより、工事整備対象設備等の種類、工事の場所その他必要な事項を消
防長又は消防署長に**届け出**なければならない（法第17条の14）。

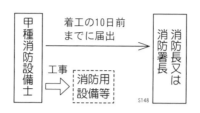

〔解説〕「法第17条の5の規定に基づく工事」とは、消防設備士でなければ行ってはなら
ない消防用設備等又は特殊消防用設備等の工事である。また、甲種消防設備士
は、消防用設備等の工事又は整備を行うことができるのに対し、乙種消防設備
士は消防用設備等の整備のみを行うことができる。従って、工事の着工届出は、
必然的に甲種消防設備士が行うことになる。

◎法第17条の14の規定による届出は、別記様式第1号の7の**工事整備対象設備等
着工届出書**に、次の各号に掲げる区分に応じて、当該各号に定める書類の写しを
添付して行わなければならない（規則第33条の18）。
①消防用設備等………当該消防用設備等の工事の設計に関する図書
②特殊消防用設備等…当該特殊消防用設備等の工事の設計に関する図書、
　　　　　　　　　　設備等設置維持計画等　※詳細は省略（編集部）

▶▶過去問題◀◀

【1】工事整備対象設備等の着工届に関する次の記述のうち、消防法令上、正しい
ものの組合せはどれか。
　ア．甲種消防設備士のみ届け出の義務がある。
　イ．工事に着手した日から10日後までに届け出なければならない。
　ウ．工事整備対象設備等着工届書には、工事の設計に関する図書の写しを添付
　　しなければならない。
□　1．ア、イのみ
　　2．ア、ウのみ
　　3．イ、ウのみ
　　4．ア、イ、ウすべて

【2】工事整備対象設備等の着工届について、消防法令上、正しいものは次のうち
どれか。

□ 1．防火対象物の関係者が、工事に着手しようとする日の10日前までに都道府
県知事に届け出る。

2．甲種消防設備士が、工事に着手しようとする日の10日前までに消防長又は
消防署長に届け出る。

3．甲種消防設備士が、工事に着手しようとする日の7日前までに消防長又は
消防署長に届け出る。

4．防火対象物の関係者が、工事に着手しようとする日の7日前までに消防長
又は消防署長に届け出る。

【3】工事整備対象設備等の工事の届出について、消防法令上、正しいものは次の
うちどれか。

□ 1．甲種消防設備士は、消防用設備等の工事に着手しようとする場合、消防長
又は消防署長に必要な事項について届け出なければならない。

2．防火対象物の関係者は、消防用設備等の工事に着手しようとする場合、消
防長又は消防署長に必要な事項について届け出なければならない。

3．甲種消防設備士は、消防用設備等の工事に着手したときは、遅滞なく消防
長又は消防署長に必要な事項について届け出なければならない。

4．防火対象物の関係者は、消防用設備等の工事に着手したときは、遅滞なく
消防長又は消防署長に必要な事項について届け出なければならない。

【4】工事整備対象設備等の着工届について、消防法令上、正しいものは次のうち
どれか。

□ 1．甲種消防設備士は、工事に着手しようとする場合、工事整備対象設備等着
工届出書を10日前までに都道府県知事に提出しなければならない。

2．特定防火対象物の関係者は、工事に着手しようとする場合、工事整備対象
設備等着工届出書を10日前までに都道府県知事に提出しなければならない。

3．甲種消防設備士は、工事に着手しようとする場合、工事整備対象設備等着
工届出書を10日前までに消防長又は消防署長に提出しなければならない。

4．特定防火対象物の関係者は、工事に着手しようとする場合、工事整備対象
設備等着工届出書を10日前までに消防長又は消防署長に提出しなければなら
ない。

▶▶正解&解説··

【1】 正解2

　イ．工事に着手しようとする日の10日前までに届け出なければならない。

【2】 正解2

【3】 正解1

　2～4．甲種消防設備士は、消防用設備等の工事に着手しようとする場合、その工事に
　　着手しようとする日の10日前までに、消防長又は消防署長に必要な事項について届け
　　出なければならない。

【4】 正解3

　1．着工届出書は、消防長又は消防署長に提出しなければならない。

　2＆4．着工届出書は、甲種消防設備士が消防長又は消防署長に提出する。

12. 消防用設備等の設置命令と維持命令

◎消防長又は消防署長は、法第17条１項の防火対象物における消防用設備等が設備等技術基準に従って設置され、又は維持されていないと認めるときは、当該防火対象物の関係者で権原を有する者に対し、当該設備等技術基準に従ってこれを設置すべきこと、又はその維持のため必要な措置をなすべきことを命ずることができる（法第17条の４）。

〔解説〕「関係者で権原を有する者」とは、防火対象物の所有者、管理者、占有者のうち、命令の内容を法律上正当に履行できる者である。

■１．罰則

◎次のいずれかに該当する者は、１年以下の懲役又は100万円以下の罰金に処する（法第41条）。

⑤法第17条の４の規定による命令に違反して消防用設備等を設置しなかった者（設置命令違反）

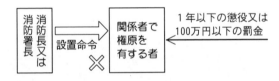

◎次のいずれかに該当する者は、30万円以下の罰金又は拘留に処する（法第44条）。

⑫法第17条の４の規定による命令に違反して消防用設備等の維持のため必要な措置をしなかった者（維持命令違反）

〔解説〕消防用設備等の設置命令違反と維持命令違反を比べると、刑罰は設置命令違反の方がより重いことになる。

■2. 両罰規定

◎法人の代表者又は法人若しくは人の代理人、使用人その他の従業者が、その法人又は人の業務に関し、次の各号に掲げる規定の違反行為をしたときは、行為者を罰するほか、その**法人**に対して当該各号に定める罰金刑を科する（法第45条）。

②法第41条1項5号（消防用設備等の設置命令違反）… 3000万円以下の罰金刑

〔解説〕法第45条は、両罰規定と呼ばれているもので、行為者の他に、その法人に対しても罰金刑が科せられる。法第41条1項5号は消防用設備等の設置命令違反であり、この場合、「関係者で権原を有する者」が1年以下の懲役又は100万円以下の罰金に科せられ、更にその法人に3000万円以下の罰金が科せられる。

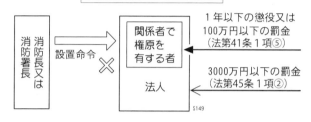

消防用設備等の設置命令違反

▶▶ 過去問題 ◀◀

【1】消防用設備等の設置維持命令に関する次の記述のうち、文中の（　）に当てはまる語句の組合せとして、消防法令上、正しいものは次のうちどれか。

　「（ア）は、防火対象物における消防用設備等が（イ）に従って設置され、又は維持されていないと認めるときは、当該防火対象物の関係者で（ウ）に対し、（イ）に従ってこれを設置すべきこと、又はその維持のため、必要な措置をなすべきことを命ずることができる。」

	（ア）	（イ）	（ウ）
□ 1.	消防長又は消防署長	設備等技術基準	権原を有する者
2.	都道府県知事	設備等設置維持計画	防火管理者
3.	消防長又は消防署長	設備等設置維持計画	権原を有する者
4.	都道府県知事	設備等技術基準	防火管理者

【2】消防用設備等の設置又は維持に関する命令について、消防法令上、正しいものは次のうちどれか。

□　1．消防長又は消防署長は、消防用設備等が技術基準に従って維持されていない場合、防火対象物の関係者で権原を有する者に対して、必要な措置をとることを命ずることができる。

　　2．消防長又は消防署長は、消防用設備等が技術基準に従って設置されていない場合、工事に当たった消防設備士に対して、工事の手直しを命ずることができる。

　　3．設置の命令に違反して消防用設備等を設置しなかった者は、罰金又は拘留に処せられる。

　　4．維持の命令に違反して消防用設備等の維持のため必要な措置をとらなかった者は、懲役又は罰金に処せられる。

【3】消防用設備等が技術上の基準に適合していない場合、必要な措置を行うよう命令を受ける者として、消防法令上、正しいものは次のうちどれか。

□　1．防火対象物の管理者で権原を有する者

　　2．防火対象物の占有者

　　3．防火対象物の消防用設備等を工事した消防設備士

　　4．防火対象物の消防用設備等を点検した消防設備士

【4】消防用設備等の設置及び維持に関する命令についての記述として、消防法令上、誤っているものは次のうちどれか。

□　1．命令は任意に設置した消防用設備等までは及ばない。

　　2．消防用設備等の設置義務がある防火対象物に消防用設備等の一部が設置されていない場合であっても命令の対象となる。

　　3．命令を発することができる者は、消防長又は消防署長である。

　　4．命令の相手方は、防火対象物の関係者であれば当該消防用設備等について権原を有しなくてもよい。

▶▶正解＆解説……………………………………………………………………………………

【1】正解1

【2】正解1

　2．設置命令及び維持命令ともに、命令を受けるのは、防火対象物の関係者で権原を有する者である。

　3．「罰金又は拘留」⇒「懲役又は罰金」。

　4．「懲役又は罰金」⇒「罰金又は拘留」。

【3】正解1

　　命令を受けるのは、防火対象物の関係者で権原を有する者である。防火対象物の関係者とは、防火対象物の所有者、管理者又は占有者をいう。

【4】正解4

　　1．法令では、「第17条1項の防火対象物における消防用設備等…」としており、消防法令に従って設置された消防用設備等が設置命令と維持命令の対象となる。

　　4．防火対象物の関係者で、消防用設備等の権原を有する者でなければならない。

▌13. 消防設備士でなければ行ってはならない工事又は整備

■1. 行ってはならない工事又は整備の一覧

◎消防設備士免状の交付を受けていない者は、消防用設備等又は特殊消防用設備等の工事（設置に係るものに限る）又は整備のうち、次に掲げるものを行ってはならない（法第17条の5・令第36条の2）。

屋内消火栓設備	電源、水源及び配管を除く	工事又は整備
スプリンクラー設備		
水噴霧消火設備		
屋外消火栓設備		
泡消火設備	電源を除く	
不活性ガス消火設備		
ハロゲン化物消火設備		
粉末消火設備		
自動火災報知設備		
ガス漏れ火災警報設備		
消防機関へ通報する火災報知設備		
金属製避難はしご	固定式のものに限る	
救助袋	―	
緩降機	―	
必要とされる防火安全性能を有する消防の用に供する設備等（※1）	消防庁長官が定めるものに限り、電源、水源及び配管を除く	
特殊消防用設備等（※2）		
消火器	―	整備のみ
漏電火災警報器	―	整備のみ

◎消火器は「本体容器・部品の補修・機能調整」、「部品交換」、「**消火薬剤の詰め替え**」が整備に該当する。

◎令第36条の2では、消防設備士でなければ行ってはならない工事又は整備として具体的に掲げている。これら以外に法令では、「必要とされる防火安全性能を有する消防の用に供する設備等（※1）若しくは特殊消防用設備等（※2）」として、消防庁告示により具体的に掲げている。告示では、対象とする消防用設備等について、「類するもの」としている。

〔解説〕消防庁告示は、「消防法施行令第36条の2 1項各号及び2項各号に掲げる消防用設備等に類するものを定める件」。

〔告示により対象とする消防用設備等〕

必要とされる防火安全性能を有する消防の用に供する設備等（※1）	パッケージ型消火設備
	パッケージ型自動消火設備
	共同住宅用スプリンクラー設備
	共同住宅用自動火災報知設備
	住戸用自動火災報知設備
	特定小規模施設用自動火災報知設備
	複合型居住施設用自動火災報知設備
	特定駐車場用泡消火設備
特殊消防用設備等（※2）	ドデカフルオロ－2－メチルペンタン－3－オンを消火剤とする消火設備
	加圧防煙設備
	火災による室内温度上昇速度を感知する感知器を用いた火災報知設備

▶パッケージ型消火設備

　人によりホースを延長し、ノズルから消火剤を放射して消火を行う消火設備で、ノズル、ホース、リール又はホース架、消火薬剤貯蔵容器、起動装置、加圧用ガス容器等をひとつの格納箱に収納したものをいう。次の特徴がある。

　①屋内消火栓設備の代替設備として使用できる。

　②屋内消火栓設備に必要な貯水槽、ポンプ、非常電源及び配管が不要。

　③操作方法は、加圧用ガス容器のバルブを全開にする ⇒ ホースを伸ばしてノズルを火元に向けレバーを開く、という手順である。

提供：ヤマトプロテック▶

■2．消防設備士でなくても行える整備の範囲

◎次に掲げる消防用設備等の**軽微な整備**は、消防設備士でなくても行えるものとする（令第36条の2　2項・規則第33条の2の2）。

①屋内消火栓設備の**表示灯の交換**

②屋内消火栓設備又は屋外消火栓設備のホース又はノズル、ヒューズ類、ネジ類等**部品の交換**

③屋内消火栓設備又は屋外消火栓設備の消火栓箱、ホース格納箱等の補修、その他これらに類するもの

```
▶▶過去問題◀◀
```

【1】消防設備士でなければ工事又は整備を行うことができない消防用設備等の部分について、消防法令上、正しいものは次のうちどれか。

□　1．スプリンクラー設備の配管部分

　　2．粉末消火設備の貯蔵容器部分

　　3．屋内消火栓設備の水源部分

　　4．泡消火設備の電源部分

【2】消防設備士でなければ行うことができない消防用設備等の工事または整備の範囲として、消防法令上、誤っているものは次のうちどれか。

□　1．泡消火設備の配管の接続工事

　　2．自動火災報知設備の感知器の設置工事

　　3．消火器の消火薬剤の詰替え

　　4．屋内消火栓設備のネジ類等部品の交換

【3】工事整備対象設備等着工届出書による届出が必要となる消防用設備等として、消防法令上、正しいものは次のうちどれか。

□　1．誘導灯

　　2．消防機関へ通報する火災報知設備

　　3．非常警報設備

　　4．漏電火災警報器

【4】 消防設備士でなければ工事又は整備を行うことができない消防用設備等の組合せとして、消防法令上、正しいものは次のうちどれか。

□　1．屋内消火栓設備、不活性ガス消火設備、スプリンクラー設備、動力消防ポンプ設備

　　2．泡消火設備、粉末消火設備、パッケージ型消火設備

　　3．自動火災報知設備、漏電火災警報器、放送設備

　　4．消火器、救助袋、すべり台、緩降機

【5】 消防設備士でなくても行うことができる消防用設備等の工事又は整備の範囲として、消防法令上、誤っているものは次のうちどれか。

□　1．給水装置工事主任技術者であるAは、スプリンクラー設備の水源に水を補給するための給水管を交換した。

　　2．電気主任技術者であるBは、自動火災報知設備の電源表示ランプを交換した。

　　3．電気工事士であるCは、屋内消火栓の表示灯が消えていたので、表示灯配線の異常の有無について検査して、電球を取り替えた。

　　4．水道工事業者であるDは、屋外消火栓の水漏れ補修を頼まれ、水漏れの原因となった屋外消火栓開閉弁を新品と交換した。

【6】 消防設備士でなければ工事又は整備を行うことができない消防用設備等として、消防法令上、誤っているものは次のうちどれか。

□　1．スプリンクラー設備

　　2．泡消火設備

　　3．非常警報設備

　　4．漏電火災警報器

【1】正解2

1＆3．スプリンクラー設備、屋内消火栓設備の［電源・水源・配管］部分は、消防設備士でなければ行ってはならない工事又は整備の対象から除外されている。

4．泡消火設備の［電源］部分は、消防設備士でなければ行ってはならない工事又は整備の対象から除外されている。

【2】正解4

4．屋内消火栓設備のネジ類等部品の交換は、消防設備士でなくても行える整備の範囲に該当する。

【3】正解2

法第17条の14（「11．工事整備対象設備等の着工届」51P参照）では、法第17条の5の規定に基づく工事をしようとするときは、工事整備対象設備等の着工届出書を届け出るよう規定している。従って、「法第17条の5の規定に基づく工事」であるかどうかが、この問題のポイントとなる。

消防設備士でなければ行ってはならない工事又は整備の一覧によると、「消防機関へ通報する火災報知設備」は含まれている。しかし、誘導灯と非常警報設備は一覧に含まれていない。また、漏電火災警報器は一覧に含まれているが、設置工事ではなく整備のみが対象としてあり、着工届出書による届出は必要ない。

【4】正解2

1．動力消防ポンプ設備は、消防設備士でなければ工事又は整備を行ってはならない消防用設備等の対象外である。

2．パッケージ型消火設備は、告示により対象とする消防用設備等に含まれている。

3．放送設備は対象外である。

4．すべり台は対象外である。

【5】正解4

1．法第17条の5の規定に基づく工事に、「配管」は除くとしている。

2＆3．消防設備士でなくとも行える軽微な整備として、「表示灯の交換」「その他これらに類するもの」がある。電源表示ランプの交換や表示灯の電球の取り替えは、軽微な整備に該当するものと判断する。

4．屋外消火栓設備の開閉弁の交換は、消防設備士でなければできない消防用設備等の工事に該当する。

【6】正解3

3．非常警報設備は、非常ベル、自動式サイレン、放送設備が該当する。自動火災報知設備とともに警報設備に含まれる。しかし、消防設備士でなければ工事又は整備を行うことができない消防用設備等には該当しない。

14. 消防用設備等の技術上の基準と異なる規定

■1. 消防用設備等の技術上の基準と異なる規定

◎**市町村は**、その地方の気候又は風土の特殊性により、法第17条1項の消防用設備等の技術上の基準に関する政令又はこれに基づく命令の規定のみによっては防火の目的を充分に達し難いと認めるときは、**条例**で、同項の消防用設備等の技術上の基準に関して、当該政令又はこれに基づく命令の規定と**異なる規定を設ける**ことができる（法第17条2項）。

▶▶過去問題◀◀

【1】法令上、その地方の気候又は風土の特殊性により、法に定める消防用設備等の技術上の基準に関する政令又はこれに基づく命令の規定のみによっては防火の目的を充分に達し難いと認めるときは、同項の消防用設備等の技術上の基準に関して、当該政令又はこれに基づく命令の規定と異なる規定を設けることができる。この基準を定めるのは次のうちどれか。

☐　1．消防庁長官の定める基準　　　2．市町村条例
　　3．都道府県知事の定める基準　　4．市町村規則

【2】消防法第17条第2項に規定されている付加条例について、最も適切なものは次のうちどれか。

☐　1．市町村の付加条例によって、消防用設備等の設置及び維持に関する技術上の基準について、政令で定める基準を強化することができる。
　　2．市町村の付加条例によって、消防用設備等の設置及び維持に関する技術上の基準について、政令で定める基準を緩和することができる。
　　3．市町村の付加条例によって、消防法施行令別表第1の防火対象物以外の防火対象物に対して消防用設備等の設置を義務付けることができる。
　　4．市町村の付加条例によって、政令で定める消防用設備等の一部を設置しなくてもよいという特例基準を定めることができる。

▶▶正解&解説⋯⋯

【1】正解2

【2】正解1
　　1．消防用設備等の技術上の基準について、市町村は政令又はこれに基づく命令の規定と異なる規定を条例として追加することができる。この結果、消防用設備等の技術上の基準はより厳しい内容となる。条例では法令で定める消防用設備等の技術上の基準そのものを緩和することはできない。

15. 基準の特例

■基準の特例

◎別表第1 (12) 項イ (工場、作業場等) に掲げる防火対象物で、総務省令で定めるものについては、「消火設備に関する基準」に定める基準に関して、総務省令で特例を定めることができる (令第31条1項)。

◎次に掲げる防火対象物又はその部分については、「消防用設備等の設置及び維持の技術上の基準」に定める基準に関して、総務省令で特例を定めることができる (令第31条2項)。

　①別表第1 (15) 項 (事務所等) に掲げる防火対象物で、総務省令で定めるもの

　②別表第1に掲げる防火対象物の道路の用に供される部分で、総務省令で定めるもの

◎「消防用設備等の設置及び維持の技術上の基準」の規定は、消防用設備等について、消防長又は消防署長が、防火対象物の位置、構造又は設備の状況から判断して、この規定による消防用設備等の基準によらなくとも、火災の発生又は延焼のおそれが著しく少なく、かつ、火災等の災害による被害を最少限度に止めることができると認めるときにおいては、適用しない (令第32条)。

▶▶過去問題◀◀

【1】消防用設備等の設置に際し、政令に定める基準によらなくてもよいものに関する記述について、文中の ( ) に当てはまる語句として、消防法令上、正しいものは次のうちどれか。

　「第2章第3節に定める消防用設備等の設置及び維持の技術上の基準の規定は、消防用設備等について、( ) が、防火対象物の位置、構造又は設備の状況から判断して、この規定による消防用設備等の基準によらなくとも、火災の発生又は延焼のおそれが著しく少なく、かつ、火災等の災害による被害を最小限度に止めることができると認めるときにおいては、適用しない。」

☐　1. 消防長又は消防署長
　　2. 総務大臣
　　3. 都道府県知事
　　4. 市町村長

▶▶正解&解説⋯⋯⋯⋯⋯⋯⋯⋯⋯⋯⋯⋯⋯⋯⋯⋯⋯⋯⋯⋯⋯⋯⋯⋯⋯⋯⋯⋯⋯⋯⋯⋯⋯⋯⋯⋯

【1】正解1

16. 消防設備士の免状

■1. 免状の種類

◎消防設備士免状の種類は、**甲種消防設備士免状**及び**乙種消防設備士免状**とする（法第17条の6）。

◎甲種消防設備士免状の交付を受けている者（甲種消防設備士）が行うことができる工事又は整備の種類及び乙種消防設備士免状の交付を受けている者（乙種消防設備士）が行うことができる整備の種類は、これらの消防設備士免状の種類に応じて、次に定める（法第17条の6　2項・規則第33条の3）。

免状の種類	消防用設備等又は特殊消防用設備等の種類	甲種消防設備士	乙種消防設備士
特類	特殊消防用設備等	工事又は整備	－
第1類	屋内消火栓設備、スプリンクラー設備、水噴霧消火設備又は屋外消火栓設備 〔告示〕パッケージ型消火設備、パッケージ型自動消火設備	工事又は整備	整備
第2類	泡消火設備 〔告示〕パッケージ型消火設備、パッケージ型自動消火設備、特定駐車場用泡消火設備	工事又は整備	整備
第3類	不活性ガス消火設備、ハロゲン化物消火設備、粉末消火設備 〔告示〕パッケージ型消火設備、パッケージ型自動消火設備	工事又は整備	整備
第4類	自動火災報知設備、ガス漏れ火災警報設備、消防機関へ通報する火災報知設備 〔告示〕共同住宅用自動火災報知設備、住戸用自動火災報知設備、特定小規模施設用自動火災報知設備、複合型居住施設用自動火災報知設備	工事又は整備	整備
第5類	金属製避難はしご、救助袋又は緩降機	工事又は整備	整備
第6類	消火器	－	整備
第7類	漏電火災警報器	－	整備

※「特殊消防用設備等」とは、通常の消防用設備等と同等以上の性能を有し、かつ、特殊消防用設備等の設置及び維持に関する計画に従って設置し、維持するものとして、法第17条3項の規定により総務大臣の認定を受けたものをいう。

64

※〔告示〕とは、「消防設備士が行うことができる必要とされる防火安全性能を有する消防の用に供する設備等の工事又は整備の種類を定める件」で掲げる消防用設備等とする。

※「パッケージ型自動消火設備」とは、火災の発生を感知し、自動的に水又は消火薬剤を圧力により放射して消火を行う固定した消火設備であって、感知部、放出口、作動装置、消火薬剤貯蔵容器、放出導管、受信装置等により構成されるものをいう。「パッケージ型消火設備」は58P参照。

■2．消防用設備等に係る工事の区分

◎消防用設備等に係る工事の区分は、次の表に定めるとおりとする（消防庁予防課長通知　消防予第192号）。

	内　容	区分
新設	防火対象物（新築のものを含む）に従前設けられていない消防用設備等を新たに設けることをいう。	工事
増設	防火対象物に設置されている消防用設備等について、その構成機器・装置等の一部を付加することをいう。	工事
移設	防火対象物に設置されている消防用設備等について、その構成機器・装置等の全部又は一部の設置位置を変えることをいう。	工事
取替え	防火対象物に設置されている消防用設備等について、その構成機器・装置等の一部を既設のものと同等の種類、機能・性能等を有するものに交換することをいう。	工事
改造	防火対象物に設置されている消防用設備等について、その構成機器・装置等の一部を付加若しくは交換し、又は取り外して消防用設備等の構成、機能・性能等を変えることをいい、「取替え」に該当するものを除く。	工事
補修	防火対象物に設置されている消防用設備等について、変形、損傷、故障箇所などを元の状態又はこれと同等の構成、機能・性能等を有する状態に修復することをいう。	整備
撤去	防火対象物に設置されている消防用設備等について、その全部を当該防火対象物から取り外すことをいう。	－

◎これらのうち、新設、増設、移設、取替え、改造は、いずれも**「工事」**に該当し、**甲種消防設備士**でなければ行ってはならない。また、補修は**「整備」**に該当し、甲種又は乙種消防設備士でなければ行ってはならない。

◎撤去は、「工事」及び「整備」のいずれにも該当しないものとする。

【1】消防設備士が行うことができる工事又は整備について、消防法令上、誤っているものは次のうちどれか。[★]

☐ 1．甲種特類消防設備士免状の交付を受けている者は、消防用設備等のすべて及び特殊消防用設備等について、整備を行うことができる。

2．甲種第4類消防設備士免状の交付を受けている者は、危険物製造所等に設置する自動的に作動する火災報知設備の工事を行うことができる。

3．乙種第1類消防設備士免状の交付を受けている者は、屋外消火栓設備の開閉弁の整備を行うことができる。

4．乙種第5類消防設備士免状の交付を受けている者は、緩降機本体及びその取付け具の整備を行うことができる。

【2】消防設備士が行うことができる工事又は整備について、消防法令上、誤っているものは次のうちどれか。

☐ 1．甲種第1類の消防設備士は、スプリンクラー設備の整備を行うことができる。

2．甲種第2類の消防設備士は、泡消火設備の工事を行うことができる。

3．甲種第4類の消防設備士は、漏電火災警報器の整備を行うことができる。

4．乙種第3類の消防設備士は、粉末消火設備の整備を行うことができる。

【3】消防設備士が行う工事又は整備について、消防法令上、誤っているものは次のうちどれか。

☐ 1．甲種第5類の消防設備士免状の交付を受けている者は、緩降機及び救助袋の工事を行うことができる。

2．乙種第4類の消防設備士免状の交付を受けている者は、ガス漏れ火災警報設備の整備を行うことができる。

3．乙種第2類の消防設備士免状の交付を受けている者は、泡消火設備の整備を行うことができる。

4．乙種第1類の消防設備士免状の交付を受けている者は、水噴霧消火設備の工事を行うことができる。

【4】消防設備士が行う工事又は整備について、消防法令上、正しいものは次のうちどれか。

☐ 1．甲種第1類の消防設備士は、泡消火設備の整備を行うことができる。

2．乙種第5類の消防設備士は、金属製避難はしごの設置工事を行うことができる。

3．甲種第4類の消防設備士は、自動火災報知設備の設置工事を行うことができる。

4．乙種第6類の消防設備士は、漏電火災警報器の整備を行うことができる。

【5】消防設備士に関する記述として、消防法令上、誤っているものは次のうちどれか。

☐ 1．消防用設備等の移設には、乙種消防設備士の資格を必要とする場合がある。

2．消防用設備等の増設には、甲種消防設備士の資格を必要とする場合がある。

3．消防用設備等の不良箇所が指定された場合の不良機器の調整、又は部品交換には、乙種消防設備士の資格を必要とする場合がある。

4．消防用設備等の新設には、甲種消防設備士の資格を必要とする場合がある。

▶▶正解＆解説‥‥‥‥‥‥‥‥‥‥‥‥‥‥‥‥‥‥‥‥‥‥‥‥‥‥‥‥‥‥‥‥‥‥

【1】正解1

1．甲種特類消防設備士免状の交付を受けている者は、特殊消防用設備等について、工事又は整備を行うことができる。

【2】正解3

3．漏電火災警報器の整備を行うためには、乙種第7類の資格が必要となる。

【3】正解4

4．「水噴霧消火設備の工事」⇒「水噴霧消火設備の整備」。

【4】正解3

1．甲種第1類の消防設備士は、屋内消火栓設備、スプリンクラー設備、水噴霧消火設備又は屋外消火栓設備などの工事又は整備を行うことができる。泡消火設備の整備を行うためには、甲種第2類又は乙種第2類の消防設備士の資格が必要となる。

2．乙種第5類の消防設備士は、金属製避難はしごの整備を行うことができる。設置工事を行うためには、甲種第5類の資格が必要となる。

4．漏電火災警報器の整備を行うためには、乙種第7類の資格が必要となる。

【5】正解1

1．消防用設備等の移設は「工事」に該当するため、甲種消防設備士の資格が必要である。

17. 消防設備士免状の取り扱い

■1．免状の交付資格

◎消防設備士免状は、消防設備士試験に合格した者に対し、**都道府県知事が交付する**（法第17条の7）。

◎都道府県知事は、次の各号に該当する者に対しては、消防設備士免状の**交付を行わないことができる**（以下、法第17条の7　2項準用）。

　①消防設備士免状の**返納**を命ぜられ、その日から起算して**1年**を経過しない者

　②この法律又はこの法律に基く**命令の規定に違反**して罰金以上の刑に処せられた者で、その執行を終り、又は執行を受けることがなくなった日から起算して**2年**を経過しない者

■2．免状に関し必要な事項

◎消防設備士免状の書換、再交付その他消防設備士免状に関し必要な事項は、政令で定める（法第17条の7　2項準用）。

◎免状には、次に掲げる**事項を記載**するものとする（令第36条の4）。

　①免状の交付年月日及び交付番号

　②氏名及び生年月日

　③本籍地の属する都道府県

　④免状の種類

　⑤過去10年以内に撮影した写真

◎免状の交付を受けている者は、免状の**記載事項に変更**を生じたときは、遅滞なく当該免状を交付した都道府県知事又は居住地若しくは勤務地を管轄する都道府県知事にその**書換え**を申請しなければならない（令第36条の5）。

　〔解説〕法令では、「直ちに」「すみやかに」「遅滞なく」という用語がよく使われる。これらは、判例により即時性の最も強いものが「直ちに」であり、次いで「すみやかに」、さらに「遅滞なく」の順に弱まっているとされる。「遅滞なく」は正当な又は合理的な理由による遅れは許容されるもの、と解されている。

◎免状の交付を受けている者は、免状を**亡失**し、滅失し、汚損し、又は破損した場合には、当該免状の**交付又は書換え**をした都道府県知事にその**再交付**を申請することができる（令第36条の6）。

〔用語〕亡失：失いなくすこと。また、うせてなくなること。

　　　滅失：物がその物としての物理的存在を失うこと。

　　　汚損：物が汚れたり傷んだりすること。

　　　破損：物が壊れたり、傷ついたりすること。

◎免状を亡失してその**再交付**を受けた者は、亡失した免状を発見した場合には、これを**10日以内**に免状の再交付をした都道府県知事に提出しなければならない（令第36条の6　2項）。

〔免状の書換えと再交付の違い〕

書換え	区分	再交付
記載事項の変更	申請の理由	亡失、滅失、汚損、破損
①交付した都道府県知事 ②居住地を管轄する都道府県知事 ③勤務地を管轄する都道府県知事	申請先	①交付した都道府県知事 ②書換えをした都道府県知事

■3．消防設備士免状の返納

◎消防設備士がこの法律又はこの法律に基づく命令の規定に違反しているときは、消防設備士免状を交付した**都道府県知事**は、当該消防設備士**免状の返納**を命ずることができる（法第17条の7　2項準用／第13条の2　5項）。

◎次のいずれかに該当する者は、30万円以下の罰金又は拘留に処する（法第44条）。

　⑨第13条の2　5項（第17条の7　2項において準用する場合を含む）の規定による命令に違反した者

◎免状返納を命じられた消防設備士は、返納命令により直ちに当該返納命令に係る**資格を喪失**する（消防庁予防課長通知）。

▶▶過去問題◀◀

【1】消防設備士免状に関する記述について、消防法令上、正しいものは次のうちどれか。[★]

□　1．消防設備士免状の交付を受けた都道府県以外で業務に従事するときは、業務地を管轄する都道府県知事に免状の書換えを申請しなければならない。

　　2．消防設備士免状の記載事項に変更を生じた場合、当該免状を交付した都道府県知事又は居住地若しくは勤務地を管轄する都道府県知事に免状の書換えを申請しなければならない。

　　3．消防設備士免状を亡失したときは、亡失した日から10日以内に免状の再交付を申請しなければならない。

　　4．消防設備士免状の返納を命ぜられた日から3年を経過しない者については、新たに試験に合格しても免状が交付されないことがある。

【2】 消防設備士免状に関して、消防法令上、誤っているものは次のうちどれか。

☐ 1. 消防設備士免状の記載事項に変更を生じたときは、免状を交付した都道府県知事又は居住地若しくは勤務地を管轄する都道府県知事に免状の書換えを申請しなければならない。

2. 消防設備士免状を亡失したときは、亡失に気付いた日から10日以内に免状を交付した都道府県知事に免状の再交付を申請しなければならない。

3. 消防設備士免状を汚損又は破損した者は、免状を交付した都道府県知事に免状の再交付を申請することができる。

4. 消防設備士免状の返納命令に違反した者は、罰金又は拘留に処せられることがある。

【3】 消防設備士免状の書換えについて、消防法令上、正しいものは次のうちどれか。[★]

☐ 1. 免状に貼ってある写真が撮影した日から10年を超えた場合は、居住地又は勤務地を管轄する消防長又は消防署長に書換えの申請をしなければならない。

2. 居住地に変更が生じた場合は、居住地又は勤務地を管轄する都道府県知事に書換えの申請をしなければならない。

3. 氏名に変更が生じた場合は、免状を交付した都道府県知事又は居住地若しくは勤務地を管轄する都道府県知事に書換えの申請をしなければならない。

4. 本籍地の属する都道府県に変更が生じた場合は、新たな本籍地を管轄する消防長又は消防署長に書換えの申請をしなければならない。

【4】 消防設備士免状を亡失した場合の再交付申請先として、消防法令上、正しいものは次のうちどれか。

☐ 1. 居住地又は勤務地を管轄する都道府県知事

2. 居住地又は勤務地を管轄する消防長又は消防署長

3. 当該免状の交付又は書換えをした都道府県知事

4. 当該免状の交付又は書換えをした消防長又は消防署長

【5】 消防設備士免状を亡失してその再交付を受けた者が、亡失した免状を発見した場合は、これを一定期間以内に免状の再交付をした都道府県知事に提出しなければならないとされているが、その期間として、消防法令上、正しいものは次のうちどれか。

☐ 1. 7日以内   2. 10日以内   3. 14日以内   4. 20日以内

【6】消防設備士免状に関する申請とその申請先について、消防法令上、誤っているものの組み合わせは次のうちどれか。

	申請	申請先
□ 1.	書換え	居住地又は勤務地を管轄する都道府県知事
2.	再交付	免状を交付した都道府県知事
3.	書換え	免状を交付した都道府県知事
4.	再交付	居住地又は勤務地を管轄する都道府県知事

【7】消防設備士免状の記載事項について、消防法令に定められていないものは、次のうちどれか。

□ 1. 免状の交付年月日及び交付番号
　 2. 氏名及び生年月日
　 3. 現住所
　 4. 過去10年以内に撮影した写真

【8】消防設備士免状の書換えの申請先として、消防法令上、誤っているものは次のうちどれか。

□ 1. 免状を交付した都道府県知事
　 2. 居住地を管轄する都道府県知事
　 3. 勤務地を管轄する都道府県知事
　 4. 本籍地の属する都道府県知事

【9】次の文中の（　）に当てはまる数値及び語句の組合せとして、消防法令に定められているものは次のうちどれか。

　「消防設備士免状を亡失してその再交付を受けた者は、亡失した免状を発見した場合には、これを（ア）日以内に免状の再交付をした（イ）に提出しなければならない。」

　　　（ア）　　　　　　（イ）
□ 1. 10　　　都道府県知事
　 2. 10　　　消防長又は消防署長
　 3. 14　　　都道府県知事
　 4. 14　　　消防長又は消防署長

【10】 消防設備士免状の返納について、消防法令上、誤っているものは次のうちど
れか。

☐　1．返納を命ずるのは、消防長又は消防署長である。

　　2．返納を命ずることができるのは、消防設備士が消防法令上の規定に違反し
ている場合である。

　　3．免状の返納命令に従わない場合には、罰則の適用がある。

　　4．免状の返納命令により、消防設備士の資格を喪失する。

【11】 消防設備士が消防法令上の規定に違反しているとき、当該消防設備士の免状
の返納を命ずることができる者として、正しいものは次のうちどれか。

☐　1．消防設備士の免状を交付した都道府県知事

　　2．消防設備士が違反した場所を管轄する都道府県知事

　　3．消防設備士の居住地又は勤務地を管轄する都道府県知事

　　4．消防設備士の本籍地の属する都道府県知事

▶▶正解＆解説……………………………………………………………………………………

【1】 正解2

　　1．消防設備士の免状は都道府県知事が交付する。ただし、「業務地」に関する規定は
ないため、免状は全国で有効である。

　　2．消防設備士免状の記載事項に変更を生じた場合は、遅滞なく
　　　　①免状を交付した都道府県知事
　　　　②居住地を管轄する都道府県知事
　　　　③勤務地を管轄する都道府県知事
　　のいずれかに、その書換えを申請しなければならない。

　　3．消防設備士免状を亡失した場合、再交付を申請することができる。ただし、再交付
の申請には期限が設けられていない。なお、再交付を受けた後に亡失した免状を発見
した場合は、これを10日以内に免状の再交付をした都道府県知事に提出しなければな
らない。

　　4．都道府県知事は、①免状の返納を命ぜられて1年を経過しない者、②消防法で罰金
以上の刑に処せられ2年を経過しない者、については免状を交付しないことができる。

【2】 正解2

　　1．この場合、遅滞なく、いずれかの都道府県知事に免状の書換えを申請しなければな
らない。

　　2．消防設備士免状を亡失した場合、再交付を申請することができる。ただし、再交付
の申請には期限が設けられていない。なお、再交付を受けた後に亡失した免状を発見
した場合は、これを10日以内に免状の再交付をした都道府県知事に提出しなければな
らない。

3．免状を汚損又は破損した者は、免状の交付又は書換えをした都道府県知事に免状の再交付を申請することができる。

4．法第44条　次のいずれかに該当する者は、30万円以下の罰金又は拘留に処する。9項　第17条の7　2項の準用規定による免状の返納命令に違反した者（1～8項省略）。

【3】正解3

1．免状に貼ってある写真が撮影した日から10年を超えた場合は、免状の記載事項の変更に該当するため、遅滞なく当該免状を交付した都道府県知事又は居住地若しくは勤務地を管轄する都道府県知事にその書換えを申請しなければならない。

2．居住地の変更は、免状の記載事項の変更に該当しない。従って、免状の書換え申請は必要ない。

3．氏名の変更は、免状の記載事項の変更に該当する。

4．本籍地の属する都道府県の変更は、免状の記載事項の変更に該当する。従って、免状を交付した都道府県知事又は居住地若しくは勤務地を管轄する都道府県知事に書換えの申請をしなければならない。

【4】正解3

免状を亡失した場合は、当該免状の交付又は書換えをした都道府県知事にその再交付を申請する。

【5】正解2

【6】正解4

4．再交付は、当該免状の交付又は書換えをした都道府県知事に申請する。

【7】正解3

3．消防設備士免状の記載事項に、現住所は含まれていない。

【8】正解4

【9】正解1

「消防設備士免状を亡失してその再交付を受けた者は、亡失した免状を発見した場合には、これを〈㋐ 10日〉以内に免状の再交付をした〈㋑ 都道府県知事〉に提出しなければならない。」

【10】正解1

1．返納を命ずるのは、免状を交付した都道府県知事である。

【11】正解1

18. 消防設備士の講習

■1. 消防設備士の講習

◎消防設備士は、総務省令で定めるところにより、**都道府県知事**（総務大臣が指定する市町村長その他の機関を含む。）が行う工事整備対象設備等の工事又は整備に関する講習（消防設備士の講習）を受けなければならない（法第17条の10）。

◎消防設備士は、**免状の交付を受けた日以後における最初の４月１日から２年以内**に消防設備士の講習を受けなければならない（規則第33条の17　１項）。

◎消防設備士は、消防設備士の講習を受けた日以後における最初の４月１日から５年以内に再び消防設備士の講習を受けなければならない。当該講習を受けた日以降においても同様とする（規則第33条の17　２項）。

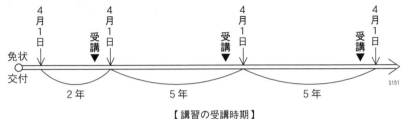

【講習の受講時期】

◎都道府県知事が行う工事整備対象設備等の工事又は整備に関する**講習**について、講習の科目、講習時間その他講習の実施に関し必要な細目は、消防庁長官が定める（規則第33条の17　３項）。

◎この講習の実施細目について、消防庁から各都道府県等に通達が出されている。通達によると、**消防設備士免状の種類及び指定区分**に従い、講習を「特殊消防用設備等」、「消火設備」、「警報設備」及び「避難設備・消火器」の４種類に区分し実施することが定められている。

【1】都道府県知事（総務大臣が指定する市町村長その他の機関を含む。）が行う工事整備対象設備等の工事又は整備に関する講習について、消防法令上、誤っているものは次のうちどれか。

☐　1．消防設備士免状の交付を受けた日から5年以内ごとに受講しなければならない。

　　2．工事整備対象設備等の工事又は整備に従事していない消防設備士も受講しなければならない。

　　3．消防設備士免状の種類及び指定区分等に応じて行われる。

　　4．定められた期間内に受講しなければ、消防設備士免状の返納を命ぜられることがある。

【2】都道府県知事（総務大臣が指定する市町村長その他の機関を含む。）が行う工事整備対象設備等の工事又は整備に関する講習の制度について、消防法令上、正しいものは次のうちどれか。

☐　1．消防設備士は、その業務に従事することになった日以降における最初の4月1日から5年以内ごとに講習を受けなければならない。

　　2．消防設備士は、免状の交付を受けた日以降における最初の4月1日から5年以内ごとに講習を受けなければならない。

　　3．消防設備士は、その業務に従事することになった日以降における最初の4月1日から2年以内に講習を受け、その後、前回の講習を受けた日以降における最初の4月1日から5年以内ごとに講習を受けなければならない。

　　4．消防設備士は、免状の交付を受けた日以降における最初の4月1日から2年以内に講習を受け、その後、前回の講習を受けた日以降における最初の4月1日から5年以内ごとに講習を受けなければならない。

【3】工事整備対象設備等の工事又は整備に関する講習の実施者として、消防法令上、正しいものは次のうちどれか。[★]

☐　1．都道府県知事

　　2．総務大臣

　　3．消防長又は消防署長

　　4．消防庁長官

【4】都道府県知事（総務大臣が指定する市町村長その他の機関を含む。）が行う工事整備対象設備等の工事又は整備に関する講習の受講時期について、消防法令で定められているものは、次のうちどれか。［★］［編］

☐ 1．免状の交付を受けた日以降における最初の4月1日から1年以内、その後、前回の講習を受けた日以降における最初の4月1日から3年以内ごと

2．免状の交付を受けた日から2年以内、その後、前回の講習を受けた日から5年以内ごと

3．免状の交付を受けた日以降における最初の4月1日から2年以内、その後、前回の講習を受けた日以降における最初の4月1日から5年以内ごと

4．免状の交付を受けた日から3年以内ごと

5．免状の交付を受けた日から5年以内ごと

【5】工事整備対象設備等の工事又は整備に関する講習についての次の記述のうち、文中の（　）に当てはまる語句の組合せとして、消防法令上、正しいものは次のうちどれか。

「消防設備士は、（ア）日以降における最初の4月1日から（イ）以内に講習を受けなければならない。」

		（ア）	（イ）
☐	1．	工事整備対象設備等の工事又は整備に従事することとなった	2年
	2．	免状の交付を受けた	5年
	3．	工事整備対象設備等の工事又は整備に従事することとなった	5年
	4．	免状の交付を受けた	2年

▶▶正解&解説……………………………………………………………………………………………

【1】 正解1

1. 1回目の講習は、免状交付日以降における最初の4月1日から2年以内に受講しなければならない。

2. この講習は、消防設備士免状の交付を受けている全ての者が対象となる。

3. この講習の実施細目について、消防庁から各都道府県等に通達が出されている。通達によると、消防設備士免状の種類及び指定区分に従い、講習を「特殊消防用設備等」、「消火設備」、「警報設備」及び「避難設備・消火器」の4種類に区分し実施することが定められている。

4. この講習の未受講は、「この法律又はこの法律に基づく命令の規定に違反」していることに該当するため、免状の返納を命じられることがある。「17. 消防設備士免状の取り扱い」68P参照。

【2】 正解4

4. 講習は、免状の交付を受けた日→最初の4月1日から2年以内に受講（1回目）→受講日以降の最初の4月1日から5年以内に受講（2回目以降）、というスケジュールになっている。

【3】 正解1

【4】 正解3

【5】 正解4

「消防設備士は、〈㋐ 免状の交付を受けた日〉以降における最初の4月1日から〈㋑ 2年〉以内に講習を受けなければならない。」

◎消防設備士は、その業務を**誠実に行い**、工事整備対象設備等の質の向上に努めなければならない（法第17条の12）。

◎消防設備士は、その業務に従事するときは、消防設備士**免状を携帯**していなければならない（法第17条の13）。

◎甲種消防設備士は、工事整備対象設備等の工事をしようとするときは、その**工事に着手**しようとする日の10日前までに、総務省令で定めるところにより、工事整備対象設備等の種類、工事の場所その他必要な事項を消防長又は消防署長に届け出なければならない（法第17条の14）。

S152

【4つの義務 (〜しなければならない)】

▶▶過去問題◀◀

【1】消防設備士の義務について、消防法令上、誤っているものは次のうちどれか。

[★]

☐ 1．消防用設備等が設備等技術基準に違反して設置又は維持されている場合、消防設備士は消防長又は消防署長に届け出なければならない。

　2．消防設備士は、その業務に従事する場合、消防設備士免状を携帯していなければならない。

　3．消防設備士は、業務を誠実に行い工事整備対象設備等の質の向上に努めなければならない。

　4．消防設備士は、都道府県知事（総務大臣が指定する市町村長その他の機関を含む。）が行う工事整備対象設備等の工事又は整備に関する講習を受けなければならない。

▶▶正解＆解説……………………………………………………………………

【1】正解1

　1．消防法令にこのような規定はない。

20. 防火管理者

■1. 防火管理者を定めなければならない防火対象物

◎次に掲げる防火対象物の管理について権原を有する者は、政令で定める資格を有する者のうちから防火管理者を定め、政令で定めるところにより、当該防火対象物について消防計画の作成等の業務を行わせなければならない（法第8条1項）。

①学校、病院、工場、事業場、興行場、百貨店（延べ面積が1,000m²以上の大規模な小売店舗を含む）（令第1条の2　1項）。

②複合用途防火対象物…防火対象物が2以上の用途に供されており、かつ、その用途のいずれかが令別表第1（13P参照）の（1）から（15）までに供されている防火対象物をいう（令第1条の2　2項）。

③その他多数の者が出入し、勤務し、又は居住するもので、令別表第1に掲げる防火対象物のうち、次に掲げるもの。ただし、同表の（16の3）及び（18）から（20）までに掲げるものを除く（令第1条の2　3項）。

　イ. 老人短期入所施設、養護老人ホーム、特別養護老人ホーム、救護施設、乳児院、障害児入所施設、障害者支援施設などで、収容人員が10人以上のもの

　　　※「令別表第1」の（6）ロなどの防火対象物が該当。詳細は省略。

　ロ. 特定防火対象物（前項のイを除く）で、収容人員が30人以上のもの

　ハ. 非特定防火対象物で、収容人員が50人以上のもの

　　　※「非特定防火対象物」とは、「特定防火対象物以外の防火対象物」を指す。

【防火管理者の選定】

④新築の工事中の建築物で、収容人員が50人以上のもののうち、地階を除く階数が11以上で、かつ、延べ面積が10,000m²以上である建築物など。

◎防火管理者の資格については、防火管理に関する講習の課程を修了した者とする（令第3条）。

■2．防火管理者を必要としない防火対象物

◎令第１条の２では、防火管理者を定めなければならない防火対象物を個別に掲げている。しかし、次に掲げる防火対象物は除外されている。

①**準地下街**（令別表第１の（16の３））

②延長50m以上のアーケード（同（18））

③市町村長の指定する山林（同（19））

④総務省令で定める舟車（同（20））

■3．防火管理者の業務

◎当該防火対象物の管理について権原を有する者は、防火管理者を定め、次に掲げる業務を行わせなければならない（法第８条１項）。

①消防計画の作成

②消防計画に基づく消火、通報及び避難の訓練の実施

③消防の用に供する設備、消防用水又は消火活動上必要な施設の点検及び整備

④火気の使用又は取扱いに関する監督

⑤避難又は防火上必要な構造及び設備の維持管理並びに収容人員の管理

⑥その他防火管理上必要な業務

■4．防火管理者の責務

◎防火管理者は、防火対象物についての防火管理に係る**消防計画を作成**し、所轄消防長又は消防署長に届け出なければならない（令第３条の２　１項～４項）。

◎防火管理者は、前項の消防計画に基づいて、当該防火対象物について消火、通報及び避難の訓練の実施、消防の用に供する設備、消防用水又は消火活動上必要な施設の点検及び整備、**火気の使用又は取扱いに関する監督**、避難又は防火上必要な構造及び設備の維持管理並びに**収容人員の管理**その他防火管理上必要な業務を行わなければならない。

◎防火管理者は、防火管理上必要な業務を行うときは、必要に応じて当該防火対象物の管理について権原を有する者の指示を求め、誠実にその職務を遂行しなければならない。

◎防火管理者は、消防の用に供する設備、消防用水若しくは消火活動上必要な施設の**点検及び整備**又は火気の使用若しくは取扱いに関する監督を行うときは、火元責任者その他の防火管理の業務に従事する者に対し、必要な指示を与えなければならない。

■5．統括防火管理者

◎高層建築物（高さ31m超の建築物）その他政令で定める防火対象物で、その管理について権原が分かれている場合、それぞれの管理について権原を有する者は、防火対象物の全体について防火管理上必要な業務を統括する防火管理者（**統括防火管理者**）を協議して定め、その者に当該防火対象物の全体について防火管理上必要な業務を行わせなければならない（法第8条の2）。

◎**地下街**でその管理について権原が分かれているもののうち、消防長若しくは消防署長が指定するものの管理について権原を有する者は、同様に統括防火管理者を定め、全体について防火管理上必要な業務を行わせなければならない。

◎政令で定める防火対象物は、次に掲げる防火対象物とする（令第3条の3）。

①老人短期入所施設、養護老人ホーム、**特別養護老人ホーム**、救護施設、乳児院、障害児入所施設、障害者支援施設、及びこれらの用途を含む複合用途防火対象物のうち、地階を除く階数が3以上で、かつ、収容人員が10人以上のもの

②**特定防火対象物**（①を除く。）、及び特定用途を含む複合用途防火対象物（①を除く。）のうち、地階を除く階数が3以上で、かつ、収容人員が30人以上のもの

③特定用途を含まない**複合用途防火対象物**のうち、地階を除く階数が5以上で、かつ、収容人員が50人以上のもの

④準地下街

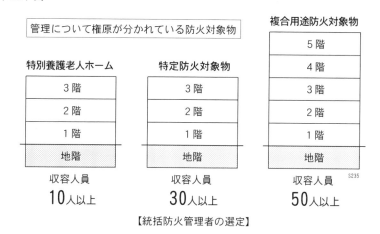

【統括防火管理者の選定】

【1】 防火対象物の防火管理者に選任された者が行わなければならない業務として、消防法令に定められていないものは次のうちどれか。

☐ 1．消防計画の作成

　　2．火気の使用又は取扱いに関する監督

　　3．収容人員の管理

　　4．防火管理者の解任の届出

【2】 次の消防法施行令別表第1に掲げる防火対象物のうち、消防法令上、防火管理者を定めなければならないものは次のうちどれか。

☐ 1．診療所（政令別表第1（6）項イ4に該当するもの）で、収容人員が20人のもの

　　2．美術館（政令別表第1（8）項に該当するもの）で、収容人員が30人のもの

　　3．教会（政令別表第1（11）項に該当するもの）で、収容人員が40人のもの

　　4．事務所（政令別表第1（15）項に該当するもの）で、収容人員が50人のもの

【3】 次の消防法施行令別表第1に掲げる防火対象物のうち、消防法令上、防火管理者を定めなくてもよいものを、次のうちから2つ答えなさい。［編］

☐ 1．老人短期入所施設で、収容人員が10人のもの

　　2．飲食店で、収容人員が20人のもの

　　3．旅館で、収容人員が30人のもの

　　4．物品販売店舗で、収容人員が30人のもの

　　5．カラオケボックスで、収容人員が30人のもの

　　6．共同住宅で、収容人員が45人のもの

　　7．事務所で、収容人員が50人のもの

【4】 防火管理に関する次の記述の文中の（　）に当てはまる語句の組合せとして、消防法令上、正しいものは次のうちどれか。

　　「（ア）は消防の用に供する設備、消火用水若しくは消火活動上必要な施設の（イ）及び整備又は火気の使用若しくは取扱いに関する監督を行うときは、火元責任者その他の防火管理の業務に従事する者に対し、必要な指示を与えなければならない。」

	（ア）	（イ）
☐　1．	防火管理者	工事
2．	管理について権原を有する者	工事
3．	管理について権原を有する者	点検
4．	防火管理者	点検

【5】 次の管理について権原が分かれている防火対象物のうち、統括防火管理者を定めなければならないものとして、消防法令上、誤っているものはどれか。ただし、防火対象物は、高層建築物（高さ31mを超える建築物）ではないものとする。
☐　1． 地階を除く階数が3の特別養護老人ホームで、収容人員が60人のもの
　　2． 地階を除く階数が5の事務所で、収容人員が80人のもの
　　3． 2階をカラオケボックスとして使用する地階を除く階数が3の複合用途防火対象物で、収容人員が50人のもの
　　4． 地階を除く階数が5の病院で、収容人員が70人のもの

【6】 次のアからウまでの管理について権原が分かれている防火対象物のうち、統括防火管理者を定めなければならないものとして、消防法令上、正しいものの組合せは次のうちどれか。ただし、防火対象物は、高層建築物（高さ31mを超える建築物）ではないものとする。
　ア．地階を除く階数が5の作業場で、収容人員が80人のもの
　イ．地階を除く階数が4の病院で、収容人員が40人のもの
　ウ．地階を除く階数が3の特別養護老人ホームで、収容人員が20人のもの
☐　1．ア、イのみ　　2．ア、ウのみ
　　3．イ、ウのみ　　4．ア、イ、ウすべて

▶▶正解＆解説……………………………………………………………………………………
【1】正解4
　4．防火管理者の選任及び解任の届出は、東京都の場合、管理権原者が行うことになっている。規則第3条の2（防火管理者の選任又は解任の届出）では、選任又は解任の届出書の様式を定めている。

【2】正解4

1．診療所は、特定防火対象物に該当するため、収容人員が30人以上の場合に防火管理者を定めなければならない。

2〜4．美術館、教会、事務所は、いずれも非特定防火対象物に該当するため、収容人員が50人以上の場合に防火管理者を定めなければならない。

【3】正解2＆6

1．老人短期入所施設で収容人員が10人以上の防火対象物は、防火管理者を定めなければならない。

2．飲食店は、特定防火対象物に該当するため、収容人員が30人以上の場合に防火管理者を定めなければならない。20人では防火管理者を定めなくてもよい。

3＆4＆5．旅館・物品販売店舗・カラオケボックスは特定防火対象物に該当するため、収容人員が30人以上の場合に防火管理者を定めなければならない。

6．共同住宅は、非特定防火対象物に該当するため、収容人員が50人以上の場合に防火管理者を定めなければならない。45人では防火管理者を定めなくてもよい。

7．事務所は、非特定防火対象物に該当するため、収容人員が50人以上の場合に防火管理者を定めなければならない。

【4】正解4

「〈⑦ 防火管理者〉は消防の用に供する設備、消防用水若しくは消火活動上必要な施設の〈① 点検〉及び整備又は火気の使用若しくは取扱いに関する監督を行うときは、火元責任者その他の防火管理の業務に従事する者に対し、必要な指示を与えなければならない。」

【5】正解2

1．この場合、階数が3以上で、収容人員が10人以上であるため、統括防火管理者を定めなければならない。

2．この場合、特定防火対象物ではなく、更に複合用途防火対象物でもないため、統括防火管理者を定めなくてもよい。

3．この場合、特定用途を含む複合用途防火対象物であり、収容人員が30人以上であるため、統括防火管理者を定めなければならない。

4．この場合、特定防火対象物であり、階数が3以上で収容人員が30人以上であるため、統括防火管理者を定めなければならない。

【6】正解3

ア．この場合、特定防火対象物ではなく、更に複合用途防火対象物でもないため、統括防火管理者を定めなくてもよい。

イ．この場合、特定防火対象物であり、階数が3以上で収容人員が30人以上であるため、統括防火管理者を定めなければならない。

ウ．この場合、階数が3以上で、収容人員が10人以上であるため、統括防火管理者を定めなければならない。

■1. 検定対象機械器具等

◎検定制度は、消防の用に供する機械器具等が、一定の形状、構造、材質、成分及び性能を有しているかどうか、あらかじめ検定を行い、火災の予防若しくは警戒、消火又は人命の救助等に際し、機械器具等に重大な支障が生じないようにするためのものである（法第21条の2　1項）。

◎消防の用に供する機械器具等において、形状、構造、材質、成分及び性能を以下、「形状等」という。

◎消防の用に供する機械器具等のうち、次に掲げるものを検定が必要な機械器具等（**検定対象機械器具等**）とする（令第37条）。

①消火器
②消火器用消火薬剤（二酸化炭素を除く）
③泡消火薬剤（水溶性液体用のものを除く）
④火災報知設備の感知器または発信機
⑤火災報知設備又はガス漏れ火災警報設備に使用する中継器
⑥火災報知設備又はガス漏れ火災警報設備に使用する受信機
⑦住宅用防災警報器
⑧閉鎖型スプリンクラーヘッド
⑨スプリンクラー設備、水噴霧消火設備又は泡消火設備に使用する流水検知装置
⑩スプリンクラー設備等に使用する一斉開放弁
⑪金属製避難はしご
⑫緩降機

■2. 検定の方法（型式承認⇒型式適合検定）

◎検定は、「型式承認」⇒「型式適合検定」の順に行われる。

◎「型式承認」とは、検定対象機械器具等の型式に係る形状等が総務省令で定める検定対象機械器具等に係る技術上の規格（規格省令）に適合している旨の承認をいう（法第21条の2　2項他）。

　①型式承認では、日本消防検定協会または総務大臣の登録を受けた検定機関が規格に適合しているか試験を行い、その試験結果は申請者を介して総務大臣に添付する。

　②**総務大臣**は、添付された試験結果をもとに審査し、規格に適合しているときは、当該型式について型式承認をする。

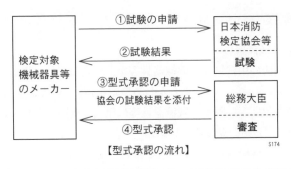

【型式承認の流れ】

◎「**型式適合検定**」とは、検定対象機械器具等の形状等が型式承認を受けた検定対象機械器具等の型式に係る形状等に適合しているかどうかについて、日本消防検定協会または総務大臣の登録を受けた検定機関が、総務省令で定める方法により行う検定をいう（法第21条の2　3項他）。

◎日本消防検定協会または総務大臣の登録を受けた検定機関は、型式適合検定に合格した検定対象機械器具等に、総務省令で定めるところにより、型式は型式承認を受けたものであり、かつ、型式適合検定に合格したものである旨の表示（**検定合格証**）を付さなければならない（法第21条の9）。

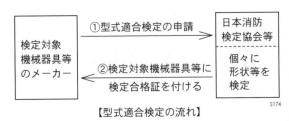

【型式適合検定の流れ】

◎検定対象機械器具等は、法第21条の9の規定による表示（**検定合格証**）が付されているものでなければ、販売し、又は販売の目的で陳列してはならない。また、検定対象機械器具等のうち消防の用に供する機械器具又は設備は、**検定合格証**が付されているものでなければ、その設置、変更又は修理の請負に係る工事に使用してはならない（法第21条の2　4項）。

▲検定合格証の例

【1】 消防の用に供する機械器具等の検定に関する次の記述のうち、消防法令上、正しいものの組合せはどれか。

　ア．検定対象機械器具等は、型式承認を受けたものであり、かつ、型式適合検定に合格したものである旨の表示が付されているものでなければ、販売の目的で陳列してはならない。

　イ．検定対象機械器具等は、型式承認を受けたものであり、かつ、型式適合検定に合格したものである旨の表示が付されているものでなければ、販売してはならない。

　ウ．検定対象機械器具等のうち消防の用に供する機械器具又は設備は、型式承認を受けたものであり、かつ、型式適合検定に合格したものである旨の表示が付されているものでなければ、その設置の請負に係る工事に使用してはならない。

☐　1．ア、イのみ
　　2．ア、ウのみ
　　3．イ、ウのみ
　　4．ア、イ、ウすべて

【2】 消防の用に供する機械器具等の検定について、消防法令上、正しいものは次のうちどれか。

☐　1．型式承認とは、検定対象機械器具等の型式に係る形状等が総務省令で定める検定対象機械器具等に係る技術上の規格に適合している旨の承認をいう。

　　2．検定対象機械器具等は、型式承認を受けたものである旨の表示が付されているものであれば、販売の目的で陳列することができる。

　　3．型式適合検定とは、型式承認を受けていない検定対象機械器具等の形状等が型式に係る形状等に適合しているかどうかについて総務省令で定める方法により行う検定をいう。

　　4．検定対象機械器具等のうち消防の用に供する機械器具又は設備は、型式承認を受けたものである旨の表示が付されているものであれば、その設置、変更又は修理の請負に係る工事に使用することができる。

【3】 検定対象機械器具等の型式承認に関する記述について、文中の （ ） に当てはまる語句の組み合わせとして、消防法令上、正しいものは次のうちどれか。

「型式承認とは、検定対象機械器具等の型式に係る （ア） が総務省令で定める検定対象機械器具等に係る技術上の （イ） に適合している旨の承認をいう。」

		（ア）	（イ）
□	1.	要件等	性能
	2.	要件等	規格
	3.	形状等	性能
	4.	形状等	規格

【4】 消防の用に供する機械器具等の検定に係る表示に関する次の記述のうち、文中の （ ） に当てはまる語句として、消防法令上、正しいものは次のうちどれか。

「検定対象機械器具等は、型式承認を受けたものであり、かつ、（ ） の表示が付されているものでなければ、販売の目的で陳列してはならない。」

□ 1. 技術上の規格に適合するものである旨
　 2. 設備等技術基準に適合するものである旨
　 3. 型式適合検定に合格したものである旨
　 4. 性能評価を受けたものである旨

▶▶正解＆解説‥‥‥‥‥‥‥‥‥‥‥‥‥‥‥‥‥‥‥‥‥‥‥‥‥‥‥‥‥‥‥‥‥

【1】 正解4

【2】 正解1

　2＆4.「型式承認を受けたものである旨の表示」⇒「型式承認を受けたものであり、かつ、型式適合検定に合格したものである旨の表示」。

　3. 型式適合検定は、あらかじめ型式承認を受けた検定対象機械器具等が検定の対象となる。

【3】 正解4

【4】 正解3

第2章　消防関係法令（第7類の内容）

第2章

1．漏電火災警報器の設置が必要な防火対象物

◎漏電火災警報器は、次に掲げる（⇒94P）防火対象物で、間柱若しくは下地を準不燃材料以外の材料で造った鉄網入りの壁、根太若しくは下地を準不燃材料以外の材料で造った鉄網入りの床又は天井野縁若しくは下地を準不燃材料以外の材料で造った鉄網入りの天井を有するものに設置するものとする（令第22条）。

※法令の原文では、意味がわかりにくいが、試験にそのまま出題されることがあるため、理解しておく必要がある（編集部）。

◎漏電火災警報器の設置が必要なものは、［建物の構造要件］と［延べ面積＆電流容量要件］の2つがある。この2つの要件を満たすと、漏電火災警報器を設置しなくてはならない。

■1．建物の構造要件

◎次のいずれかの構造を有するもの。

間柱若しくは下地を準不燃材料以外の材料で造った鉄網入りの壁を有するもの
根太若しくは下地を準不燃材料以外の材料で造った鉄網入りの床を有するもの
天井野縁若しくは下地を準不燃材料以外の材料で造った鉄網入りの天井を有するもの

◎「下地」とは、主にフローリング、フロアタイル、ビニールクロス、塗り壁などの仕上げ材を設置するための材料をいう。下地材として、床に使われるモルタルや構造用合板、壁・天井などで使われる石膏ボードなどがある。

◎下地材は、仕上げ材を設置するための土台であると同時に、建築物の構造を強化するための部材でもある。「塗り壁下地」などの他に、「外壁下地」や「屋根下地」もある。

◎それぞれの部材の意味は次のとおり。

①間柱（まばしら）…壁の下地材を取り付けるための、柱と柱の間に建てる小柱。通常の柱は建物の構造を支えるために使われるが、間柱は主に壁をつくるための補強として使われる。石膏ボードなどの壁材を固定するための下地材となる。胴縁（どうぶち）は柱や間柱に取り付ける横材。

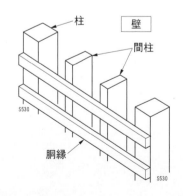

②根太(ねだ)…床材を受ける横木。床材のすぐ下にあり、床の荷重を大引(おおびき)に伝える役目がある。大引の上に垂直に交わるよう取り付けてある。大引は、根太を支える横材。

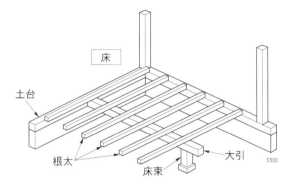

床

土台

根太

大引

床束

S530

③天井野縁(てんじょうのぶち)…単に野縁とも言う。天井下地を張るために組む角材。その野縁を留めるための部材を野縁受といい、吊木(つりぎ)にて構造材に留め付ける。

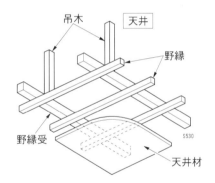

吊木

天井

野縁

野縁受

天井材

S530

◎準不燃材料は、建築基準法令で定める「防火材料」の一つで、他に不燃材料と難燃材料が定められている。

①不燃材料…「防火材料」のうち最も燃えにくい材料である。具体的には、コンクリート、れんが、鉄鋼、金属板、モルタル、厚さ12mm以上の石膏ボードなど。

②準不燃材料…不燃材料に次いで燃えにくい材料である。厚さが9mm以上の石膏ボードなどが該当する。また、不燃材料を含む。

③難燃材料…準不燃材料に次いで燃えにくい材料である。難燃合板で厚さが5.5mm以上のものなどが該当する。また、不燃材料と準不燃材料を含む。

④「燃えにくさ」は、不燃材料 ＞ 準不燃材料 ＞ 難燃材料、の関係にある。

◎「準不燃材料以外の材料」とは、準不燃材料と不燃材料を除く難燃材料と、一般の木材等が該当する。

【準不燃材料以外の材料のイメージ】

◎「準不燃材料を除く難燃材料」とは、難燃合板で厚さ5.5mm以上のものなどが該当する。

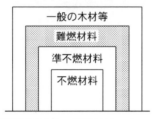

【準不燃材料を除く難燃材料のイメージ】

◎法令では、漏電火災警報器の設置が必要となる建物の構造について、壁、床、天井についてそれぞれ定めている。最も良く出題される壁についてまとめると、次のとおりとなる。

構造要件に関するまとめ
1．壁の下地等が準不燃材料以外の材料でできているもの 2．壁に鉄網が入っているもの 　　⇒上記1＆2の構造のものは、「漏電火災警報器の設置対象」となる。

◎かつて日本の一般住宅は、ラスモルタル構造が一般的であった。ラスモルタル構造は、外壁などの種類の一つである。

◎「ラス」は英語 lathで塗り壁の下地にする金網を指す。「ラス網」ともいう。また、「モルタル」はセメントに砂を混ぜ、水を追加して練り込んだ建築材料である。コンクリートとの違いは砂利の有無で、コンクリートはセメントに砂と砂利を練り込む。

◎ラスモルタル構造の壁は、一般に次の構造となる。
　①**木ずり**…モルタルの下地となる横板。ラス板とも呼ばる。荒木のまま使われる。
　②アスファルトフェルト（防水紙）…防水の働きをする。
　③ラス…各種のものがある。モルタルの強度を高め、ひび割れを防ぐ働きをする。
　④モルタル…柔軟性があるため、建物の外壁（仕上げ材）やブロックやレンガ等
　　　　　　　の接着剤として使用される。ただし、強度は高くないため、建物の
　　　　　　　構造体には使用されない。

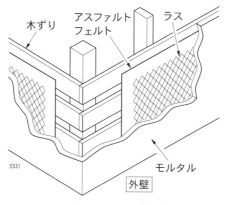

【ラスモルタル構造】

◎ラスは、ワイヤラスとメタルラスに大別される。ワイヤラスは、線材（ワイヤ）
　を編んで金網状にしたもので、メタルラスは、金属製の薄板に一定の間隔で切れ
　目を入れ伸ばして金網状にしたものである。

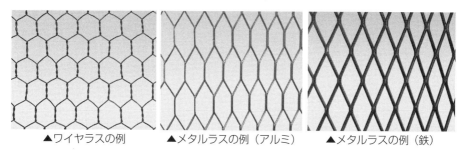

▲ワイヤラスの例　　　▲メタルラスの例（アルミ）　　　▲メタルラスの例（鉄）

◎ラスモルタルの建物では、建物全体をラスという金属でおおった構造となる。
◎建物の内部に電源を供給するためには、電力線を収容した電線管を壁等に貫通さ
　せる必要がある。この状態で、電力線被覆の劣化など、何らかの原因で電線管に
　漏電が発生して、ラスに漏えい電流が流れ込むと、壁等で発熱し、火災が発生す
　ることになる。実際に相当数の火災発生が確認されており、法令制定の下地とな
　っている。

◎漏電火災では、漏電点、発火点、接地点が必ず
存在する。ラスモルタル造では、電線がラスを
貫通する部分が漏電点となりやすい。また、発
火点は壁等の中となる。法令では壁等の下地が
準不燃材料である場合、たとえ漏電が発生して
も火災が発生しにくいことから、漏電火災警報
器の設置対象とはしていない。そして、ラスの
下端から基礎部分などが接地点となる。

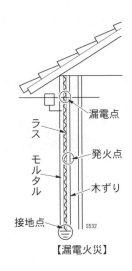

漏電点

ラス

発火点

モルタル

木ずり

接地点

S532

【漏電火災】

■2．延べ面積＆電流容量要件

◎防火対象物ごとに延べ面積が基準以上のもの、または、防火対象物ごとに契約電
流容量が基準を超えるものが、漏電火災警報器の設置対象となる。

【施行令 別表第1】　　　　　　　　　　　　　　□ は特定防火対象物

防火対象物の別			延べ面積	契約電流容量
（1）	イ	劇場、映画館、演芸場又は観覧場	300m²以上	50A を超えるもの
	ロ	公会堂又は集会場		
（2）	イ	キャバレー、ナイトクラブ		
	ロ	遊技場又はダンスホール		
	ハ	風俗店		
	ニ	カラオケボックス等		
（3）	イ	待合、料理店等		
	ロ	飲食店		
（4）		百貨店、物品販売業を営む店舗等		
（5）	イ	旅館、ホテル、宿泊所等	150m²以上	
	ロ	寄宿舎、下宿又は共同住宅		
（6）	イ	病院、診療所、助産所	300m²以上	
	ロ	養護老人ホーム、有料老人ホーム等		
	ハ	老人デイサービスセンター等		
	ニ	幼稚園又は特別支援学校		

(7)		小学校、中学校、高等学校、大学等	500m²以上	
(8)		図書館、博物館、美術館等		
(9)	イ	蒸気浴場、熱気浴場等	150m²以上	
	ロ	イ以外の公衆浴場		
(10)		車両の停車場、船舶・航空機の発着場	500m²以上	
(11)		神社、寺院、教会等		
(12)	イ	工場又は作業場	300m²以上	
	ロ	映画スタジオ又はテレビスタジオ		
(13)		自動車車庫、駐車場等		50A を超えるもの
(14)		倉庫	1,000m²以上	
(15)		事務所、事務所ビル、官公庁等		
(16)	イ	特定用途がある複合用途防火対象物	500m²以上 ※	
	ロ	特定用途がない複合用途防火対象物		
(16の2)		地下街	300m²以上	
(16の3)		準地下街		
(17)		重要文化財等	全て	

※ (16) イの防火対象物は、延べ面積が500m²以上で、かつ、特定用途に供される部分の床面積の合計が300m²以上のものが該当する。

◎例えば、(1) ～ (4) の防火対象物は、延べ面積が300m²以上のものが漏電火災警報器の設置対象となる。また、同じく (1) ～ (4) の防火対象物は、延べ面積に関係なく、契約電流容量が50Aを超えるものが漏電火災警報器の設置対象となる。

◎なお、「300m²以上」は300m²を含む。また、「50Aを超えるもの」は、50Aを含まない。

◎ (7) ～ (14) の防火対象物は、契約電流容量の基準が適用されない。延べ面積がそれぞれ基準値以上の広さになると、漏電火災警報器の設置対象となる。

延べ面積＆電流容量要件のまとめ

◎延べ面積と電流容量の基準の関係は「または」である。どちらかが基準に達すると設置が必要となる。

例：旅館で延べ面積100m²、電流容量50Aのところ…設置不要

旅館で延べ面積150m²、電流容量50Aのところ…**設置必要**

旅館で延べ面積100m²、電流容量60Aのところ…**設置必要**

◎94Pの【施行令 別表第1】を延べ面積ごとにまとめると、次のとおりとなる。

防火対象物の別		延べ面積	契約電流容量
（17）	重要文化財等	全て	―
（5）	旅館、ホテル、寄宿舎、共同住宅	150m²以上	50A超
（9）	蒸気浴場、熱気浴場、公衆浴場		―
（1）	劇場、映画館、演芸場、観覧場	300m²以上	50A超
（2）	キャバレー、遊技場、風俗店、カラオケボックス		
（3）	料理店、飲食店等		
（4）	百貨店、物品販売店		
（6）	病院、養護老人ホーム、幼稚園		
（12）	工場、作業場、スタジオ		―
（16の2）	地下街		
（7）	小学校、中学校、高等学校、大学	500m²以上	―
（8）	図書館、博物館、美術館		
（10）	車両の停車場、船舶・飛行機の発着場		
（11）	神社、寺院		
（16）イ	特定用途がある複合用途防火対象物		50A超
（14）	倉庫	1,000m²以上	―
（15）	事務所、事務所ビル		50A超
（16）ロ	特定用途がない複合用途防火対象物	―	50A超

◎漏電火災警報器の設置対象外

（13）	自動車車庫、駐車場、飛行機・回転翼航空機の格納庫
（16の3）	準地下街

【1】 漏電火災警報器の設置が必要となる建築物の部分に使用されている材料に関する次の記述のうち、文中の（　）に当てはまる語句の組合せとして、消防法令上、正しいものはどれか。

「漏電火災警報器は、間柱若しくは下地を（ア）以外の材料で造った鉄網入りの壁、根太若しくは下地を（イ）以外の材料で造った鉄網入りの床又は天井野縁若しくは下地を（ウ）以外の材料で造った鉄網入りの天井を有するものに設置するものとする。」

	（ア）	（イ）	（ウ）
1.	準不燃材料	準不燃材料	不燃材料
2.	準不燃材料	不燃材料	不燃材料
3.	準不燃材料	準不燃材料	準不燃材料
4.	不燃材料	不燃材料	不燃材料

【2】 次のア～ウの防火対象物で、漏電火災警報器を設置しなければならないものとして、消防法令上、正しい組合せはどれか。ただし、用途、延べ面積及び契約電流容量は考慮しないものとする。

　　ア．間柱を準不燃材料以外の材料で造った鉄網入りの壁を有する防火対象物
　　イ．下地を準不燃材料以外の材料で造った鉄網入りの壁を有する防火対象物
　　ウ．下地を準不燃材料以外の材料で造った鉄網入り天井を有する防火対象物

□　1．ア、イのみ
　　2．ア、ウのみ
　　3．イ、ウのみ
　　4．ア、イ、ウすべて

【3】 漏電火災警報器を設置しなければならないものとして、消防法令上、正しいものは次のうちどれか。ただし、延べ面積及び契約電流容量は、考慮しないものとする。

□　1．下地を不燃材料を除く準不燃材料で造った鉄網入りの壁を有する建築物
　　2．金属板張りの屋根を有する建築物
　　3．根太を不燃材料で造った鉄網入りの床を有する建築物
　　4．下地を準不燃材料を除く難燃材料で造った鉄網入りの天井を有する建築物

【4】漏電火災警報器を設置しなければならないものとして、消防法令上、正しいものは次のうちどれか。ただし、延べ面積及び契約電流容量は、考慮しないものとする。

☐ 1．間柱又は下地を不燃材料で造った鉄網入りの壁を有するもの
　　2．根太又は下地を不燃材料を除く準不燃材料で造った鉄網入りの床を有するもの
　　3．天井野縁又は下地を準不燃材料を除く難燃材料で造った鉄網入りの天井を有するもの
　　4．屋根又は柱を金属製の材料で造ったもの

【5】消防法令上、漏電火災警報器を設置しなくてもよい防火対象物は、次のうちどれか。ただし、建築構造、延べ面積及び契約電流容量は、考慮しないものとする。［★］

☐ 1．回転翼航空機の格納庫
　　2．小学校
　　3．公衆浴場
　　4．船舶の発着場

【6】延べ面積が 300m² の工場で漏電火災警報器を設置しなければならないものとして、消防法令上、誤っているものを2つ選びなさい。ただし、契約電流容量は、考慮しないものとする。［編］

☐ 1．下地を準不燃材料以外の材料で造った鉄網入りの屋根を有するもの
　　2．天井野縁を準不燃材料以外の材料で造った鉄網入りの天井を有するもの
　　3．間柱を準不燃材料以外の材料で造った鉄網入りの壁を有するもの
　　4．根太を準不燃材料以外の材料で造った鉄網入りの床を有するもの
　　5．下地を準不燃材料以外の材料で造った鉄網入りの壁を有するもの
　　6．小梁を準不燃材料以外の材料で造った鉄網入りの床を有するもの

【7】延べ面積が 300m² の共同住宅で、漏電火災警報器を設置しなければならないものとして、消防法令上、誤っているものは次のうちどれか。ただし、契約電流容量は、考慮しないものとする。

☐ 1．根太を準不燃材料以外の材料で造った鉄網入りの床を有するもの
　　2．下地を準不燃材料以外の材料で造った鉄網入りの屋根を有するもの
　　3．間柱を準不燃材料以外の材料で造った鉄網入りの壁を有するもの
　　4．天井野縁を準不燃材料以外の材料で造った鉄網入りの天井を有するもの

【8】消防法令上、漏電火災警報器を設置しなければならない防火対象物は、次の
うちどれか。ただし、建築構造と契約電流容量は、考慮しないものとする。

□ 1．延べ面積が 500m² の事務所

　 2．延べ面積が 500m² の神社

　 3．延べ面積が 275m² の老人福祉センター

　 4．延べ面積が 250m² の遊技場

【9】消防法令上、漏電火災警報器を設置しなければならない防火対象物を、次の
うちから 3 つ選びなさい。ただし、建築構造と契約電流容量は、考慮しないもの
とする。［編］

□ 1．延べ面積が 150m² の幼稚園

　 2．延べ面積が 350m² の寺院

　 3．延べ面積が 500m² の倉庫

　 4．延べ面積が 250m² の共同住宅

　 5．延べ面積が 250m² の物品販売店

　 6．延べ面積が 250m² の熱気浴場

　 7．延べ面積が 350m² の図書館

　 8．延べ面積が 500m² の作業場

【10】寄宿舎において、漏電火災警報器を設置しなければならない契約電流容量と
して、消防法令上、正しいものは次のうちどれか。ただし、建築構造及び延べ面
積は考慮しないものとする。

□ 1．50A以上のもの

　 2．50Aを超えるもの

　 3．60A以上のもの

　 4．60Aを超えるもの

【11】漏電火災警報器の設置が必要となる防火対象物として、消防法令上、正しい
ものは次のうちどれか。ただし、建築構造及び延べ面積は考慮しないものとする。

［編］

□ 1．契約電流容量が50Aの共同住宅

　 2．契約電流容量が50Aの演芸場

　 3．契約電流容量が60Aの飲食店

　 4．契約電流容量が60Aの図書館

　 5．契約電流容量が100Aの小学校

　 6．契約電流容量が100Aの工場

【12】 次の平家建の防火対象物のうち、消防法令上、漏電火災警報器を設置しなくてもよいものはどれか。ただし、その建築構造、材料等については、漏電火災警報器の設置が必要なものとする。[編]

☐　1．延べ面積が100m²の演芸場で契約電流容量が60Aのもの

　　2．延べ面積が200m²の幼稚園で契約電流容量が50Aのもの

　　3．延べ面積が500m²の美術館で契約電流容量が40Aのもの

　　4．延べ面積が800m²の工場で契約電流容量が60Aのもの

　　5．延べ面積が700m²の工場で契約電流容量が30Aのもの

【13】 消防法令上、建築物の部分に使われている材料によっては、漏電火災警報器を設置しなければならない防火対象物は、次のうちどれか。

☐　1．図書館で、契約電流容量が50Aのもの

　　2．熱気浴場で、契約電流容量が60Aのもの

　　3．飲食店で、延べ面積が150m²のもの

　　4．倉庫で、延べ面積が1,000m²のもの

▶▶正解＆解説……………………………………………………………………………

【1】 正解3

　　法令では、[壁][床][天井]について、下地等がそれぞれ準不燃材料以外の材料で造られていて、鉄網入りである場合、漏電火災警報器を設置するよう定めている。

【2】 正解4

【3】 正解4

　　1．「不燃材料を除く準不燃材料」には、「準不燃材料を除く材料」を含まない。

　　2．法令では、[壁][床][天井]について定めているが、[屋根]は漏電火災警報器の設置基準として定めていない。

　　3．「不燃材料」には、「準不燃材料を除く材料」を含まない。

　　4．「準不燃材料を除く難燃材料」には、「準不燃材料を除く材料」を一部含む。

【4】 正解3

　　「準不燃材料以外の材料」とは、難燃材料と一般の木材等が該当する。これらの材料で鉄網入りの「壁」「床」「天井」が造られていると、漏電火災警報器の設置が必要な防火対象物となる。

　　1．不燃材料で造っているため、設置は必要ない。

　　2．準不燃材料で造っているため、設置は必要ない。

　　3．難燃材料で造っているため、設置が必要となる。

　　4．屋根や柱は法令の対象外である。

【5】正解1
 1．令別表第1の（13）に該当する。
 2〜4．それぞれ（7）（9）（10）に該当する。
【6】正解1＆6
 1．法令では、［壁］［床］［天井］について定めているが、［屋根］は漏電火災警報器の設置基準として定めていない。
 6．梁は部屋の上部で横方向に延びている構造部材である。小梁は大梁間の部材。法令で定める［壁］［床］［天井］に該当しない。
【7】正解2
 2．法令では、［壁］［床］［天井］について定めているが、［屋根］は漏電火災警報器の設置基準として定めていない。
【8】正解2
 1．（15）事務所…延べ面積1,000m²以上
 2．（11）神社…延べ面積500m²以上
 3．（6）老人福祉センター…延べ面積300m²以上
 4．（2）遊技場…延べ面積300m²以上
【9】正解4＆6＆8
 1．（6）幼稚園…延べ面積300m²以上
 2．（11）寺院…延べ面積500m²以上
 3．（14）倉庫…延べ面積1,000m²以上
 4．（5）共同住宅…延べ面積150m²以上
 5．（4）物品販売店…延べ面積300m²以上
 6．（9）熱気浴場…延べ面積150m²以上
 7．（8）図書館…延べ面積500m²以上
 8．（12）作業場…延べ面積300m²以上
【10】正解2
【11】正解3
 1＆2．契約電流容量が50Aを超える場合に、漏電火災警報器の設置が必要となる。
 4〜6．図書館、小学校、工場は、延べ面積の基準（500m²・500m²・300m²）はあるが、契約電流容量の基準は設定されていない。
【12】正解2
 1．（1）演芸場…延べ面積300m²以上、または契約電流容量50A超。
 2．（6）幼稚園…延べ面積300m²以上、または契約電流容量50A超。
 3．（8）美術館…延べ面積500m²以上で、契約電流容量の基準はない。
 4＆5．（12）工場…延べ面積300m²以上で、契約電流容量の基準はない。
【13】正解4
 1＆2．図書館と熱気浴場は、契約電流容量の基準がない。
 3．飲食店は延べ面積300m²以上。
 4．倉庫は延べ面積1,000m²以上。

2. 漏電火災警報器の設置

◎漏電火災警報器は、建築物の**屋内電気配線**に係る火災を有効に感知することができるように設置するものとする（令第22条2項）。

◎**変流器**は、警戒電路の**定格電流以上の電流値**（B種接地線に設けるものにあっては、当該接地線に流れることが予想される電流以上の電流値）を有するものを設けること（規則第24条の3　1項1号）。

◎「警戒電路の定格電流」とは、当該防火対象物の警戒電路における最大使用電流をいう。

◎**変流器**は、建築物に電気を供給する**屋外の電路**（建築構造上、屋外の電路に変流器を設けることが困難な場合にあっては、電路の引込口に近接した**屋内の電路**）又はB種接地線で、当該変流器の点検が容易な位置に堅固に取り付けること（同2号）。

◎この規定により、変流器は原則として**屋外に設ける**こととなる。これは、ラスモルタル構造の外壁等では、電線が貫通する際に漏電発生の危険性が高いためである。変流器を屋内に設置すると、壁等の内部に漏電が発生しても、それを検出できなくなる。

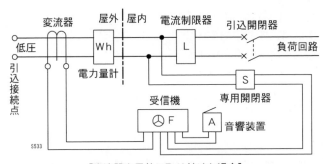

【変流器を屋外に取り付けた場合】

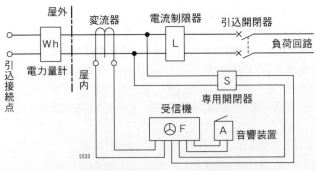

【変流器を屋内に取り付けた場合】

102

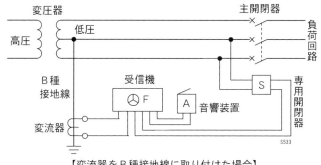

【変流器をB種接地線に取り付けた場合】

◎**音響装置**は、**防災センター**等に設けること。また、音響装置の**音圧**及び**音色**は、他の**警報音**又は騒音と明らかに区別して聞き取ることができること（同3号）。

◎**検出漏えい電流設定値**は、誤報が生じないように当該建築物の警戒電路の状態に応ずる適正な値とすること（同4号）。

◎具体的には、**負荷回路**の電線に変流器を設置する場合、**100mA ～ 400mA**を標準として、おおむねその範囲内に設定する。**B種接地線**に変流器を設置する場合は、**400mA ～ 800mA**を標準として、おおむねその範囲内に設定する。

◎**検出漏えい電流設定値**は、多くの受信機で感度調整装置（ツマミ）により選択できるようになっている。（例：100mA・200mA・400mA・800mA）

◎**可燃性蒸気、可燃性粉じん**等が滞留するおそれのある場所に設ける漏電火災警報器は、遮断機構を有するものとし、遮断機構の部分は、これらの場所以外の安全な場所に設けること（同5号）。

▶▶過去問題◀◀

【1】漏電火災警報器の設置基準に関する次の記述のうち、文中の（　）に当てはまる語句として、消防法令上、正しいものは次のうちどれか。

「漏電火災警報器は、建築物の（　）に係る火災を有効に感知することができるように設置するものとする。」

□　1．B種接地線　　　2．D種接地線
　　3．屋内電気配線　　4．屋内及び屋外電気配線

【2】漏電火災警報器の変流器について、消防法令上、正しいものは次のうちどれか。ただし、B種接地線に設ける場合を除くものとする。

□　1．変流器は、警戒電路の定格電流の20％以上を有するものを設置する。
　　2．変流器は、警戒電路の契約電流容量以上を有するものを設置する。
　　3．変流器は、警戒電路の定格電流以上を有するものを設置する。
　　4．変流器は、警戒電路の公称作動電流値以上を有するものを設置する。

【3】漏電火災警報器の変流器に関する次の記述のうち、文中の（　）に当てはまる語句の組合せとして、消防法令上、正しいものはどれか。

「変流器は、警戒電路の（ア）電流以上の電流値（（イ）接地線に設けるものにあっては、当該接地線に流れることが予想される電流以上の電流値）を有するものを設けなければならない。」

	（ア）	（イ）
□ 1.	負荷	C種
2.	負荷	B種
3.	定格	B種
4.	定格	C種

【4】漏電火災警報器の変流器の取り付けに関する次の記述のうち、文中の（　）に当てはまる語句の組合せとして、消防法令上、正しいものはどれか。

「変流器は、建築物に電気を供給する（ア）の電路（建築構造上（ア）の電路に設けることが困難な場合にあっては、電路の引込口に近接した（イ）の電路）又は（ウ）接地線で、当該変流器の（エ）が容易な位置に堅固に取り付けること。」

	（ア）	（イ）	（ウ）	（エ）
□ 1.	屋内	屋外	B種	整備
2.	屋外	屋内	B種	点検
3.	屋外	屋内	C種	整備
4.	屋内	屋外	C種	点検

【5】漏電火災警報器の変流器について、消防法令上、誤っているものは次のうちどれか。

□ 1．建築物に電気を供給する屋外の電路で、点検が容易な位置に堅固に取り付けた。

2．建築物に電気を供給する屋外の電路に、警戒電路の定格電流の90％以上の電流値を有するものを取り付けた。

3．建築構造上屋外の電路に設けることが困難であったため、電路の引込口に近接した屋内の電路で、点検が容易な位置に堅固に取り付けた。

4．B種接地線で、点検が容易な位置に堅固に取り付けた。

【6】漏電火災警報器の音響装置に関する次の記述のうち、文中の（　）に当てはまる語句の組合せとして、消防法令上、正しいものはどれか。

「音響装置は、（ア）に設けること。音響装置の音圧及び音色は、他の（イ）又は騒音と明らかに区別して聞き取ることができること。」

		（ア）	（イ）
□	1.	防災センター等	警報音
	2.	防災センター等	雑音
	3.	火災に際しすみやかに操作することができる箇所	雑音
	4.	火災に際しすみやかに操作することができる箇所	警報音

【7】漏電火災警報器の音響装置に関する次の記述のうち、文中の（　）に当てはまる語句の組合せとして、消防法令上、正しいものはどれか。

「漏電火災警報器の音響装置は、（ア）等に設けること。」

「音響装置の（イ）は、他の（ウ）又は騒音と明らかに区別して聞きとることができること。」

		（ア）	（イ）	（ウ）
□	1.	管理人室	音圧及び音色	放送
	2.	管理人室	音響	警報音
	3.	防災センター	音響	放送
	4.	防災センター	音圧及び音色	警報音

【8】漏電火災警報器の設置及び維持について、消防法令上、不適切なものを2つ選びなさい。［編］［改］

□ 1. 音響装置は、防災センター等に設けること。

2. 音響装置は、多数の者の目にふれやすい箇所に設けること。

3. 音響装置は、その音圧及び音色が他の警報音又は騒音と明らかに区別して聞きとることができるものであること。

4. 検出漏洩電流設定値は、誤報が生じないように当該建築物の警戒電路の状態に応ずる適正な値とすること。

5. 可燃性蒸気、可燃性粉じん等が滞留するおそれのある場所に設ける漏電火災警報器は、遮断機構を有するものとし、遮断機構の部分は、これらの場所に設けること。

6. 可燃性蒸気、可燃性粉じん等が滞留するおそれのある場所に設ける漏電火災警報器は、遮断機構を有するものとし、遮断機構の部分は、これらの場所以外の安全な場所に設けること。

【9】 漏電火災警報器の設置に関する次の記述のうち、文中の（　）に当てはまる
　　語句として、消防法令上、正しいものはどれか。［編］［改］
　　　「（　）に設ける漏電火災警報器は、遮断機構を有するものとし、遮断機構の部
　　分は、これらの場所以外の安全な場所に設けること。」
□　　1．腐食性ガスが発生するおそれのある場所
　　　2．外部の気流が流通するおそれのある場所
　　　3．可燃性蒸気、可燃性粉じん等が滞留するおそれのある場所
　　　4．結露が発生するおそれのある場所
　　　5．火薬類を製造し又は取り扱う場所
　　　6．大電流回路、高圧電流回路等で影響を受けるおそれのある場所

▶▶正解＆解説‥‥‥‥‥‥‥‥‥‥‥‥‥‥‥‥‥‥‥‥‥‥‥‥‥‥‥‥‥‥‥‥
【1】 正解3
【2】 正解3
【3】 正解3
【4】 正解2
【5】 正解2
　　2．「定格電流の90％以上の電流値」⇒「定格電流以上の電流値」。
【6】 正解1
【7】 正解4
【8】 正解2＆5
　　2．音響装置は、防災センター等に設けること。
　　5．電流の遮断を行う装置をこれらの場所に設けてはならない。遮断時に生じる電気火
　　　花で爆発する危険性がある。
【9】 正解3

第3章　電気に関する基礎的知識

第3章

1．オームの法則

◎「導体に流れる電流は、その両端に加えた電圧に比例する」、これを**オームの法則**といい、電気回路において最も基本となる法則である。

◎回路に流れる電流をI〔A〕、加える電圧をV〔V〕、回路の抵抗をR〔Ω〕としたとき、オームの法則は次の式で表すことができる。

$$I = \frac{V}{R}$$

◎この式を変形して電圧Vについて求めると、次のようになる。

$$V = RI$$

◎オームの法則は、電流、電圧、抵抗の関係を式で表すことができる。このため、これら3つの要素のうち、いずれか2つがわかると、未知の数値を求めることができる。

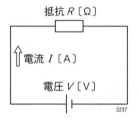

【例題1】 10Ωの抵抗に50Vの電圧を加えたとき、回路に流れる電流は何Aか。

$$I = \frac{V}{R} = \frac{50V}{10Ω} = 5A$$

【例題2】 150Ωの抵抗に0.5Aの電流を流すには、何Vの電圧を加えればよいか。

$$V = RI = 150Ω × 0.5A = 75V$$

【例題3】 ある抵抗に12Vの電圧を加えたら、0.3Aの電流が流れた。この抵抗は何Ωか。

$$R = \frac{V}{I} = \frac{12V}{0.3A} = 40Ω$$

2. 合成抵抗

■1. 抵抗の直列接続

◎2個の抵抗 R_1・R_2 を直列に接続したときの合成抵抗 R は、次の式で表すことができる。

$$R = R_1 + R_2$$

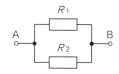

◎一般に、2個以上の抵抗を直列接続したときの合成抵抗は、各抵抗の和となる。

■2. 抵抗の並列接続

◎2個の抵抗 R_1・R_2 を並列に接続したとき、合成抵抗 R の逆数は、次の式で表すことができる。

$$\frac{1}{R} = \frac{1}{R_1} + \frac{1}{R_2}$$

◎一般に、2個以上の抵抗を並列接続したときの合成抵抗の逆数は、各抵抗の逆数の和となる。

■3. 分数の取り扱い

◎抵抗の並列接続では、合成抵抗を求める際、必ず分数を取り扱う。そこで、分数を取り扱うルールを簡単にまとめた（編集部）。

①分数の分母と分子に同じ数をかけても、分数の値は変わらない。

例1： $\dfrac{2}{3} = \dfrac{2 \times 2}{3 \times 2} = \dfrac{2 \times 3}{3 \times 3} = \dfrac{2 \times 4}{3 \times 4} = \dfrac{2 \times 5}{3 \times 5} = \dfrac{2 \times 6}{3 \times 6}$

例2： $\dfrac{4}{5} = \dfrac{4 \times 2}{5 \times 2} = \dfrac{4 \times 3}{5 \times 3} = \dfrac{4 \times 4}{5 \times 4} = \dfrac{4 \times 5}{5 \times 5} = \dfrac{4 \times 6}{5 \times 6}$

②通分は、2つ以上の分数で、分母が異なる場合、共通の分母の分数に直すことをいう。分数の足し算や引き算の際に、この通分が必要となる。

例1： $\dfrac{1}{3} + \dfrac{1}{5} = \dfrac{1 \times 5}{3 \times 5} + \dfrac{1 \times 3}{5 \times 3} = \dfrac{5}{15} + \dfrac{3}{15} = \dfrac{8}{15}$

例2： $\dfrac{5}{6} - \dfrac{4}{9} = \dfrac{5 \times 3}{6 \times 3} - \dfrac{4 \times 2}{9 \times 2} = \dfrac{15}{18} - \dfrac{8}{18} = \dfrac{7}{18}$

例3： $\dfrac{1}{6} + \dfrac{3}{8} = \dfrac{1 \times 4}{6 \times 4} + \dfrac{3 \times 3}{8 \times 3} = \dfrac{4}{24} + \dfrac{9}{24} = \dfrac{13}{24}$

第3章

③**約分**は、分数の分母と分子が共通の整数で割りきれるときに、分母と分子をその共通の整数で割って、分母と分子の小さい分数にすることをいう。約分をすると、分数を含む計算が簡単になる。

例1： $\dfrac{4}{6} = \dfrac{2 \times 2}{3 \times 2} = \dfrac{2}{3}$

例2： $\dfrac{27}{36} = \dfrac{9 \times 3}{12 \times 3} = \dfrac{9}{12} = \dfrac{3 \times 3}{4 \times 3} = \dfrac{3}{4}$

▶▶ 過去問題 ◀◀

【1】 抵抗値が R_1（Ω）、R_2（Ω）、R_3（Ω）である3つの抵抗を並列に接続した場合の合成抵抗 R（Ω）を求める式として、正しいものは次のうちどれか。

☐ 1． $R = \dfrac{1}{R_1} + \dfrac{1}{R_2} + \dfrac{1}{R_3}$

2． $R = \dfrac{R_1}{R_2 R_3} + \dfrac{R_2}{R_3 R_1} + \dfrac{R_3}{R_1 R_2}$

3． $R = \dfrac{R_1 R_2 R_3}{R_1 R_2 + R_2 R_3 + R_1 R_3}$

4． $R = \dfrac{R_1 R_2 + R_2 R_3 + R_1 R_3}{R_1 + R_2 + R_3}$

【2】 下図のＡＢ間の合成抵抗として、正しいものは次のうちどれか。

☐ 1． 4 Ω
2． 6 Ω
3． 8 Ω
4． 10Ω

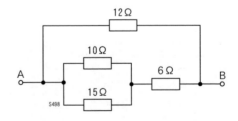

【3】 下図の回路で端子ＡＢ間の合成抵抗として、正しいものは次のうちどれか。

☐ 1． 1.2 Ω
2． 1.5 Ω
3． 1.8 Ω
4． 2.0 Ω

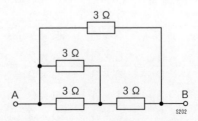

第3章

【4】下図の電気回路における端子ＡＢ間の合成抵抗は、ＣＤ間の合成抵抗の何倍か。

☐ 1. 0.9倍
　 2. 1.8倍
　 3. 3.2倍
　 4. 5.0倍

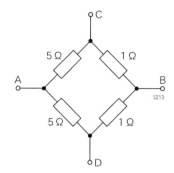

【5】下図のＡＢ間の合成抵抗として、正しいものは次のうちどれか。[★]

☐ 1. 1Ω
　 2. 2Ω
　 3. 3Ω
　 4. 4Ω

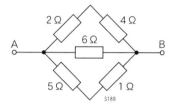

▶▶正解＆解説‥‥‥‥‥‥‥‥‥‥‥‥‥‥‥‥‥‥‥‥‥‥‥‥‥‥‥‥‥‥‥‥‥‥‥

【1】正解3

次の等式が成り立つとき、それぞれの逆数も互いに等しい。

$$A = B \quad \Rightarrow \quad \frac{1}{A} = \frac{1}{B}$$

合成抵抗を R とすると、次の等式が成り立つ。

$$\frac{1}{R} = \frac{1}{R_1} + \frac{1}{R_2} + \frac{1}{R_3}$$

左辺と右辺のそれぞれの逆数も互いに等しいことから、次の等式が成り立つ。

$$R = \cfrac{1}{\cfrac{1}{R_1} + \cfrac{1}{R_2} + \cfrac{1}{R_3}}$$

分数の分母と分子の両方に $R_1 R_2 R_3$ をかけ、分数部分を約分する。

$$R = \frac{R_1 R_2 R_3}{R_2 R_3 + R_1 R_3 + R_1 R_2} = \frac{R_1 R_2 R_3}{R_1 R_2 + R_2 R_3 + R_1 R_3}$$

【2】正解2

10Ωと15Ωの合成抵抗を求める。

$$\frac{1}{10} + \frac{1}{15} = \frac{3}{30} + \frac{2}{30} = \frac{5}{30} = \frac{1}{6} \quad \Rightarrow \quad 合成抵抗 = 6Ω$$

下段は6Ωと6Ωの直列回路となり、合成抵抗は12Ωとなる。

回路全体の合成抵抗Rは、次のとおりとなる。

$$\frac{1}{R} = \frac{1}{12} + \frac{1}{12} = \frac{2}{12} = \frac{1}{6} \Rightarrow R = 6\,\Omega$$

【3】 正解3

設問の回路図を、次のようにわかりやすく書き替える。

3Ωの抵抗2個を並列接続すると、その合成抵抗は1.5Ωとなる。

また1.5Ωと3Ωの直列回路の合成抵抗は、4.5Ωとなる。

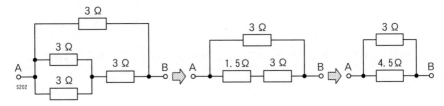

回路全体の合成抵抗Rは、次のとおりとなる。

$$\frac{1}{R} = \frac{1}{3} + \frac{1}{4.5} = \frac{3}{9} + \frac{2}{9} = \frac{5}{9} \Rightarrow R = \frac{9}{5} = 1.8\,\Omega$$

【4】 正解2

ＡＢ間の回路図とＣＤ間の回路図を、次のようにわかりやすく書き替える。

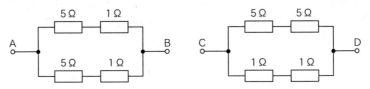

ＡＢ間の回路図において、上段の合成抵抗は5Ω＋1Ω＝6Ωとなり、下段の合成抵抗も6Ωとなる。上段と下段の合成抵抗Rは、次のとおりとなる。

$$\frac{1}{R} = \frac{1}{6} + \frac{1}{6} = \frac{2}{6} = \frac{1}{3} \Rightarrow R = 3\,\Omega$$

ＣＤ間の回路図において、上段の合成抵抗は5Ω＋5Ω＝10Ωとなり、下段の合成抵抗は1Ω＋1Ω＝2Ωとなる。上段と下段の合成抵抗Rは、次のとおりとなる。

$$\frac{1}{R} = \frac{1}{10} + \frac{1}{2} = \frac{1}{10} + \frac{5}{10} = \frac{6}{10} = \frac{3}{5} \Rightarrow R = \frac{5}{3}\,\Omega$$

求める値をn倍とすると、次のとおりとなる。

$$n倍 = \frac{3\,\Omega}{(5/3)\,\Omega} = \frac{3\,\Omega \times 3}{5\,\Omega} = \frac{9}{5} = 1.8$$

【5】正解2

設問の回路図を、次のようにわかりやすく書き替える。

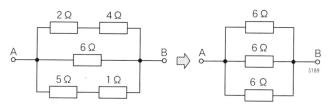

合成抵抗 R は、次のとおりとなる。

$$\frac{1}{R} = \frac{1}{6} + \frac{1}{6} + \frac{1}{6} = \frac{3}{6} = \frac{1}{2} \;\Rightarrow\; R = 2\,\Omega$$

3. 直流回路

■1. 抵抗の直列接続

◎抵抗の直列接続回路では、各抵抗に流れる電流の大きさは等しい。また、回路全体に加わる電圧は、それぞれ抵抗の大きさに比例して**分圧**される。

【例題】次の回路において、流れる電流を求めよ。また、各抵抗の両端の電圧はそれぞれいくらか。

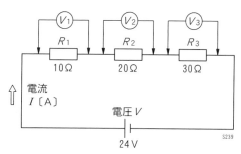

合成抵抗 R は、次のとおりとなる。

$R = 10\,\Omega + 20\,\Omega + 30\,\Omega = 60\,\Omega$

回路に流れる電流 I は、次のとおりとなる。

$$I = \frac{V}{R} = \frac{24V}{60\,\Omega} = 0.4A$$

各抵抗の両端の電圧は、次のとおりとなる。

$V_1 = R_1 I = 10\,\Omega \times 0.4A = 4\,V$

$V_2 = R_2 I = 20\,\Omega \times 0.4A = 8\,V$

$V_3 = R_3 I = 30\,\Omega \times 0.4A = 12V$

各抵抗の両端にあらわれる電圧を分圧という。分圧 V_1、V_2、V_3 は、電流値を用いずに次のように求めることができる。

$$V_1 = \frac{R_1}{R_1 + R_2 + R_3} \times V = \frac{10\,\Omega}{10\,\Omega + 20\,\Omega + 30\,\Omega} \times 24V = \frac{10}{60} \times 24V = 4\,V$$

$$V_2 = \frac{R_2}{R_1 + R_2 + R_3} \times V = \frac{20\,\Omega}{10\,\Omega + 20\,\Omega + 30\,\Omega} \times 24V = \frac{20}{60} \times 24V = 8\,V$$

$$V_3 = \frac{R_3}{R_1 + R_2 + R_3} \times V = \frac{30\,\Omega}{10\,\Omega + 20\,\Omega + 30\,\Omega} \times 24V = \frac{30}{60} \times 24V = 12V$$

■2．抵抗の並列接続

◎抵抗の並列接続回路では、各抵抗に加わる電圧の大きさは等しい。また、回路全体に流れる電流は、それぞれ抵抗の大きさに反比例して**分流**する。

【例題】次の回路において、流れる総電流を求めよ。また、各抵抗に流れる電流はそれぞれいくらか。

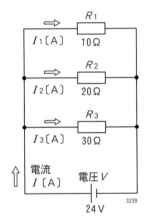

合成抵抗 R は、次のとおりとなる。

$$\frac{1}{R} = \frac{1}{10} + \frac{1}{20} + \frac{1}{30} = \frac{6+3+2}{60} = \frac{11}{60} \quad \Rightarrow \quad R = (60/11)\,\Omega$$

回路に流れる総電流 I は、次のとおりとなる。

$$I = \frac{V}{R} = \frac{24V}{(60/11)\,\Omega} = \frac{24 \times 11}{60} = \frac{2 \times 11}{5} = 4.4A$$

各抵抗には電源電圧の 24V が加わる。
各抵抗に流れる電流は、次のとおりとなる。

$$I_1 = \frac{V}{R_1} = \frac{24V}{10\,\Omega} = 2.4A$$

$$I_2 = \frac{V}{R_2} = \frac{24V}{20\,\Omega} = 1.2A$$

$$I_3 = \frac{V}{R_3} = \frac{24V}{30\Omega} = 0.8A$$

各抵抗に流れる電流の和は、回路に流れる総電流と等しい。

$$I_1 + I_2 + I_3 = I$$
$$2.4A + 1.2A + 0.8A = 4.4A$$

▶▶過去問題◀◀

【1】 2Ωの抵抗と3Ωの抵抗を並列に接続した回路に、直流24Vの電圧を加えたとき、この回路に流れる電流の値として、正しいものは次のうちどれか。[★]

☐　1．4.8A
　　2．10.0A
　　3．20.0A
　　4．24.0A

【2】 下図の直流回路において、スイッチSを閉じている時の電流計の指示値は、スイッチを開いたときの何倍になるか。

☐　1．0.2倍
　　2．0.5倍
　　3．2.0倍
　　4．2.5倍

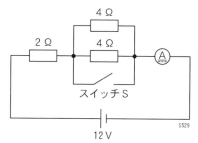

【3】 下図の直流回路において、20Ωの抵抗に流れる電流値として、正しいものは次のうちどれか。

☐　1．0.2A
　　2．0.3A
　　3．0.8A
　　4．1.2A

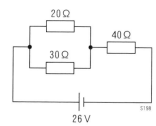

【4】 下図の直流回路における、 c − d 間の電圧として、正しいものは次のうちどれか。

1. 2 V
2. 4 V
3. 6 V
4. 8 V

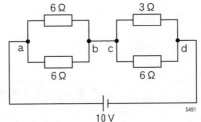

【5】 下図の回路に電圧を加えた場合、10A の電流が流れた。 B点とD点の電圧について、正しいものは次のうちどれか。

1. B点はD点より8V高くなる。
2. B点はD点より8V低くなる。
3. D点はB点より16V低くなる。
4. D点はB点より16V高くなる。

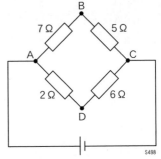

【6】 下図の直流回路において、BD間の電圧の値として、正しいものは次のうちどれか。

1. 0 V
2. 1 V
3. 2 V
4. 3 V

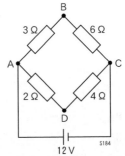

【7】 下図の直流回路に 0.5 A の電流が流れているとき、電源電圧 E 〔V〕の値として、正しいものは次のうちどれか。

1. 10V
2. 22.5V
3. 40V
4. 45V

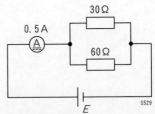

116

【8】下図の回路で、3Ωの抵抗に流れる電流 I〔A〕の値として、正しいものは次のうちどれか。

☐ 1. 0.8 A
　 2. 1.2 A
　 3. 1.6 A
　 4. 3.2 A

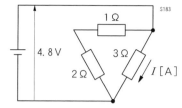

【9】下図の直流回路において、回路全体に流れる電流の値として、正しいものは次のうちどれか。

☐ 1. 5 A
　 2. 10 A
　 3. 15 A
　 4. 20 A

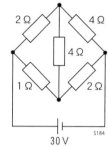

【10】下図のAB間の合成抵抗として、正しいものは次のうちどれか。[★]

☐ 1. 2Ω
　 2. 6Ω
　 3. 8Ω
　 4. 10Ω

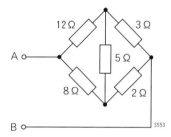

【11】 R_1〔Ω〕と R_2〔Ω〕の抵抗を、並列に接続した場合の各抵抗に流れる電流の説明として、正しいものは次のうちどれか。

☐ 1. 各抵抗に流れる電流の比は、合成抵抗値から R_1 を減じた値の逆数と合成抵抗値から R_2 を減じた値の逆数の比に等しい。
　 2. 各抵抗に流れる電流の比は、合成抵抗値に R_1 を加えた値の逆数と、合成抵抗値に R_2 を加えた値の合成抵抗値の逆数の比に等しい。
　 3. 各抵抗に流れる電流の比は、R_1 の抵抗値の逆数と R_2 の抵抗値の逆数の比に等しい。
　 4. 各抵抗に流れる電流の比は、R_1 の抵抗値と R_2 の抵抗値の比に等しい。

【1】 正解3

回路全体の合成抵抗 R は、次のとおりとなる。

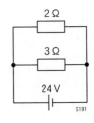

$$\frac{1}{R} = \frac{1}{2} + \frac{1}{3} = \frac{3}{6} + \frac{2}{6} = \frac{5}{6}$$

$$\Rightarrow \quad R = \frac{6}{5} = 1.2\,\Omega$$

回路に流れる電流 I は、次のとおりとなる。

$$I = \frac{V}{R} = \frac{24V}{1.2\,\Omega} = 20A$$

【2】 正解3

スイッチSを閉じているときの電流計の指示値 I は次のとおり。

$$I = \frac{V}{R} = \frac{12V}{2\,\Omega} = 6A$$

スイッチSを開いているときの合成抵抗 R を求める。４Ωと４Ωの並列接続部分の合成抵抗は、２Ωとなる。従って、$R = 2\,\Omega + 2\,\Omega = 4\,\Omega$ となる。

スイッチSを開いているときの電流計の指示値 I は次のとおり。

$$I = \frac{V}{R} = \frac{12V}{4\,\Omega} = 3A \Rightarrow 6A / 3A = 2倍$$

【3】 正解2

20Ωと30Ωの並列接続部分の合成抵抗 R を求める。

$$\frac{1}{R} = \frac{1}{20} + \frac{1}{30} = \frac{3+2}{60} = \frac{5}{60} = \frac{1}{12} \quad \Rightarrow \quad R = 12\,\Omega$$

〔回路全体の合成抵抗〕＝ 12Ω＋40Ω＝ 52Ω

並列接続部分（12Ω）に生じる電圧 V は、分圧の考えを利用すると次のとおりとなる。

$$V = \frac{12\,\Omega}{12\,\Omega + 40\,\Omega} \times 26V = \frac{12}{52} \times 26V = 12 \times 0.5V = 6V$$

20Ωの抵抗に流れる電流 I_{20} は、次のとおりとなる。

$$I_{20} = \frac{6V}{20\,\Omega} = 0.3A$$

参考までに、30Ωの抵抗に流れる電流 I_{30} は、次のとおりとなる。

$$I_{30} = \frac{6V}{30\,\Omega} = 0.2A$$

【4】 正解2

左側の６Ωと６Ωの並列接続部分の合成抵抗 R_1 を求める。

$$\frac{1}{R_1} = \frac{1}{6} + \frac{1}{6} = \frac{2}{6} = \frac{1}{3} \quad \Rightarrow \quad R_1 = 3\,\Omega$$

右側の３Ωと６Ωの並列接続部分の合成抵抗 R_2 を求める。

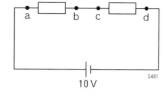

$$\frac{1}{R_2} = \frac{1}{3} + \frac{1}{6} = \frac{2}{6} + \frac{1}{6} = \frac{3}{6} = \frac{1}{2}$$

$$\Rightarrow \quad R_2 = 2\,Ω$$

設問の直流回路は、３Ωと２Ωの直列回路と見なすことができる。

ｃ－ｄ間の電圧V_{cd}は、次のとおりとなる。

$$V_{cd} = \frac{2\,Ω}{(3\,Ω + 2\,Ω)} \times 10\text{V} = \frac{2}{5} \times 10\text{V} = 4\,\text{V}$$

【5】正解4

設問の回路図を解りやすくするため、次のように書き替える。

回路全体の合成抵抗 R は、次のとおりとなる。

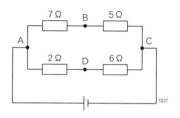

$$\frac{1}{R} = \frac{1}{(7+5)} + \frac{1}{(2+6)}$$

$$= \frac{1}{12} + \frac{1}{8} = \frac{2}{24} + \frac{3}{24} = \frac{5}{24}$$

$$\Rightarrow \quad R = \frac{24}{5}\,Ω = 4.8\,Ω$$

回路に 10A 流れていることから、電源電圧 V は次のとおりとなる。

$V = IR = 10\text{A} \times 4.8\,Ω = 48\text{V}$

B点の電圧 V_B を求める。

$$V_B = \frac{5}{(7+5)} \times 48\text{V} = \frac{5}{12} \times 48\text{V} = 5 \times 4\,\text{V} = 20\text{V}$$

D点の電圧 V_D を求める。

$$V_D = \frac{6}{(2+6)} \times 48\text{V} = \frac{6}{8} \times 48\text{V} = 6 \times 6\,\text{V} = 36\text{V}$$

D点の電圧（36V）はB点の電圧（20V）より 16V 高くなる。

【6】正解1

BD間の電圧の値は、B点とD点の電圧の差を求めることにより、求めることができる。図上段の３Ωと６Ωの直列接続回路には、12Vの電圧が加わっている。B点の電圧V_Bは、６Ωの抵抗の両端と等しいため、次のとおりとなる。

$$V_B = \frac{6\,Ω}{3\,Ω + 6\,Ω} \times 12\text{V} = \frac{6}{9} \times 12\text{V} = \frac{2}{3} \times 12\text{V} = 8\,\text{V}$$

同様にして、下段の２Ωと４Ωの直列接続回路において、D点の電圧V_Dは、４Ωの抵抗の両端と等しいため、次のとおりとなる。

$$V_D = \frac{4\,\Omega}{2\,\Omega + 4\,\Omega} \times 12V = \frac{4}{6} \times 12V = \frac{2}{3} \times 12V = 8V$$

従って、B点とD点の電圧の差は0となり、BD間の電圧の値は、0Vとなる。

【7】正解1

30 Ωと60 Ωの並列接続部分の合成抵抗 R を求める。

$$\frac{1}{R} = \frac{1}{30} + \frac{1}{60} = \frac{2+1}{60} = \frac{3}{60} = \frac{1}{20} \quad \Rightarrow \quad R = 20\,\Omega$$

$V = IR$ より、電源電圧 E は次のとおりとなる。

$E = 0.5A \times 20\,\Omega = 10V$

【8】正解3

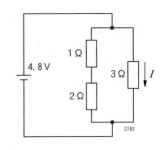

設問の回路図を解りやすくするため、次のように書き替える。

3 Ωの抵抗の両端には、4.8V の電圧が加わる。

3 Ωの抵抗に流れる電流 I は、次のとおりとなる。

$$I = \frac{V}{R} = \frac{4.8V}{3\,\Omega} = 1.6A$$

【9】正解3

設問の回路図を解りやすくするため、以下のように書き替え、解説の図のA点とB点の電圧の差を求める（現時点では考慮しないためA点とB点の間の抵抗4Ωは省略）。

上段の2Ωと4Ωの直列接続回路には、30Vの電圧が加わっている。A点の電圧V_Aは、4Ωの抵抗の両端と等しいため、次のとおりとなる。

$$V_A = \frac{4\,\Omega}{2\,\Omega + 4\,\Omega} \times 30V = \frac{4}{6} \times 30V = 4 \times 5V = 20V$$

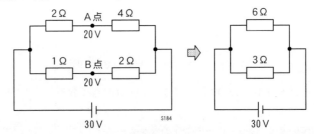

同様にして、下段の1Ωと2Ωの直列接続回路において、B点の電圧V_Bは、2Ωの抵抗の両端と等しいため、次のとおりとなる。

$$V_B = \frac{2\,\Omega}{1\,\Omega + 2\,\Omega} \times 30V = \frac{2}{3} \times 30V = 2 \times 10V = 20V$$

従って、図のA点とB点の電圧の差はゼロとなる。このため、A点からB点へ、逆にB点からA点に電流が流れることはない。A点とB点間の抵抗4Ωは、ないものとして考えることができる。

上段の合成抵抗は６Ωとなり、下段の合成抵抗は３Ωとなる。回路全体の合成抵抗 R は次のとおりとなる。

$$\frac{1}{R} = \frac{1}{6} + \frac{1}{3} = \frac{1}{6} + \frac{2}{6} = \frac{3}{6} = \frac{1}{2} \quad \Rightarrow \quad R = 2\,Ω$$

回路全体に流れる電流 I は、次のとおりとなる。

$$I = \frac{V}{R} = \frac{30V}{2\,Ω} = 15A$$

【10】正解２

中央５Ωの上の位置と下の位置をＣ点、Ｄ点とする。また、ＡＢ間に直流10Vを加えるものと仮定する。

Ｃ点の電圧は次のとおりとなる。

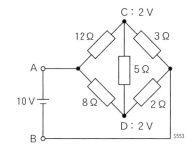

$$V_C = \frac{3\,Ω}{12\,Ω + 3\,Ω} \times 10V = \frac{3\,Ω}{15\,Ω} \times 10V$$

$$= \frac{1}{5} \times 10V = 2\,V$$

同様にして、Ｄ点の電圧は次のとおりとなる。

$$V_D = \frac{2\,Ω}{8\,Ω + 2\,Ω} \times 10V = \frac{2\,Ω}{10\,Ω} \times 10V$$

$$= \frac{1}{5} \times 10V = 2\,V$$

Ｃ点とＤ点の電圧はともに２Vとなることから、中央の抵抗５Ωには電流が流れない。従って、ＡＢ間の合成抵抗は、中央の抵抗５Ωがないものとして考えることができる。ＡＢ間の合成抵抗Ｒは、次のとおりとなる。

$$\frac{1}{R} = \frac{1}{(12+3)} + \frac{1}{(8+2)} = \frac{1}{15} + \frac{1}{10} = \frac{2+3}{30} = \frac{5}{30} = \frac{1}{6}$$
$$\Rightarrow \quad R = 6\,Ω$$

【11】正解３

抵抗 R_1 に流れる電流を I_1、抵抗 R_2 に流れる電流を I_2 とする。

$$I_1 : I_2 = \frac{V}{R_1} : \frac{V}{R_2} = \frac{1}{R_1} : \frac{1}{R_2}$$

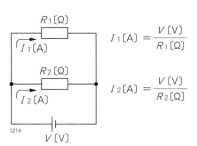

$$I_1[A] = \frac{V[V]}{R_1[Ω]}$$

$$I_2[A] = \frac{V[V]}{R_2[Ω]}$$

4. 電圧計・電流計の接続方法

▶電圧計

◎電圧計を負荷回路に接続するには、負荷に対して**並列**にする。

◎電圧計は一般に内部抵抗が非常に**大きく**設定されており、並列に接続した電圧計側にはほとんど電流が流れない。

◎電圧計には直流の場合、マイナス側の接続端子とプラス側の接続端子間の電位差（電圧）が表示される。

◎電圧計を負荷回路に対し直列に接続すると、電圧計部分で大きく電圧が低下し、電源電圧に近い電圧値を表示する。

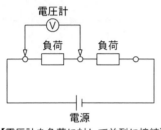

【電圧計を負荷に対して並列に接続】

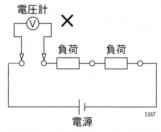

【電圧計を負荷に対して直列に接続】

▶電流計

◎電流計を負荷回路に接続するには、負荷に対して**直列**にする。

◎電流計は一般に内部抵抗が非常に**小さく**設定されており、直列に接続した電流計部分で電流の流れはほとんど妨げられない。

◎電流計には直流の場合、プラス側の接続端子からマイナス側の接続端子に流れる電流値が表示される。

◎電流計を負荷回路に対し並列に接続すると、電流計側に大きな電流が流れるため、負荷回路に流れる電流値より大きな数値を表示する。

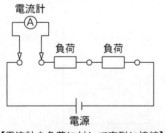

【電流計を負荷に対して直列に接続】

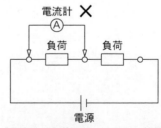

【電流計を負荷に対して並列に接続】

【1】 一般に電圧計や電流計を負荷回路に接続する方法として、正しいものは次の
うちどれか。[★]

☐ 　1．電圧計は負荷に対して直列に、電流計は負荷に対して並列に接続する。
　　 2．電圧計は負荷に対して並列に、電流計は負荷に対して直列に接続する。
　　 3．電圧計、電流計はいずれも負荷に対して直列に接続する。
　　 4．電圧計、電流計はいずれも負荷に対して並列に接続する。

【2】 一般に電圧計や電流計を負荷回路に接続する方法として、正しいものは次の
うちどれか。

☐ 　1．電圧計は、負荷に対して直列に接続する。
　　 2．電圧計は、負荷に対して並列に接続する。
　　 3．電流計は、負荷に対して並列に接続する。
　　 4．電流計は、電圧計と直列にして、負荷に対して直列に接続する。

【3】 交流回路に接続されている負荷設備に電圧計や電流計を設ける方法として、
正しいものは次のうちどれか。

☐ 　1．電圧計は内部抵抗が小さいので、負荷に対して並列に接続する。
　　 2．電圧計は内部抵抗が大きいので、負荷に対して直列に接続する。
　　 3．電流計は内部抵抗が小さいので、負荷に対して直列に接続する。
　　 4．電流計は内部抵抗が大きいので、負荷に対して並列に接続する。

▶▶正解＆解説……………………………………………………………………………………

【1】 正解2
【2】 正解2
【3】 正解3
　　 1＆2．電圧計は、内部抵抗が大きいので、負荷に対して並列に接続する。

5. 電池の内部抵抗とキルヒホッフの法則

■1. 電池の内部抵抗

◎電池の起電力は、電池がつくり出す電圧である。しかし、電池に負荷を接続した状態では、電池の両端の電圧は、起電力の大きさとはならない。これは、電池の内部に抵抗があるとすると、次のように説明することができる。

◎電池の起電力を E〔V〕、内部抵抗を r〔Ω〕、流れる電流を I〔A〕とすると、内部抵抗により電圧降下 rI〔V〕が生じるため、端子電圧 V〔V〕は次のように表される。

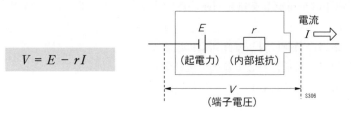

$$V = E - rI$$

◎電池に負荷を接続していない状態では、端子電圧は電池の起電力と等しい。また、流れる電流が多くなるほど、電池の端子電圧は小さくなる。電池は古くなるほど、内部抵抗が大きくなる。

■2. キルヒホッフの法則

◎電源や抵抗の回路が複雑になってくると、オームの法則では回路に流れる電流や任意の箇所の電圧が求められなくなる。その場合は、キルヒホッフの法則を使う。

◎キルヒホッフの第1法則…回路内の任意の分岐点に流れ込む電流の和は、流れ出る電流の和に等しい。

◎キルヒホッフの第2法則…回路内の任意の閉回路において、起電力の和と電圧降下の和は等しい。

$$I_1 + I_2 = I_3 + I_4$$

◎下図の起電力が2個ある回路において、第1法則と第2法則をまとめると、右の式となる。E_1 については、閉回路 ebafe を対象とする。E_2 については、閉回路 dcbafed を対象とする。

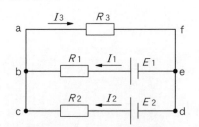

$$I_1 + I_2 = I_3$$
$$E_1 = R_1 I_1 + R_3 I_3$$
$$E_2 = R_2 I_2 + R_3 I_3$$

124

◎この３つの計算式から、例えば起電力と抵抗が判明している場合は、電流を求めることができる。

【例題】 前の回路図において、$E_1 = 28V$、$E_2 = 14V$、$R_1 = 20\ \Omega$、$R_2 = 10\ \Omega$、$R_3 = 40\ \Omega$とすると、電流$I_1 \cdot I_2 \cdot I_3$とその向きを求めよ。ただし、電池の内部抵抗は無視できるものとする。

キルヒホッフの第１法則及び第２法則から、次の等式が得られる。

$I_1 + I_2 = I_3$ …①

$28V = (20 \times I_1) + (40 \times I_3)$…②

$14V = (10 \times I_2) + (40 \times I_3)$…③

式①のI_3を式②と③に代入する。

$28V = (20 \times I_1) + (40 \times I_1) + (40 \times I_2) = (60 \times I_1) + (40 \times I_2)$

両辺を４で割る　⇒　$7V = (15 \times I_1) + (10 \times I_2)$…④

$14V = (10 \times I_2) + (40 \times I_1) + (40 \times I_2) = (40 \times I_1) + (50 \times I_2)$

両辺を２で割る　⇒　$7V = (20 \times I_1) + (25 \times I_2)$…⑤

式④と式⑤から、I_1またはI_2を消去する。ここでは、式④を2.5倍してI_2を消去する。

$17.5V = (37.5 \times I_1) + (25 \times I_2)$…⑥

式⑥－式⑤でI_2を消去することができる。

$17.5V - 7V = (37.5 \times I_1) - (20 \times I_1)$

$10.5V = 17.5 \times I_1$　⇒　$I_1 = 10.5 / 17.5 = 0.6A$

式②に$I_1 = 0.6$を代入

$28 = 20 \times 0.6 + 40 \times I_3$　⇒　$28 - 12 = 40 \times I_3$　⇒　$I_3 = 16 / 40 = 0.4A$

式①に$I_1 = 0.6$と$I_3 = 0.4$を代入

$0.6A + I_2 = 0.4A$　⇒　$I_2 = 0.4A - 0.6A = -0.2A$

電流がマイナスとなる場合は、あらかじめ仮定した向きとは逆であることを示す。

$I_1 = 0.6A$　左向き　　　　$I_2 = 0.2A$　右向き　　　　$I_3 = 0.4A$　右向き

【1】 起電力100V、内部抵抗5Ωの電源に、20Ωの外部抵抗器を直列に接続したとき、抵抗器両端における電圧の値として、正しいものは次のうちどれか。

□　1．80V　　2．90V

　　3．98V　　4．100V

【2】 下の図と式についての説明として、正しいものは次のうちどれか。

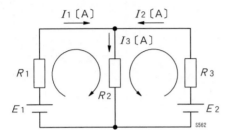

式1 : $I_1 + I_2 = I_3$

式2 : $E_1 = R_1 I_1 + R_2 I_3$

□　1．式1は、オームの法則に基づくものである。

　　2．式1は、キルヒホッフの第1法則に基づくものである。

　　3．式2は、クーロンの法則に基づくものである。

　　4．式2は、アンペアの周回路の法則に基づくものである。

▶▶正解＆解説⋯⋯⋯⋯⋯⋯⋯⋯⋯⋯⋯⋯⋯⋯⋯⋯⋯⋯⋯⋯⋯⋯⋯⋯⋯⋯⋯⋯⋯⋯⋯

【1】 正解1

　　分圧の考えから解くことができる。求める電圧をVとする。

$$V = \frac{20\,\Omega}{5\,\Omega + 20\,\Omega} \times 100V$$

$$= \frac{20}{25} \times 100V = 20 \times 4V = 80V$$

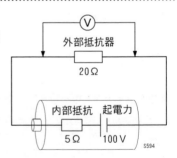

【2】 正解2

　　2．キルヒホッフの第2法則は、設問の式2と　$E_2 = R_3 I_2 + R_2 I_3$

　　3．「2つの点磁荷の間に働く磁力Fの大きさは、両磁極の強さの積に比例し、磁極間の距離の2乗に反比例する。」…磁気に関するクーロンの法則。145P 参照。

　　　「2つの点電荷の間に働く静電力Fの大きさは、両電荷の積に比例し、電荷間の距離の2乗に反比例する。」…静電気に関するクーロンの法則。145P 参照。

　　4．アンペアの周回路の法則は、電流によって作られる磁界の強さHを求める法則の一つである。詳細は省略。

6. 電気材料

■1. 導体と絶縁体

◎電気材料には、電気をよく通すものと、ほとんど通さないものがある。

◎一般に電気をよく通す物質は**導体**といい、物質の中に自由電子を多く含んでいる。白金やすずなどがある。逆に電気をほとんど通さない物質を**絶縁体**といい、物質の中に自由電子がほとんど存在しない。

◎金属は、その中に自由電子を多く含んでいるため、電気をよく通す導体である。なかでも、銀は抵抗率が最も小さい。銅は銀に次いで抵抗率が小さく、安価であるため導線の材料に広く使われている。

※抵抗率は「7. 導体の抵抗」131P参照。

◎絶縁体には、ガラス、ゴム、大理石、陶器、プラスチック（フェノール樹脂等）、紙、木綿、空気などがある。

〔主な金属の抵抗率〕（0℃）※温度または測定方法・条件により数値は異なる。

物質	抵抗率（$10^{-8}\Omega \cdot m$）	物質	抵抗率（$10^{-8}\Omega \cdot m$）
銀	1.47	タングステン	4.9
銅	1.55	白金	9.81
金	2.05	鉛	19.2
アルミニウム	2.50	鋼鉄	10～20（室温）

■2. 半導体

◎物質を電気の通しにくさで分類したとき、導体と絶縁体の中間にあたるのが**半導体**である。半導体には、**ケイ素**や**ゲルマニウム**などがある。

◎半導体には熱、光、電圧などを加えることによって、自由電子の量が急に増える性質がある。この性質を利用して、半導体素子や各種センサなどに広く用いられている。

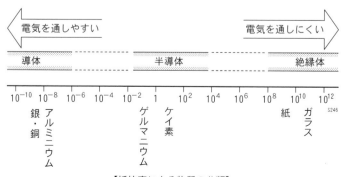

【抵抗率による物質の分類】

127

■3．導電率

◎導電率とは、物質の中を通る電気の通りやすさを表す物性量である。また、**抵抗率の逆数（$1／\rho$）**となる。

◎単位は、$S／m$または、$1／（\Omega・m）$となる。

〔用語〕S（ジーメンス）：電気抵抗の単位 Ω（オーム）の逆数を指す単位のこと。

〔主な金属の導電率〕（0℃）※温度または測定方法・条件により数値は異なる。

物質	導電率（$10^6 S／m$）	物質	導電率（$10^6 S／m$）
銀	66.7	アルミニウム	40
銅	64.5	タングステン	18.5
金	49	白金	9.4

■4．物質の磁化と磁性体

◎鉄のくぎが磁石に引きつけられるのは、磁石の磁界によってくぎが磁石の性質をもつためと考えられる。このように、物質が磁石の性質をもつことを**磁化**という。

◎物質の多くは、磁化の様子の違いから、常磁性体、反磁性体、強磁性体の3つに分類される。

◎**常磁性体**とは、磁石を近づけると、磁界と同じ方向の磁気を弱く帯びる材料で、磁石から非常に弱い引力を受ける。磁石からの磁界をゼロにすると磁気を帯びなくなる。室温で常磁性を示す材料は、アルミニウム（Al）、クロム（Cr）、モリブデン（Mo）、ナトリウム（Na）、チタン（Ti）など数多い。

◎**反磁性体**とは、磁石を近づけると、非常に弱い反対方向の磁気を帯びる材料で、磁石から非常に弱い斥力を受ける。磁石からの磁界をゼロにすると、磁気はゼロとなる。室温で反磁性を示す材料は、水、金（Au）、**銀**（Ag）、**銅**（Cu）、亜鉛（Zn）など。

◎**強磁性体**とは、磁石を近づけると、磁界と同じ方向の磁気を強く帯びる材料で、磁石から強い引力を受ける。磁石からの磁界をゼロにしても、強い磁気がそのまま残り、**永久磁石**となるものもある。**鉄**（Fe）、**コバルト**（Co）、**ニッケル**（Ni）、など。

〔参考〕永久磁石とは、外部からのエネルギー（磁場や電流等）の供給を受けることなく、磁石としての性質を比較的長期にわたって保持し続ける物体のこと。

【1】導電率の高いものから順に並んでいるものは、次のうちどれか。

□	1.	銅	アルミニウム	白金
	2.	アルミニウム	白金	銅
	3.	白金	アルミニウム	銅
	4.	アルミニウム	銅	白金

【2】電気材料で、抵抗率が小さいものから順に並んでいるものは、次のうちどれか。ただし、抵抗率は0℃で考えるものとする。

□	1.	銅	銀	タングステン	アルミニウム
	2.	アルミニウム	銀	銅	タングステン
	3.	銀	銅	アルミニウム	タングステン
	4.	銅	銀	アルミニウム	タングステン

【3】金、銀、銅及びアルミニウムの抵抗率を常温（20℃）で比較した場合、正しいものは次のうちどれか。

□　1．金は、銀より大きく銅より小さい。

　　2．銀は、金やアルミニウムより小さい。

　　3．銅は、銀やアルミニウムより小さい。

　　4．アルミニウムは、金や銅より小さい。

【4】電気材料について、次のうち誤っているものを2つ選びなさい。[編]

□　1．けい素とゲルマニウムは、半導体である。

　　2．アルミニウムと金は、導体である。

　　3．クラフト紙とマイカ、ガラス繊維は、絶縁体である。

　　4．セラミックスと軟銅は、磁性体である。

　　5．フェノール樹脂とアクリルゴムは絶縁体である。

　　6．ニッケルと銀は、反磁性体である。

【5】電気材料に関する説明として、誤っているものは次のうちどれか。

□　1．導体とは、電流をよく流す物質をいい、これには白金やすずがある。

　　2．半導体とは、電流の流れにくさが導体と不導体の中間の物質をいい、これにはけい素やゲルマニウムがある。

　　3．絶縁体とは、電流をほとんど流さない物質をいい、これにはセラミックスやフェノール樹脂がある。

　　4．強磁性体とは、磁界中で磁化される物質をいい、これには銀や銅がある。

【6】 次の物質に関する記述のうち、最も適当なものはどれか。

☐ 1．亜酸化銅は、導体である。　　　　2．ゲルマニウムは、導体である。

　　3．シリコンは、半導体である。　　　　4．アルミニウムは、半導体である。

▶▶正解&解説……………………………………………………………………………

【1】正解1

　導電率は抵抗率 ρ の逆数（ $1 / \rho$ ）で、抵抗率の小さいものほど高くなる。電気を通しやすいものから順に並んでいるものを選ぶ。

　白金はプラチナともいい、装飾用としての用途の他、酸化、還元の触媒に用いられる。抵抗率は、タングステンより大きい。

【2】正解3

　タングステンは、白色ないし灰白色の金属である。融点は約3400℃で金属の中で最も高く、熱に強いため電球のフィラメントに用いられる。高速度鋼や耐熱合金の材料にも使われる。

【3】正解2

　抵抗率の小さいものから順に、銀＜銅＜金＜アルミニウム。

【4】正解4&6

　3．クラフト紙は、クラフトパルプからつくった包装用紙。強度があるため、紙袋として広く使われる。マイカは雲母で、古くから電気の絶縁材料として主に使われている。ガラス繊維は、溶融したガラスを糸状にしたもので、グラスファイバーともいう。

　4．セラミックスは、窯業で生産される製品の総称。陶磁器やガラスなど。電気の絶縁体である。軟銅は、硬銅を加熱処理して軟らかくしたもの。硬銅は銅を圧延または線引加工したもので、いずれも電気の導体である。

　　磁性体とは、磁性を帯びることが可能な物質であり、すべての物質が磁性体であるといえる。しかし、通常は強磁性体のみを磁性体と呼ぶ。セラミックスのうちフェライトと呼ばれるものは、強い磁性を示す。しかし、銅は銀とともに反磁性体である。

　6．銀は反磁性体だが、ニッケルは強磁性体である。

【5】正解4

　3．絶縁体は、不導体ともいう。

　4．強磁性体として、鉄、コバルト、ニッケルがある。銀と銅はいずれも反磁性体である。

【6】正解3

　1．亜酸化銅は化学式 Cu_2O で、赤色の結晶性粉末。赤色ガラスの着色剤や半導体として整流器、光電池の材料に用いられる。

　2．ゲルマニウムは半導体である。

　3．シリコン（silicon）は元素の種類であるケイ素で、半導体である。

　4．アルミニウムは導体である。

7. 導体の抵抗

■1. 抵抗率

◎導線は、断面積が一定とすると、長くなるほど電流が流れにくくなり、抵抗が大きくなる。

◎また、導線の長さを一定にすると、断面積が大きくなるほど電流が流れやすくなり、抵抗が小さくなる。

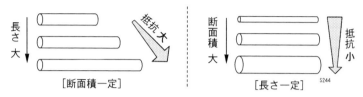

【導線の長さと断面積による抵抗の関係】

◎このように、導線の抵抗 R〔Ω〕は長さ l〔m〕に比例し、断面積 A〔m^2〕に反比例する。この関係を式で表すと次のとおりとなる。

$$R = \rho\ \frac{l}{A}$$

◎ここで、ρ（ロー）は物質固有の値であり、**抵抗率**という。抵抗率は、その物質の断面積 1 m^2 あたり、長さ 1 m あたりの抵抗値となる。抵抗率の単位は、オームメートル（単位記号：Ω・m）を用いる。

◎その導線の抵抗率がわかると、長さ及び断面積から、導線の抵抗を算出することができる。銅やアルミニウムは抵抗率が小さく、かつ、安価なため電線材料によく使われている。

◎抵抗率の逆数（1／ρ）は、導体材料の電流の流れやすさを比較する際に、よく用いられる。1／ρは**導電率**と呼ばれる。

【例題】断面積が 1 mm^2、長さ 1 km の銅線の抵抗は何Ωか。ただし、銅の抵抗率は 1.69×10^{-8}〔Ω・m〕とする。

断面積 1 mm^2 = 0.001 m × 0.001 m = 10^{-6} m^2、1 km = 1000 m = 10^3 m。

$R = \rho\ \dfrac{l}{A}$ = 1.69×10^{-8} Ω・m × $\dfrac{10^3 \text{m}}{10^{-6} \text{m}^2}$ = 1.69×10^{-8} Ω × 10^9 = 16.9 Ω

■2. 抵抗の温度変化

◎物質の抵抗率は、温度によって変化する。

〔温度と抵抗率〕

物質	温度（℃）	抵抗率 （$10^{-8}\Omega \cdot m$）
銅	0	1.55
	100	2.23
タングステン	0	4.9
	100	7.3
鉄	0	8.9
	100	14.7

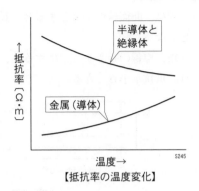

【抵抗率の温度変化】

◎金属（導体）は、温度の上昇とともに抵抗率が**大きくなる**。また、半導体と絶縁体は、温度の上昇とともに抵抗率が**小さくなる**。

◎また、ある温度から1℃上昇するごとに増加する抵抗値をその時の抵抗値で割った値を、その温度における**抵抗の温度係数**という。**金属などの導体は正の値を示す**が、**半導体や絶縁体は負の値を示す**。

▶▶ 過去問題 ◀◀

【1】 電気抵抗に関する次の記述のうち、適切なものの組合せはどれか。

　ア．電気の流れをさまたげる働きは、物質によって異なり、その程度を表すのに抵抗率を使う。

　イ．電線の抵抗 R を、長さ l、断面積 A、抵抗率 ρ で表すと、$R = \rho \dfrac{l}{A}$ となる。

　ウ．一般に、絶縁体の抵抗率は、温度が高くなると、大きくなる。

□　1．ア、イのみ　　　　2．ア、ウのみ

　　3．イ、ウのみ　　　　4．ア、イ、ウすべて

【2】 直径 1.6mm、長さ 100m、抵抗率 1.72×10^{-8} Ω・m の軟鋼線の抵抗として、最も近い値は次のうちどれか。

□　1．0.21Ω　　　2．0.34Ω　　　3．0.86Ω　　　4．8.64Ω

【3】 導線の電気抵抗について、誤っているものは次のうちどれか。

□　1．導線の長さが１／２になると、導線の抵抗値は１／２になる。

　　2．導線の直径が２倍になると、導線の抵抗値は１／４になる。

　　3．導線の長さが変わっても、導線の抵抗率は変わらない。

　　4．導線の抵抗値は、導線の抵抗率に反比例する。

【4】抵抗及び抵抗率についての説明として、誤っているものは次のうちどれか。

☐　1．金の抵抗率は、銀や銅の抵抗率よりも小さい。

　　2．抵抗率の量記号には一般に ρ を用い、単位記号には〔Ω・m〕を用いる。

　　3．導体の抵抗は、導体の長さに比例し、断面積に反比例する。

　　4．金属導体の抵抗は、一般に温度が上昇するに伴い増加する。

【5】導体、半導体、絶縁体及び強磁性体について、誤っているものは次のうちどれか。

☐　1．導体とは、電気をよく通す物質をいい、これにはアルミニウムや食塩水などがある。

　　2．半導体とは、抵抗の温度係数が正であり、主として高抵抗体の材料として用いられ、これにはよう素や黒鉛などがある。

　　3．絶縁体とは、実用上は電気を通さないと考えてよいほど非常に電気を通しにくい物質をいい、これには空気やガラスなどがある。

　　4．強磁性体とは、磁界で強く磁化され、磁極を生じる物質をいい、これには鉄やニッケルなどがある。

▶▶正解＆解説‥‥‥‥‥‥‥‥‥‥‥‥‥‥‥‥‥‥‥‥‥‥‥‥‥‥‥‥‥‥‥‥‥‥‥

【1】正解1

　　ア．抵抗率は、電流の流れにくさを表す。一方、導電率は電流の流れやすさを表す。

　　ウ．絶縁体と半導体の抵抗率は、温度が高くなると、小さくなる。

【2】正解3

$$\text{断面積} A = \pi r^2 = 3.14 \times 0.8mm \times 0.8mm$$
$$= 3.14 \times (0.8 \times 10^{-3}m) \times (0.8 \times 10^{-3}m) = 3.14 \times 0.64 \times 10^{-6}m^2$$
$$\fallingdotseq 2.0 \times 10^{-6}m^2$$

$$R = \rho \frac{l}{A} = 1.72 \times 10^{-8}\Omega \cdot m \times \frac{100m}{2.0 \times 10^{-6}m^2} = 1.72 \times 10^{-8}\Omega \times 50 \times 10^6$$
$$= 86 \times 10^{-2}\Omega = 0.86\Omega$$

【3】正解4

　　2．導線の直径が2倍になると、導線の断面積 A は4倍となる。導線の抵抗値は、1／4になる。

　　4．$R = \rho \dfrac{l}{A}$ より、導線の抵抗値は、導線の抵抗率に比例する。

【4】正解1

　　1．抵抗率の小さいものから順に、銀＜銅＜金。

【5】正解2

1＆3〜4.「6．電気材料」127P 参照。

2．ある温度から1℃上昇するごとに増加する抵抗値を、そのときの抵抗値で割った値を、その温度における抵抗の温度係数と呼ぶ。金属などの導体は正の値を示すが、半導体と絶縁体は負の値を示す。また、よう素は電気を通しにくいが、黒鉛は電気を通しやすい。

8. 電力と電力量

◎私たちは電気エネルギーをさまざまな形に変換して利用している。モーターは電気エネルギーを運動エネルギーに、アイロンは電気エネルギーを熱エネルギーにそれぞれ変換している。

◎一般に、電気エネルギーを消費するものを負荷という。

◎負荷が単位時間（1秒間）に消費する電気エネルギーを電力という。**電力を表す量記号**にP、電力の単位にワット（単位記号：W）を用いる。

◎負荷に加わる電圧をV〔V〕、流れる電流をI〔A〕とすると、電力P〔W〕は、次の式となる。

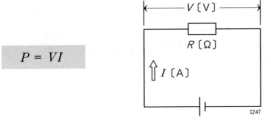

$$P = VI$$

◎この式にオームの法則〔$I = V / R$〕及び〔$V = RI$〕を代入すると、次の式となる。

$$P = VI = V \times \frac{V}{R} = \frac{V^2}{R}$$

$$P = VI = RI \times I = RI^2$$

◎負荷に電流がある時間流れたときなされた仕事の総量、すなわち電気エネルギーの総量を電力量という。P〔W〕の電力をt〔s〕時間使用したときの**電力量W**は、次の式となる。すなわち、電力と時間の積となる。

$$W = Pt \ \text{〔W·s〕} \quad \text{または} \quad W = Pt \ \text{〔J〕}$$

◎電力量の単位は、ワット秒（単位記号：W·s）を用いる。また1〔W·s〕＝1〔J〕の関係にあるため、$W = Pt$〔J〕と表すこともできる。

◎一般に電力量を表す単位としては、**キロワット時**（単位記号：kW·h）が使われている。1〔kW·h〕は、1kW の電力を1時間使用したときの電力量である。1時間＝60分×60s＝3600s であるため、1〔kW·h〕は次のように表すこともできる。

1〔kW·h〕＝1000W × 3600s ＝ $3.6 × 10^6$〔W·s〕

【**例題**】電気ドライヤーに100V の電圧を加えたら、6A の電流が流れた。この電気ドライヤーの電力は何 W か。また、10 分間使用したときの電力量はいくつになるか。電力量の単位はワット秒（W·s）とキロワット時（kW·h）を用いるものとする。

電力 P ＝電圧 V ×電流 I ＝ 100V × 6A ＝ 600W
時間の10分を秒（s）と時間（h）に変換する。
10分＝10 × 60s ＝ 600s
10分＝（10／60）h ＝（1／6）h
電力量 W ＝電力 P ×時間 t ＝ 600W × 600s ＝ 360000W·s
電力量 W ＝ 600W ×（1／6）h ＝ 100W·h ＝ 0.1kW·h
なお、3600W·s ＝ 1W·h となる。

▶▶過去問題◀◀

【1】R〔Ω〕の抵抗に V〔V〕の直流電圧を加えたときの消費電力 P〔W〕を表す式として、正しいものは次のうちどれか。[★]

□ 1．$P = \dfrac{V^2}{R}$

　 2．$P = \dfrac{R^2}{V}$

　 3．$P = RV^2$

　 4．$P = R^2 V$

【2】下図の回路において、2Ω の抵抗で消費される電力として、正しいものは次のうちどれか。[★]

□ 1．2W
　 2．4W
　 3．8W
　 4．16W

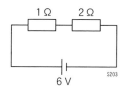

【3】下図の直流回路において、電流計が 10A を指示しているとき、抵抗 R で消費
する電力として、正しいものは次のうちどれか。

□　1．80W
　　2．100W
　　3．160W
　　4．200W

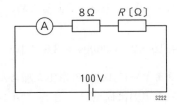

【4】5 Ω の抵抗に10Aの電流を 5 秒間流したとき、抵抗で消費される電力量とし
て、正しいものは次のうちどれか。

□　1．250W·s
　　2．500W·s
　　3．1,250W·s
　　4．2,500W·s

【5】5 Ω の抵抗に 2 A の電流を 3 分間流したときに発生する熱エネルギー Q 〔J〕
として、正しいものは次のうちどれか。

□　1．1,800 J
　　2．3,600 J
　　3．5,400 J
　　4．9,000 J

【6】20 Ω の抵抗に 5 A の電流を 30 分間流したときに発生する熱エネルギーとし
て、正しいものは次のうちどれか。

□　1．15kJ
　　2．180kJ
　　3．900kJ
　　4．3,600kJ

▶▶正解＆解説···

【1】正解1

【2】正解3

回路に流れる電流 $I = \dfrac{電圧\ V}{抵抗\ R} = \dfrac{6V}{3\Omega} = 2A$

2Ωの両端の電圧 V ＝抵抗 R ×電流 I ＝2Ω×2A＝4V

消費電力＝電圧 V ×電流 I ＝4V×2A＝8W

【3】正解4

回路の合成抵抗は（8Ω＋RΩ）となる。これをオームの法則 $V = RI$ に代入する。

100V ＝（8Ω＋RΩ）× 10A

10 ＝（8 ＋ R）　⇒　R ＝ 2Ω

抵抗 R の両端の電圧＝ RI ＝2Ω× 10A ＝ 20V

抵抗 R の消費電力＝ VI ＝ 20V × 10A ＝ 200W

【4】正解4

5Ωの抵抗に10Aの電流を流すとき、抵抗に加わる電圧はオームの法則 $V = RI$ より、5Ω× 10A ＝ 50V となる。抵抗が消費する電力は、$P = VI$ より 50V × 10A ＝ 500W となる。電流を流す時間は5秒間であることから、電力量は $W = Pt$ より、次のとおりとなる。

$W = 500W × 5s = 2,500W·s$

【5】正解2

5Ωの抵抗に2Aの電流を流すとき、抵抗に加わる電圧はオームの法則 $V = RI$ より、5Ω× 2A ＝ 10V となる。抵抗が消費する電力は、$P = VI$ より 10V × 2A ＝ 20W となる。電流を流す時間は180秒（3分）間であることから、電力量は $W = Pt$ より次のとおりとなる。

$W = 20W × 180s = 3,600W·s = 3,600J$

【6】正解3

20Ωの抵抗に5Aの電流を流すとき、抵抗に加わる電圧はオームの法則 $V = RI$ より、20Ω× 5A ＝ 100V となる。抵抗が消費する電力は、$P = VI$ より 100V × 5A ＝ 500W となる。電流を流す時間は、30分＝ 30 × 60秒＝ 1800秒であることから、電力量は $W = Pt$ より、次のとおりとなる。

$W = 500W × 1,800s = 900,000W·s = 900,000J = 900kJ$

9. 電流と磁界

■1. 磁力線

◎磁界のようすは、磁石の周りに鉄粉を置くことによって観測することができる。

◎磁界のようすを表すため、磁界の向きに沿って描いた線を磁力線という。磁力線は、磁石のN極から出てS極に入る。また、磁力線は交差したり分岐することがない。磁力線が密集している場所では、磁界が強い。

【磁力線】S314

■2. 直流電流がつくる磁界

◎十分に長い導線を流れる直流電流のまわりには、同心円状の磁界ができる。その向きは、ねじの進む向きを電流の向きに合わせたとき、ねじを回す向きとなる。これを**右ねじの法則**という。

磁力線の方向

電流

S248

【右ねじの法則】

■3. ドットとクロス

◎電磁力の向きや誘導起電力の向きを説明する際、必要となるのがドットとクロスである。ドットは紙面の奥から手前に向かう方向を表し、クロスは紙面から奥に向かう方向を表す。矢の先端と尾からデザインされている。

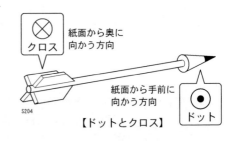

クロス　紙面から奥に向かう方向

紙面から手前に向かう方向

ドット

S204

【ドットとクロス】

■4. 電流が磁界から受ける力

◎電流は周囲に磁界を生じ、磁石に力を及ぼす。このとき、作用・反作用の法則により、電流は逆向きの力を受ける。見方を変えると、磁石のつくる磁界が電流に力を及ぼすと考えることができる。

◎電流の流れる導線と磁界との間で働く力を**電磁力**という。

◎磁界の中に導線を配置し電流を流すと、導体に働く力（電磁力）は、電流の方向にも磁界の方向にも直角な方向となる。磁界と電流と電磁力の向きの関係は、ちょうど左手の中指を電流の向き、人差し指を磁界の向きに合わせると、親指が力の向きとなる。これを**フレミングの左手の法則**という。

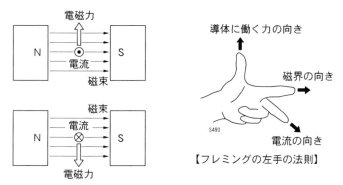

【フレミングの左手の法則】

▶▶過去問題◀◀

【1】平等磁界中に置かれた導体に、図のように電流を流した場合、導体に働く力の方向として正しいものは次のうちどれか。

□　1．左の方向
　　2．右の方向
　　3．上の方向
　　4．下の方向

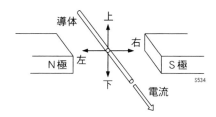

【2】フレミング左手の法則に関する次の文中の（　）に当てはまる語句として、正しいものは次のうちどれか。

「左手の親指、人差し指、中指を直角に曲げ、中指を電流の方向、人差し指を磁界の方向に向けると、親指は（　）の方向を示す。」

□　1．誘導起電力　　　2．電磁力
　　3．電流力　　　　　4．静電力

▶▶正解＆解説………………………………………………………………………………

【1】正解3

　　平等磁界とは、すべての点で、磁界の強さやその向きが一定な磁界をいう。

【2】正解2

◎図1のように、磁石をコイルに近づけたり遠ざけたりすると、コイルに電流が流れる。また、磁石を固定してコイルの方を動かしても、コイルに電流が流れる。

◎流れる電流の向きは、磁石を近づけるときと遠ざけるときで逆向きとなる。

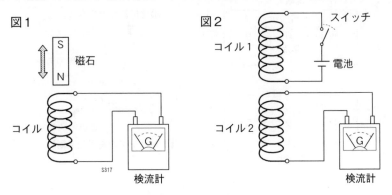

◎更に、図2のように2つのコイルを近くに置いて、コイル1に流す電流をスイッチで断続すると、コイル2に電流が流れる。

◎流れる電流の向きは、スイッチを入れたときと切ったときで逆向きとなる。

◎これらの現象は、コイルを貫く磁束が時間的に変化すると、コイルに起電力が発生し、電流が流れることを示している。このような現象を**電磁誘導**という。そして、電磁誘導によって生じる起電力を誘導起電力、流れる電流を**誘導電流**という。

▶誘導起電力の向き

◎コイルに発生する誘導起電力の向きは、誘導電流のつくる磁束が、もとのコイルを貫く磁束の変化を**妨げる向き**となっている。

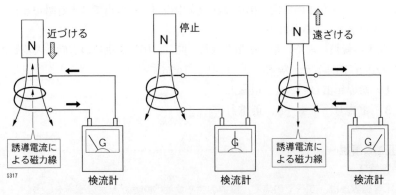

◎一般に、誘導起電力は、コイルを貫く磁束の変化を妨げる向きに生じる。これを**レンツの法則**という。

140

▶誘導起電力の大きさ

◎誘導起電力の大きさは、コイルを貫く磁束の単位時間あたりの変化に**比例**する。
これを**ファラデーの電磁誘導の法則**という。

▶フレミングの右手の法則

◎誘導起電力の向きは、磁界・導体の動く向きを、それぞれ互いに垂直方向に開いた右手の人差し指、親指に対応させると、中指の向きとなる。

◎この関係を、**フレミングの右手の法則**という。

〔フレミングの法則のまとめ〕

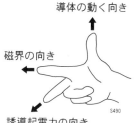

導体の動く向き

磁界の向き

誘導起電力の向き
【フレミングの右手の法則】

	左手の法則	右手の法則
中指	電流の向き	誘導起電力の向き
人差指	磁界の向き	磁界の向き
親指	導体に働く力の向き	導体の動く向き

〔参考〕左手の法則の覚え方例　中指（**電**流の向き）⇒人差指（**磁**界の向き）⇒
　　　　　　　　　　　　　　　　親指（導体に働く**力**の向き）…「**電磁力**」と覚える。

〔参考〕右手の法則の覚え方例　右手（み**ぎ**て）の「**ぎ**」と起電力（**き**でんりょく）の「**き**」
　　　　　　　　　　　　　　　　を関連づけて覚える。

【1】 下図のように、コイルと棒磁石を用いて行った実験結果の説明で、誤っているものを3つ選びなさい。[編]

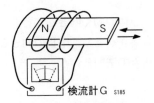

検流計 G s185

□ 1．磁石をコイルの中に入れたときと出したときでは、検流計Gの針の振れは逆になった。

2．磁石を動かす速度を変えたら、検流計Gの針の振れの大きさが変わった。

3．磁石を動かして、コイルの中に出し入れすると検流計Gの針は振れたが、磁石を静止させると針は振れなくなった。

4．磁石を静止させたままでコイルを動かすと検流計Gの針は振れ、コイルを磁石の中央で静止させると針は振れたところで静止した。

5．磁石をコイルの中に出し入れする速度を変えたが、検流計Gの針の振れの大きさは変わらなかった。

6．磁石をコイルの中に入れたときと、出したときの検流計Gの針の振れは同一方向であった。

【2】 下の図は、コイルAとBを近接して置いたものである。スイッチSの操作で生じる誘導起電力について、次のうち誤っているものはどれか。

コイルA　　　　　　　コイルB

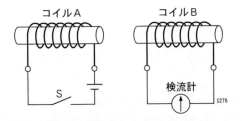

検流計 S276

□ 1．コイルBに生じる誘導起電力の向きは、誘導起電力によって流れる電流のつくる磁束が、もとの磁束の増減を妨げない向きに生じる。

2．コイルAとBを近づけると、誘導起電力の大きさが変化する。

3．コイルBの巻数を一定にして、コイルAの巻数を多くすると、誘導起電力の大きさが変化する。

4．コイルAとBに鉄芯を入れると、入れないときに比べ、誘導起電力の大きさが変化する。

【3】下図のように2つのコイルA、Bを近接して巻いたとき、スイッチの操作に
伴う検流計の指針の振れについて、正しいものは次のうちどれか。

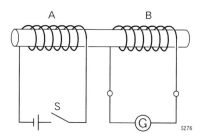

□　1．スイッチSを閉じるとその瞬間に振れ、その状態を保ったままで、スイッ
　　　チSを開くとその瞬間に逆方向に振れ、すぐ元に戻る。
　　2．スイッチSを閉じるとその瞬間に振れ、すぐに戻り、スイッチSを開くと
　　　その瞬間に同じ向きに振れ、すぐ元に戻る。
　　3．スイッチSを閉じるとその瞬間に振れ、すぐに戻り、スイッチSを開くと
　　　その瞬間に逆の向きに振れ、すぐ元に戻る。
　　4．スイッチSを閉じるとその瞬間に振れ、その状態を保ったままで、スイッ
　　　チSを開くとすぐ元に戻る。

【4】電磁誘導に関する説明として、誤っているものは次のうちどれか。
□　1．コイルを貫く磁束が時間とともに変化するとき、コイルに起電力が生じる。
　　　この現象を電磁誘導という。
　　2．電磁誘導で生じる起電力を誘導起電力、流れる電流を誘導電流という。
　　3．誘導起電力は、誘導起電力によって流れる電流のつくる磁束が、もとの磁
　　　束の増減を妨げる向きに生じる。これをレンツの法則という。
　　4．誘導起電力の大きさは、コイルを貫く磁束の単位時間当たりの変化量に反
　　　比例する。

【5】 フレミングの右手の法則に関する次の記述のうち、文中の（ ）に当てはまる語句の組合せとして、正しいものはどれか。

「右手の親指・人差し指・中指をそれぞれ直交するように開き、親指を導体が移動する向き、人差し指を（ア）の向きに向けると、中指の向きは（イ）の向きと一致する。」

	（ア）	（イ）
□ 1.	磁界	誘導起電力
2.	磁界	電磁力
3.	電流	電磁力
4.	電流	誘導起電力

▶▶正解＆解説‥‥‥‥‥‥‥‥‥‥‥‥‥‥‥‥‥‥‥‥‥‥‥‥‥‥‥‥‥‥‥‥

【1】 正解4＆5＆6

4. コイルを磁石の中央で静止させると、検流計の針は中央のゼロ値の位置で静止する。

5. 磁石をコイルの中に出し入れする速度を変えると、検流計Gの針の振れの大きさも変化する。

6. 磁石をコイルの中に入れたときと、出したときの検流計Gの針の振れは、逆方向となる。

▶検流計

検流計は、微小な電流をはかる計器である。可動コイル形のものは電流計と同じ構造である。ただし、電流計と大きく異なるのは、ゼロ値の指針の位置である。電流計は左端に指針があるのに対し、検流計は中央に指針がある。検流計では、接続端子のプラスからマイナスに電流が流れたときと、マイナスからプラスに電流が流れたときで、指針が中央から振れる向きが逆となる。

【2】 正解1

1. コイルBに生じる誘導起電力の向きは、誘導起電力によって流れる電流のつくる磁束が、もとの磁束の増減を妨げる向きに生じる。

【3】 正解3

【4】 正解4

4. 「反比例」⇒「比例」。

【5】 正解1

11. クーロンの法則

▶静電気に関するクーロンの法則

◎2つの帯電体が及ぼし合う静電気力の大きさは、帯電体の電気量の大きさと、帯電体間の距離によって変化する。

◎帯電体の間の距離に比べて帯電体の大きさが無視できるほど小さい場合、その帯電体を点電荷という。

◎静電気力 F〔N〕は、2つの点電荷の電気量 q_1〔C〕、q_2〔C〕の積に比例し、距離 r〔m〕の2乗に反比例する。これを静電気に関するクーロンの法則という。

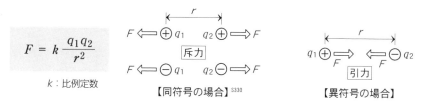

$$F = k \frac{q_1 q_2}{r^2}$$

k：比例定数

【同符号の場合】S330

【異符号の場合】

▶磁気に関するクーロンの法則

◎磁力 F〔N〕は、2つの点磁極の磁気量 m_1〔Wb〕、m_2〔Wb〕の積に比例し、距離 r〔m〕の2乗に反比例する。力の向きは、両磁極を結ぶ直線上にある。これを磁気に関するクーロンの法則という。

$$F = k_\mathrm{m} \frac{m_1 m_2}{r^2}$$

k_m：比例定数

◎磁気量（磁極の強さ）の単位は、ウェーバ〔Wb〕を用いる。

【1】次の関係を示す法則の名称として、正しいものはどれか。

「2つの点電荷に働く静電力は、両電荷の積に比例し、両電荷の距離の2乗に反比例する。」

□　1．レンツの法則

　　2．クーロンの法則

　　3．ファラデーの法則

　　4．ビオ・サバールの法則

【2】磁気に関するクーロンの法則について、次の文中の（　）に当てはまる語句の組合せとして、正しいものはどれか。

「2つの点磁荷の間に働く力Fの大きさは、両磁極の強さの積に（ア）し、磁極間の距離の2乗に（イ）する。力の向きは、両磁極を結ぶ直線上にある。」

	（ア）	（イ）
□　1．	比例	反比例
2．	比例	比例
3．	反比例	反比例
4．	反比例	比例

▶▶正解＆解説‥‥‥‥‥‥‥‥‥‥‥‥‥‥‥‥‥‥‥‥‥‥‥‥‥‥‥‥‥‥‥‥‥‥‥‥‥‥‥

【1】正解2

　　静電気力＝静電力である。「静電力」は、主に工学の分野で使われる。

　　1．レンツの法則…誘導起電力は、コイルを貫く磁束の変化を妨げる向きに生じる。

　　3．ファラデーの電磁誘導の法則…誘導起電力の大きさは、コイルを貫く磁束の単位時間あたりの変化に比例する。

　　4．ビオ・サバールの法則では、さまざまな形状の電線に電流が流れているとき、任意の点に作られる磁界の強さを求めることができる。詳細は省略。

【2】正解1

12. コンデンサ

◎2つの導体を向かい合わせることによって、多量の電気を蓄える装置を**コンデンサ**という。

◎コンデンサの2つの極板に蓄えられる電気量 Q 〔C〕は、極板間の電位差 V 〔V〕に比例し、次の式で表される。

$$Q = CV$$

◎比例定数 C は、極板の大きさや距離などによって決まる定数で、**電気容量**と呼ばれる。電気容量の単位には、ファラド〔F〕を用いる。1Fは、1Vの電位差を与えたときに1Cの電荷を蓄えられる静電容量である。

◎1Fは非常に大きな静電容量であるため、多くの場合、μF が使われる。

　1 μF = 1.0×10^{-6}F

　〔用語〕μ〔マイクロ〕：10^{-6} を表す接頭語。

◎3個のコンデンサ（$C_1 \cdot C_2 \cdot C_3$）を**並列接続**したとき、回路全体の合成静電容量 C は、**各静電容量の和**となる。

$$C = C_1 + C_2 + C_3$$

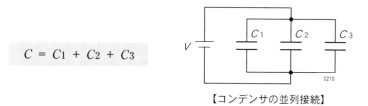

【コンデンサの並列接続】

◎3個のコンデンサ（$C_1 \cdot C_2 \cdot C_3$）を**直列接続**したとき、回路全体の合成静電容量 C の逆数は、**各静電容量の逆数の和**となる。

$$\frac{1}{C} = \frac{1}{C_1} + \frac{1}{C_2} + \frac{1}{C_3}$$

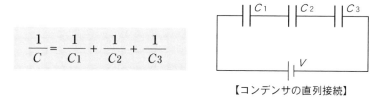

【コンデンサの直列接続】

▶コンデンサに蓄えられるエネルギー

◎静電容量 C 〔F〕のコンデンサに電圧 V 〔V〕を加えると、電荷 Q（$= CV$）〔C〕が蓄えられる。

◎電源を外してコンデンサの端子間を導体で接続すると、電荷が放出して仕事をする。すなわち、充電されたコンデンサは、エネルギーを蓄えている。

◎電圧を0から V〔V〕まで増加したとき、コンデンサに蓄えられるエネルギー W〔J〕は、図の斜線部分の面積で表され、次のようになる。

$$W = \frac{1}{2}VQ = \frac{1}{2}CV^2$$

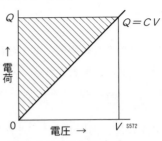

【蓄えられるエネルギー】

▶▶ 過去問題 ◀◀

【1】 20 μF と 30 μF のコンデンサを直列に接続したときの合成静電容量として、正しいものは次のうちどれか。

□　1．6 μF　　　2．12 μF
　　3．24 μF　　4．50 μF

【2】 2 μF と 3 μF のコンデンサを並列に接続したときの合成静電容量として、正しいものは次のうちどれか。

□　1．$\dfrac{5}{6}$ μF　　　2．$\dfrac{6}{5}$ μF
　　3．5 μF　　　　4．6 μF

【3】 下図のAB間の合成静電容量として、正しいものは次のうちどれか。

□　1．2 μF
　　2．3 μF
　　3．4 μF
　　4．6 μF

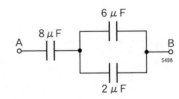

【4】下図のＡＢ間の合成静電容量として、正しいものは次のうちどれか。[★]

□ 1. $9.0\,\mu\mathrm{F}$
2. $10.0\,\mu\mathrm{F}$
3. $10.8\,\mu\mathrm{F}$
4. $15.0\,\mu\mathrm{F}$

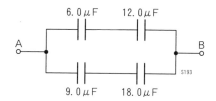

【5】静電容量が C_1、C_2 の２つのコンデンサを直列に接続した場合、その合成静電容量 C を示す式は次のうちどれか。[★]

□ 1. $C = C_1 + C_2$

2. $C = \dfrac{C_1 + C_2}{C_1 C_2}$

3. $C = \dfrac{C_1 C_2}{C_1 + C_2}$

4. $C = \dfrac{(C_1 + C_2)^2}{(C_1 C_2)^2}$

【6】静電容量 C〔F〕のコンデンサに、直流電圧 V〔V〕を加えたとき、コンデンサに蓄えられるエネルギー W〔J〕を表す式として、正しいものは次のうちどれか。

□ 1. $W = CV$

2. $W = CV^2$

3. $W = \dfrac{1}{2}CV$

4. $W = \dfrac{1}{2}CV^2$

▶▶正解＆解説··

【1】正解2

合成静電容量を C とする。

$$\frac{1}{C} = \frac{1}{20} + \frac{1}{30} = \frac{3}{60} + \frac{2}{60} = \frac{5}{60} = \frac{1}{12}$$

$\Rightarrow\ C = 12\,\mu\mathrm{F}$

【2】 正解3

合成静電容量 $C = 2\,\mu\text{F} + 3\,\mu\text{F} = 5\,\mu\text{F}$

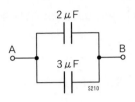

【3】 正解3

右の並列部分の合成静電容量は、$6\,\mu\text{F} + 2\,\mu\text{F} = 8\,\mu\text{F}$ となる。

合成静電容量Cは次のとおりとなる。

$$\frac{1}{C} = \frac{1}{8} + \frac{1}{8} = \frac{2}{8} = \frac{1}{4} \;\Rightarrow\; C = 4\,\mu\text{F}$$

【4】 正解2

上段の合成静電容量を $C_{上}$ とする。

$$\frac{1}{C_{上}} = \frac{1}{6} + \frac{1}{12} = \frac{2}{12} + \frac{1}{12} = \frac{3}{12} = \frac{1}{4} \;\Rightarrow\; C_{上} = 4\,\mu\text{F}$$

下段の合成静電容量を $C_{下}$ とする。

$$\frac{1}{C_{下}} = \frac{1}{9} + \frac{1}{18} = \frac{2}{18} + \frac{1}{18} = \frac{3}{18} = \frac{1}{6} \;\Rightarrow\; C_{下} = 6\,\mu\text{F}$$

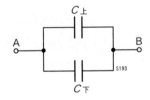
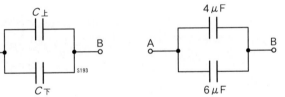

AB間の合成静電容量を C とする。

合成静電容量 $C = C_{上} + C_{下} = 4\,\mu\text{F} + 6\,\mu\text{F} = 10\,\mu\text{F}$

【5】 正解3

$$\frac{1}{C} = \frac{1}{C_1} + \frac{1}{C_2} = \frac{C_2}{C_1 \times C_2} + \frac{C_1}{C_2 \times C_1} = \frac{C_1 + C_2}{C_1 \times C_2}$$

$$C = \frac{C_1 \times C_2}{C_1 + C_2}$$

【6】 正解4

13. 指示電気計器

◎指示電気計器は、電圧や電流などを指針の振れ等によって表示する計器である。

■1. 可動コイル形計器

◎直流用の電流計や電圧計には、可動コイル形計器が広く使われている。

◎可動コイル形計器は、磁界中のコイルに
電流を流すと、電磁力が働きコイルを回
転させようとするトルク（モーメント）
が生じることを利用した計器である。

◎計器の指針駆動部は、強力な永久磁石、
コイルを巻き付けた円筒鉄心、円筒鉄心
の回転によって振れる指針、円筒鉄心を
つるす金属製バンド等で構成されている。

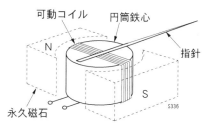

【可動コイル形計器の構造】

◎円筒鉄心に巻き付けてあるコイルを**可動
コイル**という。可動コイルに測定しようとする電流を流すと、磁界と電流の積に
比例したトルク（駆動トルクという）が生じる。

◎一方、可動コイルの回転に伴い、金属製バンドがねじれ、コイルをもとの位置に
戻そうとするトルク（制御トルクという）が働く。

◎この駆動トルクと制御トルクがつり合った位置でコイルの回転が止まり、指針を
振って、電流の大きさを表示する。

◎可動コイル形計器は、計器の目盛が等間隔の等分目盛となる。一方、不等分目盛
は等間隔とはならない目盛で、可動鉄片形計器などが該当する。

【等分目盛の例】

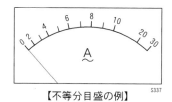

【不等分目盛の例】

▶特性と特長

①磁界を作る強力な永久磁石を使用するため、極めて高感度である。

②永久磁石を使用しているため、磁界の方向が常に一定であり、コイルに流れる電
流の向きが反対になると、指針の振れも反対となる。このため、計器にはプラス
とマイナスの端子が指定してある。

③等分目盛りであるため、精密に指針の振れを読むことができる。

④可動部分を軽くつくるため、コイルには細い線が使われている。このため、コイルに直接流すことができる電流は数十〔mA〕が限度である。

⑤微小な電流を測定できるものほど駆動トルクを強くするため、コイルは細い線を使用して数多く巻いてある。この結果、電流計の**内部抵抗**は大きくなる。

▶分流器

◎可動コイル形計器を直流電流計として使用する場合、可動コイルに直接流すことができる電流は数十〔mA〕が上限とされている。

◎これ以上の大きな電流を測定するには、電流計と並列に抵抗器を接続し、抵抗器にも電流を流すようにしている。この結果、電流計の可動コイルには測定電流の一部が分流されることになる。

◎電流計と並列に接続する抵抗器 Rs を**分流器**という。

◎分流器を接続した場合、計器は可動コイルに流れる電流の何倍の電流を測定することができるのか。この倍率を m とすると、次の式から求めることができる。ただし、計器の内部抵抗を r〔Ω〕とする。

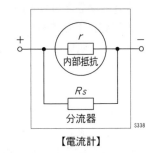

【電流計】

$$m = 1 + \frac{r}{Rs}$$

◎ m の値を**分流器の倍率**という。分流器の倍率は、分流器 Rs が小さくなるほど、分流器側に多くの電流が流れるため、大きな値となる。

【例題1】最大目盛10〔mA〕、内部抵抗2.45〔Ω〕の電流計に0.05〔Ω〕の分流器を取り付けたとき、分流器の倍率 m はいくつになるか。また、どれだけの電流まで測定することができるか。

$$m = 1 + \frac{r}{Rs} = 1 + \frac{2.45}{0.05} = 50 倍$$

測定できる最大の電流 $I = 50 \times 10mA = 500mA = 0.5A$

▶倍率器

◎可動コイル形電流計について、内部抵抗を r〔Ω〕、加える電圧を V〔V〕とすると、$V = rI$ の関係がある。

◎この等式において、電圧と電流に注目すると、電流目盛の r 倍の値を電圧として目盛れば、電流計を電圧計として使えることになる。

◎可動コイル形電圧計では、測定できる電圧の上限を引き上げるため、可動コイルに対し直列に高抵抗を接続し、測定電圧の一部だけが可動コイルに加わるようにしている。

◎電圧計と直列に接続する高抵抗 R_m を**倍率器**という。

◎倍率器を接続した場合、計器は可動コイルに加わる電圧の何倍の電圧を測定することができるのか。この倍率を n とすると、次の式から求めることができる。ただし、計器の内部抵抗を r〔Ω〕とする。

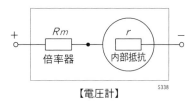

【電圧計】

$$n = 1 + \frac{R_m}{r}$$

◎n の値を**倍率器の倍率**という。倍率器の倍率は、倍率器 R_m が大きくなるほど、倍率器側に加わる電圧が大きくなるため、大きな値となる。

【例題2】最大目盛50〔mV〕、内部抵抗50〔Ω〕の電圧計に99.95〔kΩ〕の倍率器を取り付けたとき、倍率器の倍率 n はいくつになるか。また、どれだけの電圧まで測定することができるか。

$$n = 1 + \frac{R_m}{r} = 1 + \frac{99.95 \times 10^3}{50} = 2000 \text{ 倍}$$

測定できる最大の電圧 $V = 2000 \times 50\text{mV} = 100000\text{mV} = 100\text{V}$

■2．可動鉄片形計器

◎商用周波数（50Hz・60Hz）の交流電流計や交流電圧計には、可動鉄片形計器が使われている。

◎可動鉄片形計器は、磁界中に2つの鉄片を置くと、磁化されて2つの鉄片には磁界の強さに応じて反発力が生じることを利用した計器である。

◎計器の指針駆動部は、測定電流を流す固定コイル、固定コイル内側で位置が固定されてある**固定鉄片**、固定コイル内側で指針の回転軸と共に動く**可動鉄片**、指針などで構成されている。

◎固定コイルに測定電流が流れると、固定鉄片と可動鉄片は磁化され、反発力が働くことで可動鉄片は指針の回転軸を中心として動く。固定コイルに流れる電流の向きが逆になっても、2つの鉄片には反発力が働き、可動鉄片は固定鉄片と逆方向に動く。

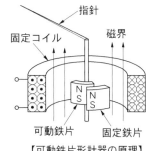

【可動鉄片形計器の原理】

◎固定コイルに流れる電流の向きに関係なく、可動鉄片にはトルクが生じ、可動鉄片と直結している指針を回転させる。指針の回転軸には渦巻きばねが取り付けてあり、ばねの弾性によるトルクとつり合った位置で指針は停止する。

◎可動鉄片形計器は一般に**交流用**として使われ、目盛りは不等分目盛となる。

〔参考〕直流に対しては鉄片のヒステリシス
現象のため、多少の誤差を生じる。
このため、普通は直流用として用い
られない。また、駆動トルクは電流
の2乗に比例するため、計器目盛は
2乗目盛（不等分目盛）となるが、
鉄片の形状を工夫して等分目盛りに
近づけている。

▲可動鉄片形計器の例

◎可動鉄片形計器は、可動部に電流を流す必要がないため、大電流用に適している。
ただし、測定値が小さいときは、誤差が大きくなる。

■3. 整流形計器

◎整流形計器は、ダイオードなどの整流器
で交流を直流に変換し、これを可動コイ
ル形計器で指示させる方式の交流用計器
である。

◎可動コイルで生じるトルクは電流の平均
値に比例するため、この計器は平均値指
示計と言われる。しかし、実際の目盛は、
その平均値を実効値に換算して示してあ
る。

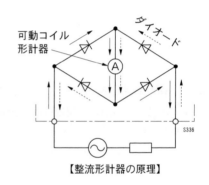

【整流形計器の原理】

■4. 熱電形計器

◎熱電形計器は、熱線に測定する電流を流して加熱
し、熱線の温度を a、b からなる熱電対で直流起
電力に変換し、可動コイル形計器で指示させる方
式の交直用計器である。

◎熱電対は、種類の異なる2つの金属を接合したも
ので、熱電対の一方を加熱して他端との間に温度
差を生じさせると、起電力を発生する特性がある。
この現象を**ゼーベック効果**という。

◎熱電形計器は、特に高周波電流に対して誤差が少なく、高周波電流計として広く
使われている。

可動コイル形計器

熱電対

a b

測定電流

熱線

【熱電形計器の原理】

154

■５．代表的な指示電気計器のまとめ

計器の型名	記　号	交直の別	作動原理	計器の例
可動コイル形		直流	永久磁石の磁界と電流との間の電磁力	・電流計 ・電圧計 ・抵抗計
可動鉄片形		交流	磁界内の鉄片に働く磁力	・電流計 ・電圧計
整流形		交流	交流を直流に整流して、可動コイル形計器で指示	・電流計 ・電圧計
熱電形		交直流	熱電対による起電力を可動コイル形計器で指示	・高周波電流計 ・電圧計
空心 電流力計形		交直流	固定コイルと可動コイルに電流を流し、可動コイルに生じるトルクで指針を振る	・電力計
静電形		交直流	２つの金属電極間で生じる静電力で指針を振る	・高電圧用電圧計
誘導形		交流	電流による移動磁界と、渦電流による電磁力を利用	・電力量計

■６．アナログ計器とデジタル計器

◎アナログ計器は、目盛りと指針の振れなどで測定値を表示するものである。

◎アナログ計器は、**変化の度合い**を読み取りやすく、測定量を**直感的に判断**できる利点をもつが、読取り誤差を生じやすい。

◎デジタル計器は、数値で測定値を表示するものである。

◎デジタル計器は、アナログ計器と比べて、次の**特徴**がある。

①**高い測定精度**が得られる。測定結果の表示は、４～７ケタ程度までの細かい数値が得られる。

②**読取り誤差**がない。数字で表示されることから、読み取りやすく、読み取り時に個人差がない。

【1】 永久磁石可動コイル形計器の説明として、最も不適当なものは次のうちどれか。

☐ 1. 磁界を作る強力な永久磁石を用いるので、極めて高感度である。

2. 微小な電流を測れるものは、駆動トルクを大きくするため、コイルに細い線を多く巻くので、内部抵抗は小さくなる。

3. 永久磁石を使用しているため、磁界の方向が常に一定であり、コイルに流れる電流の向きが逆になると、指針の振れも逆方向になる。

4. 等分目盛りである。

【2】 可動鉄片形計器に関する次の記述のうち、誤っているものはどれか。

☐ 1. 固定鉄片と可動鉄片を有している。

2. 主として直流電圧計、直流電流計として使用される。

3. 測定値が小さいときに誤差が大きくなる。

4. 磁化された2つの鉄片間の反発力が駆動トルクとなる。

【3】 直流回路で使用できる指示電気計器として、正しいものは次のうちどれか。

☐ 1. 振動片形計器

2. 可動コイル形計器

3. 誘導形計器

4. 整流形計器

【4】 次の指示電気計器のうち、直流及び交流両方に用いることができるものはどれか。

☐ 1. 整流形計器

2. 熱電形計器

3. 誘導形計器

4. 可動コイル形計器

【5】 交流の測定のみに用いられる計器は、次のうちどれか。

☐ 1. 静電形計器

2. 可動コイル形計器

3. 電流力計形計器

4. 誘導形計器

【6】指示電気計器の目盛り板には、計器の型名が記号で記載されているが、記号と計器の型名の組合せとして、誤っているものは次のうちどれか。

	記号	計器の型名
☐ 1.		整流形
2.		可動鉄片形
3.		静電形
4.		永久磁石可動コイル形

【7】指示電気計器の目盛り板には、計器の型名が記号で記載されているが、記号と計器の型名の組合せとして、誤っているものは次のうちどれか。

	記号	計器の型名
☐ 1.		可動コイル形
2.		整流形
3.		可動鉄片形
4.		熱電形

【8】デジタル計器の長所として、最も不適当なものは次のうちどれか。

☐ 1. 測定値が数字で表示されるので、読取り誤差がない。
　　2. 変化の度合いを読み取りやすく、測定量を直感的に判断できる。
　　3. 測定精度が高い。
　　4. 内部抵抗が大きく、測定時、回路に与える影響が少ない。

▶▶正解＆解説……………………………………………………………………………………………

【1】正解2

2．微小な電流を測れるものは、駆動トルクを大きくするため、コイルに細い線を多く巻くので、「内部抵抗は大きくなる」。一般に、導線は細くするほど、また、長くするほど抵抗が大きくなる。逆に、導線を太くして短くすると、抵抗は小さくなる。

【2】正解2

2．主として交流電圧計、交流電流計として使用される。主として直流電圧計、直流電流計として使用されるのは、可動コイル形計器である。

【3】正解2

1．振動片形計器…機械的な共振作用を利用した計器で、周波数を測定するのに用いられる。

2．可動コイル形計器…直流回路の電流・電圧計に使用できる。

3．誘導形計器…交流回路の電力量計に使用できる。

4．整流形計器…交流回路の電流・電圧計に使用できる。

【4】正解2

1．整流形計器…交流

2．熱電形計器…交直流

3．誘導形計器…交流

4．可動コイル形計器…直流

【5】正解4

交流の測定のみに用いられる計器は、［可動鉄片形］［整流形］［誘導形］の3種類である。直流の測定のみに用いられるのが［可動コイル形］であり、これら以外は交直流用となる。

【6】正解1

1．設問の記号は空心電流力形である。整流形の記号は ─▶┤─

【7】正解4

4．設問の記号は静電形である。熱電形の記号は ⎽∨⎽

【8】正解2

2．変化の度合いを読み取りやすく、測定量を直感的に判断できるのは、アナログ計器である。

4．内部抵抗は、計器が内部にもっている抵抗である。計器の内部抵抗は、無限大であることが理想的であるが、測定するためには必ず内部抵抗が存在する。例えば、内部抵抗が1MΩと10MΩの計器があるとすると、計器を電気回路に接続することによる影響は、1MΩの方が大きくなる。アナログ計器とデジタル計器の内部抵抗を比較すると、デジタル計器の方がはるかに大きい。

14. 正弦波交流と実効値

◎交流には、正弦波交流の他、方形波交流や三角波交流などがある。

◎正弦波交流は、波形が正弦波形であるもので、家庭用100V交流など最も広く使われている。

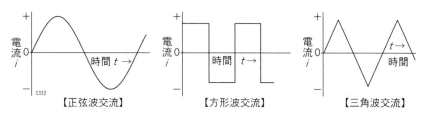

【正弦波交流】　　【方形波交流】　　【三角波交流】

◎交流の瞬間値は絶えず変化しているため、交流の大きさを表す際、何を基準とするかが問題となる。交流の大きさは、その交流のなす仕事量の多少によって決められた実効値を用いて表している。

◎交流の電圧・電流について、同じ抵抗に対して同じ電力を消費する直流の電圧・電流の大きさに換算した値を**実効値**という。

◎また、交流の大きさの各時刻における値を**瞬間値**といい、瞬間値のうち最大の値を**最大値**という。

◎いま、同じ抵抗の交流回路と直流回路について考えてみる。どちらも電力量が等しいとき、E〔V〕を交流電圧の実効値とし、また、I〔A〕を交流電流の実効値とする。

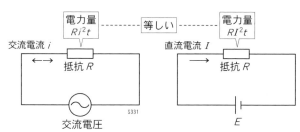

◎正弦波交流について、V_0 を交流電圧の最大値、V_e を交流電圧の実効値とすると、次の関係にある。

$$Ve = \frac{V_0}{\sqrt{2}}$$

◎家庭用100V交流は、実効値 $Ve = 100V$、最大値 $V_0 = \sqrt{2} \times 100V ≒ 141V$ となる。

◎また、交流の波形について1周期の平均を求めると0となるため、半周期を平均した値を交流の**平均値**という。

159

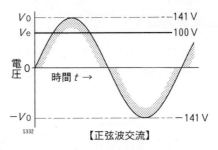

【正弦波交流】

◎同様に、I_0 を交流電流の最大値、I_e を交流電流の実効値とすると、次の関係にある。

$$Ie = \frac{I_0}{\sqrt{2}}$$

◎交流回路において、抵抗だけで構成されている場合、オームの法則 $[V = RI]$ がそのまま適用される。

◎交流100Vの電源に50Ωの抵抗が接続されている場合、回路に流れる交流電流は、$I = V / R = 100V / 50 Ω = 2 A$ となる。

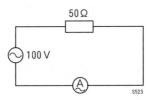

【抵抗だけの交流回路の例】

◎なお、 Ⓐ は交流電流計、 Ⓐ は直流電流計をそれぞれ表す。

▶ ▶ 過去問題 ◀ ◀

【1】 正弦波交流起電力について、最大値が312Vである場合の実効値として、最も近い値は次のうちどれか。

☐　1．310V　　2．220V
　　3．200V　　4．160V

【2】 正弦波交流起電力について、実効値が103Vである場合の最大値として、最も近い値は次のうちどれか。

☐　1．115V　　2．125V
　　3．135V　　4．145V

【3】 実効値が105Vの単相交流電圧を7Ωの抵抗に加えたとき、この抵抗に流れる電流の実効値として、正しいものは次のうちどれか。

☐　1．7A

　2．$\dfrac{15}{\sqrt{2}}$ A

　3．15A

　4．$\dfrac{7}{\sqrt{2}}$ A

【4】 正弦波交流回路において、起電力の最大値がEmであるときの実効値Eを表す式として、正しいものは次のうちどれか。

☐　1．$E = \dfrac{1}{\sqrt{2}} Em$　　　　2．$E = \dfrac{\sqrt{2}}{\pi} Em$

　3．$E = \dfrac{\sqrt{3}}{\pi} Em$　　　　4．$E = \dfrac{1}{\sqrt{3}} Em$

【5】 交流に関する次の説明のうち、文中の（　）内にあてはまる語句として、正しいものはどれか。

　「交流の電圧・電流について、同じ抵抗に対して同じ電力を消費する直流の電圧・電流の大きさに換算した値を（　）という。」

☐　1．平均値　　　　2．実効値
　3．瞬間値　　　　4．最大値

【6】 交流回路で、一般に電圧、電流を測定する場合、計器の指示値として、正しいものは次のうちどれか。

☐　1．平均値　　　　2．最大値
　3．瞬時値　　　　4．実効値

【7】 下図の回路で、電流計が10Aを表示したとき、抵抗Rの値として、正しいものは次のうちどれか。

☐　1．10Ω
　2．16Ω
　3．18Ω
　4．20Ω

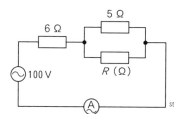

▶▶ 正解＆解説‥‥‥

【1】 正解2

正弦波交流起電力の最大値を V_0、実効値を Ve とする。

$$Ve = \frac{V_0}{\sqrt{2}} ≒ \frac{312}{1.41} = 221.27\cdots V$$

【2】 正解4

正弦波交流起電力の実効値を Ve、最大値を V_0 とする。

$$V_0 = Ve \times \sqrt{2} ≒ 103 \times 1.41 = 145.23V$$

【3】 正解3

$V=IR$ より、電流 $I=105V／7Ω=15A$

正弦波交流について、電圧・電流の最大値から実効値を求める場合、または実効値から最大値を求める場合に、$\sqrt{2}$ を使用する。

【4】 正解1

正弦波交流起電力の最大値 Em と実効値 E は、次の関係がある。

$$E = \frac{Em}{\sqrt{2}}$$

【5】 正解2

1．交流の波形について1周期の平均を求めると0となるため、半周期を平均した値を交流の平均値という。

3．交流の大きさの各時刻における任意の値を瞬間値という。

4．瞬間値のうち、最大の値を最大値という。

例として、家庭用100V交流について、各種数値（約数）は次のとおりとなる。

実効値100V、正の最大値＋141V・負の最大値－141V、平均値約90V

【6】 正解4

【7】 正解4

交流電流計が10Aを表示していることから、回路全体の合成抵抗は、$R =V／I=100V／10A=10Ω$ となる。右列の合成抵抗は、$10Ω－6Ω＝4Ω$ となる。合成抵抗を求める公式から次の等式が成り立つ。

$$\frac{1}{4Ω} = \frac{1}{5Ω} + \frac{1}{R} \quad \frac{1}{R} = \frac{1}{4Ω} - \frac{1}{5Ω} = \frac{5-4}{20Ω} = \frac{1}{20Ω} \quad ⇒ \quad R=20Ω$$

▶周期と周波数

◎正弦波交流では、図の 0 〜 a または a 〜 b を 1 周波といい、1 周波に要する時間を**周期**という。周期が短いほど、繰り返し速度が速くなる。

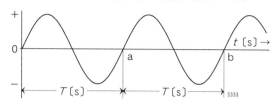

◎**周波数**は、1〔s〕あたりに繰り返される周波の数である。周期を T〔s〕、周波数を f とすると次の関係がある。周波数の単位はヘルツ〔Hz〕が用いられる。

$$T = \frac{1}{f} \ \text{〔s〕}$$ または $$f = \frac{1}{T} \ \text{〔s}^{-1}\text{〕} = \frac{1}{T} \ \text{〔Hz〕}$$

▶正弦波形

◎図（a）のように、半径 OA の円を描き、円周上の任意の点 A から x 軸までの垂線 AB と、線分 OA がなす角 ϕ との間には、次の関係がある。なお、角度の単位はラジアン〔rad〕を用いる。π〔rad〕= 180° となる。

$$\sin \phi = \frac{AB}{OA}$$

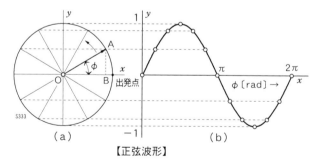

【正弦波形】

◎ OA = 1 とすると、関係式は AB = sin ϕ（ファイ） となる。

◎線分 OA を反時計方向に回し、角 ϕ に対して AB の値をグラフで表すと、図（b）のような正弦曲線が得られる。正弦曲線に従って変化する波形を**正弦波形**という。

163

▶角速度

◎半径OAの円周上を出発点から移動して、1〔s〕後にA点に達したとする。このとき、1〔s〕あたりに線分OAが回転する角度 ω（オメガ）〔rad〕を、点Oに対する点Aの角速度という。

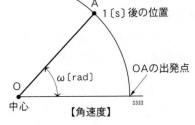
【角速度】

◎図の場合、角速度は ω〔rad/s〕と表される。

◎円周上を角速度 ω〔rad/s〕で t〔s〕時間回転移動した場合、回転角度は ωt〔rad〕となる。

◎角速度 ω と周波数 f〔Hz〕との間には、次の関係がある。

$$\omega = 2\pi f$$

16. 正弦波交流の位相差

■1. 抵抗 R だけの回路

◎抵抗だけの回路に正弦波交流を流した場合、電流 i と電圧 v は同位相となる。

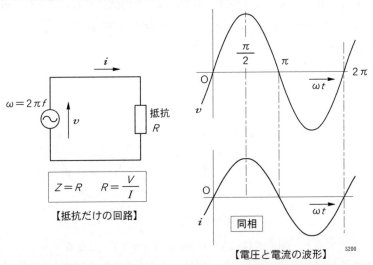

$$Z = R \qquad R = \frac{V}{I}$$

【抵抗だけの回路】

【電圧と電流の波形】

◎抵抗を R〔Ω〕とすると、電圧の実効値 V〔V〕、電流の実効値 I〔A〕の間には、オームの法則が成り立つ。

$$I = \frac{V}{R}$$

164

◎電圧・電流のベクトル図では、$\dot{V}$を基準として、$\dot{I}$は同じ向きとなる。

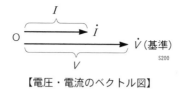

【電圧・電流のベクトル図】

◎正弦波交流回路では、インダクタンスLや静電容量C
が加わると、電圧と電流の位相に差が生じる。この差
を考慮して、任意の箇所の電圧・電流を求めるために
ベクトルの考えを取り入れている。ベクトルでは大き
さとその方向を、1本の矢印で示す。電気の分野では、
$\dot{A}$（Aドットと読む）のように表す。また、その大き
さだけを表すときは、慣例としてAとする。

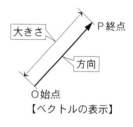

【ベクトルの表示】

◎インピーダンスZは、交流回路における抵抗に相当する量で、単位はオーム〔Ω〕
を用いる。抵抗だけの回路では、インピーダンスZは次のとおりとなる。

$$Z = R$$

■2．インダクタンス L だけの回路

◎コイルは、電流が変化すると誘導起電力を生じるという特性がある。これをイン
ダクタンスといい、自己インダクタンスと誘導リアクタンスがある。

▶自己インダクタンス

◎自己インダクタンスL〔H〕の回路に正弦波電圧vを加え、交流iが流れたとする。

◎コイルには、電流変化を妨げるように、加える電圧vと符号が逆の誘導起電力e
が発生する。vとeは次の関係にある。

$$v = -e = L\frac{\Delta i}{\Delta t}$$

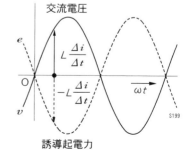

【電圧と誘導起電力の波形】

◎ただし、時間Δt〔s〕の間に電流がΔi〔Wb〕
だけ変化しているものとする。ここで比例定
数Lをコイルの自己インダクタンスといい、
単位にヘンリー〔H〕を用いる。

◎1〔H〕とは、1秒間に1〔A〕の割合でコイ
ルに流れる電流が変化しているとき、コイル
に発生する誘導起電力が1〔V〕であるような自己インダクタンスである。

▶誘導リアクタンス

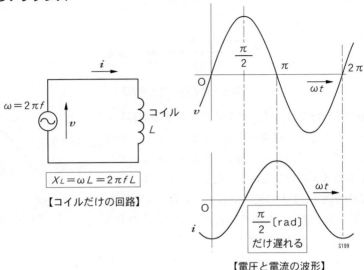

【コイルだけの回路】

【電圧と電流の波形】

◎インダクタンス L だけの回路において、電圧の実効値 V〔V〕、電流の実効値 I〔A〕の間には、次の関係がある。

$$V = \omega L I \qquad I = \frac{V}{\omega L}$$

◎ωL は、抵抗 R に相当する量であることがわかる。大きくなるほど、電流の流れを妨げる。この ωL は、**誘導リアクタンス**と呼び、単位に抵抗と同じオーム〔Ω〕を用いる。

◎インダクタンスが L〔H〕で、交流の角速度 ω〔rad/s〕である場合、誘導リアクタンスを X_L〔Ω〕とすると、次のように表される。

$$X_L = \omega L = 2\pi f L$$

▶誘導リアクタンスの特徴

◎誘導リアクタンスと抵抗を比べると、電流の流れを妨げる点は同じであるが、異なる点もある。

◎抵抗回路では、流れる電流がこれに加える電圧と同位相であるのに対し、誘導リアクタンス回路に流れる電流は、加えた交流電圧より**位相が π／2〔rad〕遅れる**。更に、抵抗の値は交流の周波数に関係ないが、誘導リアクタンス X_L はインダクタンス L が一定であっても、周波数 f が高くなるほど大きくなり、交流は流れにくくなる。

166

■3. 静電容量 C だけの回路

▶静電容量と交流

◎静電容量 C 〔F〕のコンデンサに直流電圧 V 〔V〕を加えると、コンデンサには瞬時に電荷 $Q = CV$ が蓄えられ、終わると電流は流れなくなる。

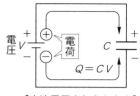

【直流電圧を加えたとき】

◎一方、コンデンサに交流電圧 v 〔V〕を加えた場合は、その大きさと向きが時間と共に変化するため、コンデンサに蓄えられる電荷の量は電圧の変化と共に変化する。電荷が電源とコンデンサ間を絶えず移動するようになり、この電荷の変化により、回路には交流が流れる。

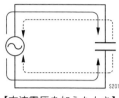

【交流電圧を加えたとき】

▶容量リアクタンス

◎静電容量 C だけの回路において、電圧の実効値 V 〔V〕、電流の実効値 I 〔A〕の間には、次の関係がある。

$$I = \omega C V \qquad V = \frac{I}{\omega C}$$

◎ $(1 / \omega C)$ は、抵抗 R に相当する量であることがわかる（オームの法則 $V = RI$ より）。大きくなるほど、電流の流れを妨げる。この $(1 / \omega C)$ は、**容量リアクタンス**と呼び、単位に抵抗と同じオーム〔Ω〕を用いる。

◎静電容量が C 〔F〕で、交流の角速度 ω 〔rad/s〕である場合、容量リアクタンスを X_C 〔Ω〕とすると、次のように表される。

$$X_C = \frac{1}{\omega C} = \frac{1}{2\pi f C}$$

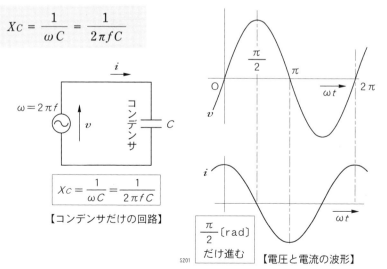

【コンデンサだけの回路】

$$\frac{\pi}{2} \text{〔rad〕} \text{ だけ進む}$$

【電圧と電流の波形】

167

▶容量リアクタンスの特徴

◎容量リアクタンスと抵抗を比べると、電流の流れを妨げる点は同じであるが、異なる点もある。

◎抵抗回路では、流れる電流がこれに加える電圧と同相であるのに対し、容量リアクタンス回路に流れる電流は、加えた交流電圧より**位相がπ／2〔rad〕進む。**更に、抵抗の値は交流の周波数に関係ないが、容量リアクタンスX_Cは静電容量Cが一定であっても、周波数fが高くなるほど小さくなり、交流は流れやすくなる。

▶▶過去問題◀◀

【1】コンデンサに単相交流電圧を加えた場合、定常状態における電流、電圧の位相差として、正しいものは次のうちどれか。[★]

□　1．電流は電圧より位相が $\dfrac{\pi}{2}$〔rad〕だけ進む。

　　2．電流は電圧より位相が $\dfrac{\pi}{2}$〔rad〕だけ遅れる。

　　3．電流は電圧より位相がπ〔rad〕だけ進む。

　　4．電流は電圧より位相がπ〔rad〕だけ遅れる。

【2】交流回路において、誘導リアクタンスX_Lを表す式として、正しいものは次のうちどれか。ただし、ωは角速度、Lはインダクタンス、πは円周率、fは周波数とする。

□　1．$X_L = \omega L = 2\pi f L$

　　2．$X_L = \omega L = 3\pi f L$

　　3．$X_L = \dfrac{1}{\omega L} = \dfrac{1}{2\pi f L}$

　　4．$X_L = \dfrac{1}{\omega L} = \dfrac{1}{3\pi f L}$

▶▶正解＆解説‥‥‥‥‥‥‥‥‥‥‥‥‥‥‥‥‥‥‥‥‥‥‥‥‥‥‥‥‥‥‥‥‥‥‥
【1】正解1
【2】正解1

◎ RLC 直列回路とは、抵抗 R〔Ω〕、インダクタンス L〔H〕、静電容量 C〔F〕が直列に接続されている回路をいう。

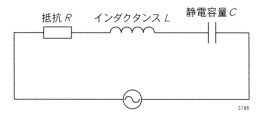

抵抗 R　　インダクタンス L　　静電容量 C

S186

◎ RLC 直列回路では、回路全体のインピーダンス Z が次のとおりとなる。

$$Z = \sqrt{R^2 + (X_L - X_C)^2} = \sqrt{R^2 + \left(\omega L - \frac{1}{\omega C}\right)^2}$$

◎誘導リアクタンス X_L と容量リアクタンス X_C の差の大きさを（合成）リアクタンス X という。計算式で表すと次のとおりとなる。

$$X = |X_L - X_C|$$　　※|　|は絶対値を表す記号。

【例題】25〔Ω〕の抵抗、0.2〔H〕のコイル、150〔μF〕のコンデンサの直列回路に、100〔V〕、50〔Hz〕の正弦波交流電圧を加えたとき、回路に流れる電流 I〔A〕及び抵抗、コイル、コンデンサそれぞれの両端の電圧 V_R、V_L、V_C〔V〕を求めよ。

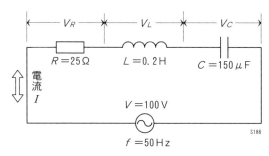

V_R　　　　V_L　　　　V_C

$R = 25\,Ω$　　$L = 0.2\,H$　　$C = 150\,μF$

電流 I

$V = 100\,V$

$f = 50\,Hz$

S186

　回路全体のインピーダンス Z を求める公式を使う。ただし、円周率の取扱い等いずれも近似値とする。

$R^2 = 25 \times 25 = 625$

$X_L = \omega L = 2\pi f L = 2 \times 3.14 \times 50 \times 0.2 = 62.8$

$X_C = 1 / \omega C = 1 / 2\pi f C = 1 / (2 \times 3.14 \times 50 \times 150 \times 10^{-6})$

$\qquad = 1 / 0.0471 \fallingdotseq 21.23$

$$(X_L - X_C)^2 = (\omega L - 1 / \omega C)^2 = (62.8 - 21.23)^2 \fallingdotseq 1728$$

$$Z = \sqrt{625 + 1728} = \sqrt{2353} \fallingdotseq 48.5 \,〔\Omega〕$$

電流 $I = \dfrac{V}{Z} = \dfrac{100}{48.5} \fallingdotseq 2.06 \,〔A〕$

それぞれの両端の電圧は次のとおり。

$$V_R = RI = 25 \times 2.06 = 51.5 \,〔V〕$$

$$V_L = X_L I = \omega L I = 62.8 \times 2.06 \fallingdotseq 129.4 \,〔V〕$$

$$V_C = X_C I = (1 / \omega C) I = 21.23 \times 2.06 \fallingdotseq 43.7 \,〔V〕$$

▶編集部より

　直流回路は、電圧・電流・抵抗の３要素で構成されている。しかし、交流回路はプラス周波数という要素が加わる。この周波数が加わることで、コイルとコンデンサは、電流を妨げる働きが異なってくる。

　一方で、次の等式が成り立つ（２番目は RLC 直列回路）。

　電圧＝（誘導リアクタンス X_L または容量リアクタンス X_C）×電流

　電圧＝インピーダンス Z ×電流

　交流回路では、直列回路における電圧・電流・抵抗の考え方がそのまま使える部分と、交流特有の考え方が混在しているため、このことが理解を妨げている。これをクリアーするためには、やはり問題を繰り返し解いて、「慣れる」ことが必要となる。

▶▶ 過去問題 ◀◀

【1】 下図の交流回路全体におけるインピーダンスの大きさとして、正しいものは次のうちどれか。

☐　1．3Ω
　　2．5Ω
　　3．7Ω
　　4．9Ω

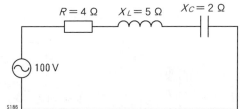

【2】 下図の RLC 直列回路におけるインピーダンス Z の値として、正しいものは次のうちどれか。［★］

☐　1．16Ω
　　2．20Ω
　　3．28Ω
　　4．44Ω

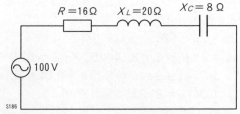

【3】 交流回路において、抵抗 $R = 40$ Ω、誘導リアクタンス $X_L = 70$ Ω、容量リアクタンス $X_C = 40$ Ω を直列に接続した場合のインピーダンスとして、正しいものは次のうちどれか。

☐　1．10Ω
　　2．15Ω
　　3．25Ω
　　4．50Ω

【4】 下図の交流回路に流れる電流として、正しいものは次のうちどれか。

☐　1．20A
　　2．24A
　　3．28A
　　4．32A

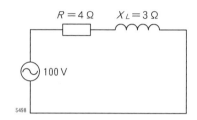

【5】 下図の交流回路の電源電圧 V〔V〕の値として、正しいものは次のうちどれか。

☐　1．132V
　　2．176V
　　3．220V
　　4．308V

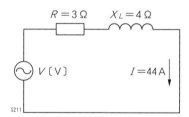

【6】 下図のようなRL直列回路に電源として直流90Vを加えると電流30Aが流れた。この回路に、交流120Vを加えた場合に流れる電流として、正しいものは次のうちどれか。

☐　1．12A
　　2．18A
　　3．24A
　　4．48A

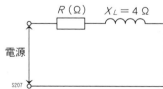

【7】 下図の回路において、20 Ωの抵抗の端子間電圧が 80V であったとき、この回路のインピーダンスの値として、正しいものは次のうちどれか。[★]

☐ 1. 25Ω
　　2. 35Ω
　　3. 45Ω
　　4. 55Ω

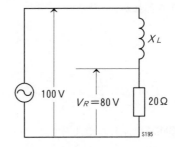

【8】 下図の抵抗 R と誘導リアクタンス X_L の並列回路において、抵抗 R の値として、正しいものは次のうちどれか。

☐ 1. 10Ω
　　2. 20Ω
　　3. 40Ω
　　4. 60Ω

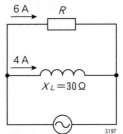

▶▶**正解＆解説**···

【1】 正解2

回路全体のインピーダンス Z を求める公式を使う。

$R^2 = 4 \times 4 = 16$

$X_L = \omega L = 5$ 〔Ω〕

$X_C = 1／\omega C = 2$ 〔Ω〕

$(X_L - X_C)^2 = (\omega L - 1／\omega C)^2 = (5-2)^2 = 9$

$Z = \sqrt{16+9} = \sqrt{25} = 5$ 〔Ω〕

【2】 正解2

回路全体のインピーダンス Z を求める公式を使う。

$R^2 = 16 \times 16 = 256$

$X_L = \omega L = 20$ 〔Ω〕

$X_C = 1／\omega C = 8$ 〔Ω〕

$(X_L - X_C)^2 = (\omega L - 1／\omega C)^2 = (20-8)^2 = 144$

$Z = \sqrt{256+144} = \sqrt{400} = 20$ 〔Ω〕

【3】正解4

　回路全体のインピーダンス Z を求める公式を使う。

$R^2 = 40 \times 40 = 1600$

$X_L = \omega L = 70 \,〔\Omega〕$

$X_C = 1 \diagup \omega C = 40 \,〔\Omega〕$

$(X_L - X_C)^2 = (\omega L - 1 \diagup \omega C)^2 = (70 - 40)^2 = 900$

$Z = \sqrt{1600 + 900} = \sqrt{2500} = 50 \,〔\Omega〕$

【4】正解1

　回路全体のインピーダンス Z を求める公式を使う。ただし、コンデンサは使われていないため、容量リアクタンス（$X_C = 1 \diagup \omega C$）はゼロとして取り扱う。

$R^2 = 4 \times 4 = 16$

$X_L = \omega L = 3 \,〔\Omega〕 \qquad X_L{}^2 = 9$

$Z = \sqrt{16 + 9} = \sqrt{25} = 5 \,〔\Omega〕$

$I = \dfrac{V}{Z} = \dfrac{100}{5} = 20 \,〔A〕$

【5】正解3

　回路全体のインピーダンス Z を求める公式を使う。ただし、コンデンサは使われていないため、容量リアクタンス（$X_C = 1 \diagup \omega C$）はゼロとして取り扱う。

$R^2 = 3 \times 3 = 9$

$X_L = \omega L = 4 \,〔\Omega〕 \qquad X_L{}^2 = 16$

$Z = \sqrt{9 + 16} = \sqrt{25} = 5 \,〔\Omega〕$

$V = ZI = 5 \times 44 = 220 \,〔V〕$

【6】正解3

　直流を加えている状態では、コイルのインピーダンスはゼロとなる。従って、直流90V を加えている状態で30A が流れる場合、抵抗 R は、$V \diagup I = 90 \diagup 30 = 3 \,〔\Omega〕$ ということになる。

　交流を流している状態で、回路全体のインピーダンス Z を公式から求める。ただし、コンデンサは使われていないため、容量リアクタンス（$X_C = 1 \diagup \omega C$）はゼロとして取り扱う。

$R^2 = 3 \times 3 = 9$

$X_L = \omega L = 4 \,〔\Omega〕 \qquad X_L{}^2 = 16$

$Z = \sqrt{9 + 16} = \sqrt{25} = 5 \,〔\Omega〕$

$I = \dfrac{V}{Z} = \dfrac{120}{5} = 24 \,〔A〕$

【7】 正解1

20 Ωの抵抗の端子間電圧が80V であることから、抵抗に流れる電流は、$I = 80 / 20 = 4$〔A〕となる。この電流が誘導リアクタンス X_L にも流れる。

この回路全体のインピーダンス Z は、次のとおりとなる。

$$Z = \frac{V}{I} = \frac{100}{4} = 25 〔Ω〕$$

参考までに、コイルの誘導リアクタンス（$X_L = \omega L$）を求めてみる。

回路全体のインピーダンス Z を求める公式を使う。ただし、コンデンサは使われていないため、容量リアクタンス（$X_C = 1 / \omega C$）はゼロとして取り扱う。

$$25 = \sqrt{400 + (X_L)^2}$$

$$625 = 400 + (X_L)^2 \Rightarrow (X_L)^2 = 225 \Rightarrow X_L = 15 〔Ω〕$$

【8】 正解2

交流の並列回路では、直流と同様に電源電圧がそのまま加わる。図の回路において、抵抗両端の電圧 V_R とコイル両端の電圧 V_L は等しい。

コイルに加わる交流電圧を求める。

$$V_L = X_L I = 30 \times 4 = 120 〔V〕$$

$V_R = RI$ より、抵抗 R を求める。

$$R = \frac{V_R}{I} = \frac{120}{6} = 20 〔Ω〕$$

18. 交流の電力と力率

◎交流回路の電力について、簡単に説明する。

◎交流回路における電動機などの負荷は、一般に抵抗の他にリアクタンスを含んでいる。このため、供給する電圧と電力の間には、位相差 θ が生じる。この位相差により、直流の電力のように $P = VI$ とはならない。

◎正弦波交流において、電圧・電流の実効値を V 〔V〕、I 〔A〕とし、位相差を θ 〔rad〕とすると、交流電力 P は次のとおりとなる。

$$P = VI\cos\theta$$

◎この公式に従うと、負荷が抵抗だけの場合は、位相差 $\theta = 0$ であるため $\cos\theta = 1$ となり、$P = VI$ となる。位相差が小さくなるほど、$P = VI$ に近づく。

◎また、負荷に抵抗分がなくリアクタンスだけの場合、位相差 $\theta = \pi / 2$ 〔rad〕（90°）= 0 となり、電力 P は全く消費されない。

◎交流回路で VI は消費電力を表さないが、この VI を**皮相電力**（ひそう）という。記号 S で表し、単位はボルトアンペア〔V・A〕を用いる。

$$S = VI \ \text{〔V・A〕}$$

〔用語〕**皮相**（ひそう）：物事の表面。うわべ。

◎電力 P 〔W〕は、電源から送り込まれる皮相電力 VI 〔V・A〕のうち、負荷で有効に使われる電力であるため、これを**有効電力**と呼ぶ。単に電力といった場合は、有効電力を指す。

◎皮相電力のうち、どれだけ有効電力に使われているかの割合を**力率**（りきりつ）という。

$$力率 = \frac{有効電力 \ P \ 〔W〕}{皮相電力 \ S \ 〔V・A〕}$$

◎正弦波交流では、電力 $P = VI\cos\theta$ となるため、力率 $= \cos\theta$ となる。

◎力率が悪い（低い）負荷を使用すると、一定の電力 P が必要な場合、VI をより大きくする必要がある。電圧を一定とすれば大きな電流を流す必要があり、それだけ電線を太くしたり、電源設備の容量を大きくしなければならない。

◎例えば、電力が 100 〔W〕で力率が 0.8 の負荷を使用する場合、125 〔V・A〕の皮相電力を電源から送り込む必要がある。

▶各電力の関係

◎無効電力は、負荷で有効に仕事をしない電力である。記号 Q で表し、単位はバール〔var〕を用いる。

〔用語〕バール〔var〕：volt ampere reactive（無効の）の頭文字をとったもの。

◎正弦波交流において、電圧・電流の実効値を V〔V〕、I〔A〕とし、位相差を θ とすると、無効電力 Q は次のとおりとなる。

$$Q = VI \sin\theta$$

◎無効電力 Q は、電気エネルギーが電源⇔負荷間で往復し、充放電を繰り返しているだけである。

◎電圧が V〔V〕、電流が I〔A〕、位相差が θ〔rad〕である交流回路において、皮相電力 VI、有効電力 $VI\cos\theta$、無効電力 $VI\sin\theta$ の間には、次の関係がある。

$$(VI\cos\theta)^2 + (VI\sin\theta)^2 = (VI)^2$$
$$(有効電力\ P)^2 + (無効電力\ Q)^2 = (皮相電力\ S)^2$$

◎電力三角形は、3つの電力の大きさを各辺の長さに、電圧と電流の位相差を1つの角に割り当てた直角三角形である。それぞれの関係を表している。

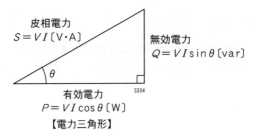

皮相電力
$S = VI$〔V・A〕

無効電力
$Q = VI\sin\theta$〔var〕

有効電力
$P = VI\cos\theta$〔W〕

【電力三角形】

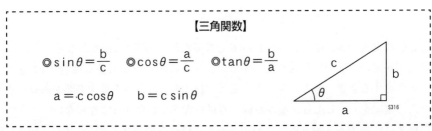

【三角関数】

◎ $\sin\theta = \dfrac{b}{c}$　◎ $\cos\theta = \dfrac{a}{c}$　◎ $\tan\theta = \dfrac{b}{a}$

$a = c\cos\theta$　　$b = c\sin\theta$

【例題】図の交流回路において、皮相電力 S〔V・A〕、有効電力 P〔W〕及び無効電力 Q〔var〕を求めよ。

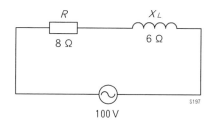

回路全体のインピーダンス Z を求める公式を使う。

$R^2 = 8 \times 8 = 64$

$X_L{}^2 = 6 \times 6 = 36$

$Z = \sqrt{64 + 36} = \sqrt{100} = 10$〔Ω〕

容量リアクタンス X_C はゼロであるため、リアクタンス X =誘導リアクタンス X_L となる。

交流回路において、インピーダンス Z、抵抗 R、リアクタンス X の値の関係を表しているものをインピーダンス三角形という。直角三角形で、3辺の長さがそれぞれ次の値に相当する。

斜辺…インピーダンス Z = 10 Ω
底辺…抵抗 R = 8 Ω
高さ…リアクタンス X = 6 Ω

【インピーダンス三角形】

インピーダンス三角形と電力三角形は、同じ角度の直角三角形となる。すなわち、それぞれ3辺の長さの比が等しくなる。インピーダンス三角形の各辺に相当する各種電力は次のとおりとなる。

斜辺…インピーダンス Z ⇒皮相電力
底辺…抵抗 R　　　⇒有効電力
高さ…リアクタンス X　⇒無効電力

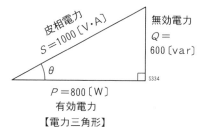

【電力三角形】

回路に流れる電流 I は次のとおりとなる。

$I = \dfrac{V}{Z} = \dfrac{100}{10} = 10$〔A〕

従って、各種電力は次のとおり。

皮相電力 $S = VI = 100 \times 10 = 1000$〔V・A〕
有効電力 $P = VI\cos\theta = 100 \times 10 \times 0.8 = 800$〔W〕
無効電力 $Q = VI\sin\theta = 100 \times 10 \times 0.6 = 600$〔var〕

なお、負荷の力率は、皮相電力と有効電力を求めなくても、インピーダンス三角形から求めることができる。

$$〔力率〕= \cos \theta = \frac{R}{Z} = \frac{8}{10} = 0.8$$

▶▶過去問題◀◀

【1】 下図の正弦波交流回路において、実効値100Vの電圧を加えた場合、力率の値として、正しいものは次のうちどれか。

☐ 1．0.9
　　2．0.8
　　3．0.7
　　4．0.6

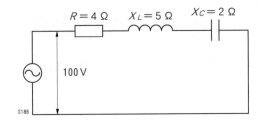

▶▶正解＆解説┈┈┈┈┈┈┈┈┈┈┈┈┈┈┈┈┈┈┈┈┈┈┈┈┈┈┈┈┈┈┈┈┈┈

【1】 正解2

リアクタンスXとインピーダンスZは次のとおりとなる。

$$X = 5Ω - 2Ω = 3Ω$$

$$Z = \sqrt{16 + 9} = \sqrt{25} = 5Ω$$

$$力率 = \cos \theta = \frac{4}{5} = 0.8$$

◎平板電極の間に絶縁物を挟んで電圧を加えると、絶縁物の内部は平等電界となる。**平等電界**では、電界の強さ及びその方向が、いずれの点でも同一となる。

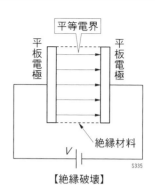

【絶縁破壊】

◎平等電界において、加える電圧を増やして電界を強くしていくと、材料が絶縁性を失い、急に電極間で電流が流れるようになる。この現象を**絶縁破壊**という。また、気体の絶縁破壊を**放電**という。

◎放電の種類として、火花放電、コロナ放電、グロー放電、アーク放電がある。

▶**火花放電**

◎平等電界において、電圧を増やして電界を強くしていくと、突然電極間の気体の絶縁が破れて、電極間に火花がはしり、激しい音を発して放電する。これを**火花放電**という。

◎火花放電は短時間で消滅する放電現象で、自然界の雷もこの例である。

▶**コロナ放電**

◎平板電極と針状電極との間に電圧を加えると、針状電極の先端付近では電界が大きくなり、平板電極付近では電界が小さくなる。このように、電極間の電界の大きさが異なって分布するのを**不平等電界**という。

◎平板電極と針状電極で不平等電界をつくり、電圧を増やして電界を強くしていくと、針状電極の先端付近で空気の絶縁を破壊して、局部的に微光を伴う気中放電が始まる。これを**コロナ放電**といい、一定の状態で安定して放電し続ける。

【コロナ放電】

◎針状電極の先端付近に認められる発光部をコロナと呼ぶ。名称は放電で生じる発光が太陽のコロナと似ていることによる。

◎コロナ放電は高電圧送電線路の電線表面で生じやすく、電磁波を発生する。

〔用語〕コロナ［corona〕：太陽の外方に広がる高温のガス体。

▶グロー放電

◎電極の付いたガラス管にネオン、アルゴンなどの気体を封入し、これを放電管とする。この放電管に加える電圧を増していくと、放電管内部に微光を伴う放電を生じる。これを**グロー放電**という。

◎グロー放電による発光は、封入気体の種類によって色が異なる。ネオンサインはこの光を利用している。

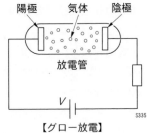

◎放電管内部の気圧は、数百 Pa 程度の低圧にしてあり、放電による電流は少ない。

〔用語〕グロー［glow〕：白熱（光）、赤熱（光）。

▶アーク放電

◎グロー放電の状態から更に電圧を高め、放電電流を増やすと、強い光と熱を伴った放電が生じる。これをアーク放電という。

◎アーク放電は、蛍光管や溶接に応用されている。

〔用語〕アーク［arc〕：電弧（アーク放電で生じる弧状の発光部分）。弧形。

▶▶過去問題◀◀

【1】 放電現象に関する次の記述のうち、適当なものの組合せはどれか。

ア．平板電極の間に電圧を加え、電圧を上昇させて電界の大きさを増していくと、突然電極間の気体の絶縁が破れて火花と音を発して放電が生じる。これを火花放電という。

イ．平板電極と針状電極との間に電圧を加えると、針状電極の先端付近では電界が大きくなり、空気の絶縁を破壊して局部的に微光を伴う気中放電が発生する。これをコロナ放電という。

ウ．ガラス管内にネオン、アルゴンなどの気体を封入し、電極を接続した放電管の電圧を増していくと、放電管内部に微光を伴う放電を生じる。これをグロー放電という。

- ☐ 1．ア、イのみ
  - 2．ア、ウのみ
  - 3．イ、ウのみ
  - 4．ア、イ、ウすべて

▶▶正解＆解説‥‥‥‥‥‥‥‥‥‥‥‥‥‥‥‥‥‥‥‥‥‥‥‥‥‥‥‥‥‥‥‥‥‥‥‥

【1】 正解4

20. 変圧器

■1. 変圧器の原理

◎変圧器は、**電磁誘導**を利用して交流電圧を低くしたり、高くする装置である。

◎1つの鉄心に一次巻線と二次巻線をそれぞれ N_1、N_2 回巻にして、一次巻線に交流電圧 V_1 を加えると、鉄心中に磁束が生じ、二次巻線に相互誘導による交流電圧 V_2 が生じる。

◎一次巻線と二次巻線の比（N_1 / N_2）を a とすると、次の関係がある。

$$a = \frac{N_1}{N_2} \fallingdotseq \frac{V_1}{V_2}$$

◎a を**巻数比**、V_1 / V_2 を**変圧比**と呼び、これらはほぼ同じ値となる。

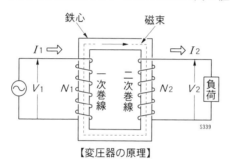

【変圧器の原理】

◎二次巻線に負荷をつないだとき、二次側に電流 I_2、一次側に電流 I_1 が流れたとする。鉄心や巻線での損失がないとすると、電力 $V_1 I_1 = V_2 I_2$ から次の関係がある。

$$\frac{I_1}{I_2} = \frac{V_2}{V_1} = \frac{N_2}{N_1} = \frac{1}{a}$$

◎I_1 / I_2 を**変流比**といい、巻数比の逆数と等しくなる。

◎なお、**理想変圧器**とは、磁気回路に漏れ磁束がなく、巻線の抵抗や鉄損（ヒステリシス損と渦電流損など）及び励磁電流も無視することができる変圧器をいう。

■2．変圧器の損失

◎変圧器は負荷が接続されていない場合でも、一次側に電圧が加わっていると、無負荷電流による損失が生じる。

◎このため、変圧器の損失は無負荷損と負荷損に分けて考える。

◎**無負荷損**は、二次巻線の開閉器が開いてる状態で一次端子に定格電圧を加えたときに生じる損失で、大部分は鉄損である。鉄損は磁性体が磁束により生じる損失であり、ヒステリシス損と渦電流損から成る。

◎**ヒステリシス損**は、鉄心に加わる磁界が向きを変えるときに起きる損失である。

◎**渦電流**は、磁束が増減するとそれに反発するように磁束を中心として円周状に生じる電流である。渦電流損は、鉄心に渦電流が生じることによる損失である。この損失を防ぐため、鉄心は層間を絶縁した積層構造にして、渦電流が積層方向に流れにくくしている。

◎**負荷損**は、主に一次、二次の負荷電流による巻線の銅損等から成る。銅損は、電線の抵抗により生じ、ジュール熱となって放熱する。

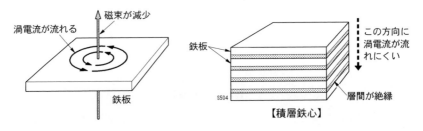

【積層鉄心】

■3．変圧器の並行運転

◎負荷が増大して変圧器容量を増加するとき、2台以上の単相変圧器の一次側及び二次側を、それぞれ並列に結線して使用することがある。これを変圧器の**並行運転**という。

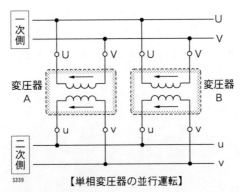

【単相変圧器の並行運転】

◎単相変圧器の並行運転を行う場合、次に掲げる一定の条件を満たす必要がある。

〔並行運転に必要な条件〕

> ▷各変圧器の**極性が一致**していること。仮に、変圧器Ａの二次側端子ｕとｖが逆に接続されていると、ＡとＢの二次側電圧が同相となって加わる。この結果、非常に大きな循環電流が流れて、巻線を焼損する。

> ▷各変圧器の**巻線比が等しい**こと。これが異なるとＡとＢの二次電圧に差が生じ、循環電流が流れることになる。

> ▷各変圧器のインピーダンス電圧が等しいこと。これが異なると、電流に位相差が生じ、銅損（抵抗成分による熱損失）が生まれる。

> ▷各変圧器の巻線抵抗と漏れリアクタンスの比が等しいこと。これが異なると、電流に位相差が生じ、銅損が生まれる。

◇編集部より…「巻線抵抗と漏れリアクタンスの比」については、詳細を省略します。過去問題の内容で暗記して下さい。

▶▶過去問題◀◀

【1】 一次巻線20回巻、二次巻線200回巻の変圧器の二次端子に1,000Vの電圧を取り出す場合、一次端子に加える電圧として、正しいものは次のうちどれか。ただし、変圧器は理想変圧器とする。

☐　1．100 V

　　2．200 V

　　3．300 V

　　4．400 V

【2】 変圧器の一次側の電圧が500V、コイルの巻数が20回のとき、二次側の端子から100Vの電圧を取り出す場合、二次側のコイルの巻数として、正しいものは次のうちどれか。ただし、この変圧器は理想変圧器とする。

☐　1．4

　　2．8

　　3．25

　　4．100

【3】 一次巻線と二次巻線の巻数の比が 1：10 の理想変圧器について、正しいものは次のうちどれか。

□ 1．二次側の電流は、一次側の電流の 10 倍になる。
  2．二次側の容量は、一次側の容量の 10 倍になる。
  3．二次側の電圧は、一次側の電圧の 10 倍になる。
  4．二次側の電力は、一次側の電力の 10 倍になる。

【4】 変圧器に関する説明として、次のうち誤っているものはどれか。

□ 1．変圧器は、静電誘導により、交流の電圧を変化させる機器である。
  2．電力を送電する場合、変圧器で電圧を高くすると、電力の損失が少なくなる。
  3．変圧器の鉄心には、1 枚ずつ絶縁された薄い鋼板を積層構造としたものが使われ、渦電流の発生を少なくしている。
  4．変圧器を理想変圧器とすると、一次側コイルに流れ込む電力と二次側コイルから流れ出る電力は等しく、エネルギーは変化しない。

【5】 単相変圧器の並行運転の条件で、一般的に必要としないものは次のうちどれか。

□ 1．各変圧器の極性が一致していること。
  2．各変圧器の巻数比が等しいこと。
  3．各変圧器の巻線抵抗と漏れリアクタンスの比が等しいこと。
  4．各変圧器の相回転が一致していること。

【1】 正解1

$$a = \frac{N_1}{N_2} = \frac{V_1}{V_2} \quad \Rightarrow \quad \frac{20\,回巻}{200\,回巻} = \frac{V_1}{1,000V}$$

$V_1 = 0.1 \times 1,000V = 100V$

【2】 正解1

$$a = \frac{N_1}{N_2} = \frac{V_1}{V_2} \quad \Rightarrow \quad \frac{20\,回巻}{N_2} = \frac{500V}{100V}$$

$N_2 = 20\,回巻／5 ＝ 4\,回巻$

【3】 正解3

1．二次側の電流は、一次側の電流の1／10になる。

2．変圧器の容量は、二次側から得られる定格容量で表す。単相で二次定格電圧が200V、二次定格電流が50Aの場合、定格容量は10kVAとなる。ただし、この10kVAは皮相電力となる。

4．理想変圧器であれば、エネルギー保存の法則により一次巻線に供給する電力と、二次巻線側の負荷で消費される電力は等しい。電力は、電圧×電流で表されるが、次の関係式から一次側と二次側の電力は等しくなる。

$$\frac{I_1}{I_2} = \frac{V_2}{V_1} \quad \Rightarrow \quad I_1 V_1 = I_2 V_2$$

【4】 正解1

1．「静電誘導」⇒「電磁誘導」。

2．例えば、10,000Wを送電する場合、［10,000V×1A］と［100V×100A］について考える。どちらも電力は10,000Wとなる。一方、電力損失Pは次の式で表される。

$P=RI^2$

電力損失は、配線の抵抗成分が同じであっても、電流の2乗に比例することから、［10,000V×1A］の方がはるかに損失は小さくなる。

【5】 正解4

1〜3．単相変圧器を並行運転する場合に必要な条件となる。

3．変圧器のコイルに使用する巻線は、微少な抵抗があり、その抵抗を巻線抵抗という。
一次巻線と二次巻線の間に発生する磁束は、ほとんどが巻線をつらぬく。しかし、実際には途中で漏れてしまう磁束もある。この漏れ磁束は、交流回路の誘導リアクタンスと同じように作用し、電圧降下をもたらす。漏れ磁束により生じる誘導性リアクタンスを**漏れリアクタンス**という。
巻線抵抗と漏れリアクタンスは、いずれも変圧器の損失となる。

4．相回転の方向が一致していること、及び電圧の角変位が等しいことは、三相変圧器を並行運転する際に必要な条件となる。角変位は、一次側の線間電圧と二次側の線間電圧の位相差を指す。これが異なると、循環電流が発生する。三相変圧器は、単相変圧器に必要な条件も満たす必要がある。

■1．構造と回転速度

◎三相誘導電動機は、三相交流による回転磁界を利用したものである。回転子の構造によってかご形と巻線形がある。

◎かご形の回転子は、回転子鉄心の周りに太い導線（バー）をかご形に配置したもので、極めて簡単な構造となっている。固定子側の巻線に電流を流すと、回転磁界が発生し、かご形に配置された太い導線（バー）に誘導電流が流れて、回転子が回転する。

◎回転磁界の回転速度 Ns は、交流の周波数を f〔Hz〕、固定子巻線の極数を P とすると、次の式で表される。

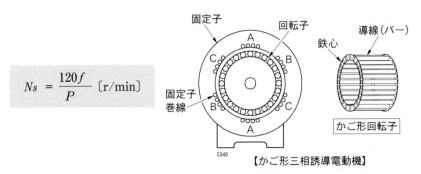

$$Ns = \frac{120f}{P} \ \text{〔r/min〕}$$

【かご形三相誘導電動機】

かご形回転子

◎回転磁界の回転速度 Ns は、**同期速度**とも呼ばれる。

◎三相誘導電動機の回転子は、同期速度 Ns よりも、いくらか遅い速度で回転する。同期速度と回転子速度の差を滑りという。全負荷における滑りの大きさは、小容量のもので 5 ～ 10％、中容量以上のもので 2.5 ～ 5 ％程度である。

【例題】 4極の三相誘導電動機を周波数 60〔Hz〕で使用するときの回転速度〔r/min〕を求めよ。

$$Ns = \frac{120f}{P} = \frac{120 \times 60}{4} = 1800 \ \text{〔r/min〕}$$

回転子の実際の回転速度は、滑りが生じるため、これよりいくらか遅い値となる。

■2．電源の周波数と同期速度

◎50Hz用の三相誘導電動機に60Hzの同電圧の三相交流電流を供給した場合の同期速度は、単純に60Hz／50Hz＝1.2倍となる。

◎実際に回転速度がどのように変化するかは、滑りを考慮する必要がある。

■3. 回転方向と逆転

◎電動機の回転方向は、電動機を一方向にだけ回転させて使用する場合、一般に負荷と連結されている反対側から見て、時計方向が標準とされている。

◎三相誘導電動機の回転方向は、電動機に加わる三相交流の相回転の方向によって決まる。

◎三相誘導電動機では電源線が3本あり、2本を入れ換えると、固定子巻線がつくる回転磁界の向きが逆となる。

▶ ▶ 過去問題 ◀ ◀

【1】下図のように、三相交流の電源の各相R、S、Tに対する三相誘導電動機の端子U、V、Wの接続をそれぞれR相とU端子、S相とV端子、T相とW端子とし、三相誘導電動機が正回転する場合、これを逆回転させる接続として、誤っているものは図のア～エのうちどれか。[★]

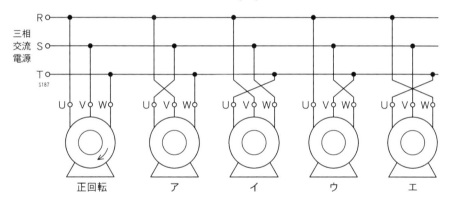

- □ 1．ア
- 2．イ
- 3．ウ
- 4．エ

【2】50Hz用の三相誘導電動機に60Hzの同電圧の三相交流電流を供給した場合の同期速度について、正しいものは次のうちどれか。

- □ 1．同期速度は、速くなる。
- 2．同期速度は、遅くなる。
- 3．同期速度は、時間と共に変動する。
- 4．同期速度は、変わらない。

【1】 正解2（イ）

　イ．三相誘導電動機では、電源線3本のうち2本を入れ換えると、逆回転する。ただし、
　　3本全てを入れ換えた場合は、正回転のまま変化しない。

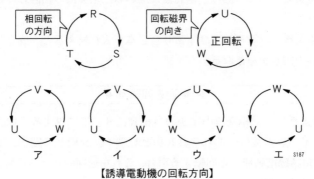

【誘導電動機の回転方向】

【2】 正解1

第4章　警報器の構造・機能（電気部分）

第4章

1．鉛蓄電池

◎鉛蓄電池は、負極活物質に鉛 Pb、正極活物質に二酸化鉛 PbO_2、電解液に希硫酸 H_2SO_4 が用いられ、その起電力は約 **2.0V** である。

◎**放電**すると、負極では鉛 Pb が酸化され、正極では二酸化鉛 PbO_2 が還元される。この結果、両極の表面にはいずれも硫酸鉛 $PbSO_4$ が生じる。また、希硫酸の濃度（密度）が小さくなることから、電解液の比重は**小さくなる**。

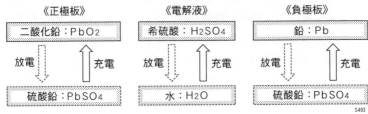

【放電と充電による化学変化】

◎**充電**時は、放電時と逆向きに電流を流す。負極では硫酸鉛が鉛に戻り、正極では硫酸鉛が二酸化鉛に戻る。また、希硫酸の濃度が大きくなることから、電解液の比重は**大きくなる**。

▶ ▶ 過去問題 ◀ ◀

【1】鉛蓄電池の構造及び機能について、誤っているものは次のうちどれか。

☐ 　1．正極には二酸化鉛、負極には鉛を用いる。
　　2．単電池の電圧は、およそ２Ｖである。
　　3．電解液には、希硫酸を用いる。
　　4．放電を続けると電解液の比重は大きくなる。

▶ ▶ 正解＆解説…………………………………………………………………………………………

【1】正解4
　4．「大きく」⇒「小さく」。

2. 用 語

■用語の定義

◎**警戒電路**…漏電火災警報器により漏電を検出できる電路をいう。回路方式では、変流器の設置箇所から負荷側の電路が警戒電路となる。また、接地線方式では、変圧器の二次側低圧電路が警戒電路となる。

◎**漏えい電流**…本来流れてはならない、電路以外に流れる電流をいう。電路からの漏えい電流は、大地を介して変圧器に戻る。

　◇編集部より…本書では、問題文以外は全て「漏えい」としている。実技試験において「漏洩」と正しい漢字で筆記できずに間違えた場合には、減点の対象となる。そのため、ひらがなを用いた「漏えい」としている。

◎**遮断機構**…警戒電路に漏えい電流が流れた場合に、当該警戒電路を自動的に遮断する装置をいう。

◎**警戒電路の定格電流**…当該防火対象物の警戒電路における、最大負荷電流又は最大使用電流をいう。ただし、運転中に、瞬間に発生する尖頭負荷電流（短時間に生じる大きな電流）は、連続して起きる場合を除き、定格電流とは見なされない。

◎**変流器の定格電流**…当該変流器に流すことができる負荷電流の最大値をいう。変流器に表示されている。

◎**契約電流容量**…防火対象物の関係者と電気事業者間で契約された電気容量をいう。アンペア契約の場合は、そのアンペア契約電流値とする。

◎**検出漏えい電流設定値**…漏電火災警報器が警戒電路において、一定の漏電が生じた場合に作動するようにあらかじめ設定しておく値をいう。［検出漏えい電流設定値］＝［公称作動電流値］である。検出漏えい電流設定値は、規則第24条の3第4号及び漏電火災警報器の設置工事が完了した後に行う機能試験に使われている用語である。一方、公称作動電流値は、規格省令第7条等に使われている用語である。

◎**B種接地線**…B種接地線工事を施した接地線をいう。変圧器の二次側低圧電路に接続する接地線であり、変圧器の故障等で低圧の電路と高圧の電路が接触した場合に、低圧側の電圧を上昇させないために設けてある。

第4章

【1】漏電火災警報器に関する用語の説明として、次のうち誤っているものを2つ選びなさい。[★] [編]

□　1．契約電流容量とは、防火対象物の関係者と電気事業者間でなされた契約容量であり、アンペア契約の場合は、そのアンペア契約電流値のことである。

　　2．警戒電路の定格電流とは、警戒電路の最大負荷電流又は最大使用電流のことであり、運転中に瞬時に発生する尖頭負荷電流は含まれないものである。

　　3．変流器の定格電流とは、変流器に表示されている負荷電流の最大値のことである。

　　4．警戒電路とは、漏電を警戒できる回路のことであり、変流器を負荷回路に設ける方式であれば、変流器より電流供給側の回路のことである。

　　5．警戒電路の定格電流とは、最大負荷電流又は最大使用電流のことであり、運転中に瞬時に発生する尖頭負荷電流も含まれるものである。

　　6．警戒電路とは、漏電を警戒できる回路のことであり、変流器を幹線に設ける方式であれば変流器より負荷側の回路のことをいう。

▶▶ 正解＆解説 ……………………………………………………………………………………

【1】正解 4＆5

　　4．警戒電路とは、変流器より負荷側の回路のことである。

　　5．尖頭負荷電流は、連続して起こる場合を除き、定格電流に含まれない。

第4章

192

3. 漏電火災警報器の仕組み

◎**漏電**とは、一般に電路の配線や機器の絶縁効果が失われて、大地を帰路とする循環電流が生じる現象をいう。そして、大地に流れる循環電流を**漏えい電流**という。
◎**漏電火災警報器**は、漏電による火災の発生を防止するための機器で、漏電火災の前兆または初期の段階で警報を発したり、回路を遮断する。

■1. 回路方式

◎漏電火災警報器は、変流器により漏えい電流を検知する。いま、**図の回路（回路方式）** で漏電が起きているものとする。漏電点 g から地絡点に流れている漏えい電流を ig とすると、往路と復路の電流は次のとおりとなる。

［往路の電流：I ］
［復路の電流：$I-ig$ ］

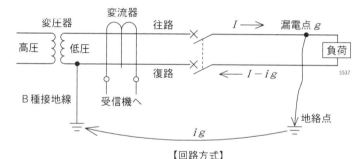

【回路方式】

◎変流器には、互いに向きが逆の I と $I-ig$ が流れ、I は打ち消し合い ig のみが作用することになる。この結果、ig による磁束が発生し、変流器の二次巻線に誘起電圧（誘導起電力）が生じる。この電圧は受信機に信号として伝えられる。
◎漏えい電流 $ig = 0$ の場合、変流器には磁束が作用しないため、誘導起電力も生じない。

■2．接地線方式

◎次の図では、B種接地線に変流器が取り付けてある。漏電点 g から地絡点に流れている漏えい電流を ig とすると、大地を介してB種接地線にそのまま流れる。

◎変流器には、漏えい電流 ig のみが作用する。B種接地線に変流器を設置する方式を「接地線方式」という。

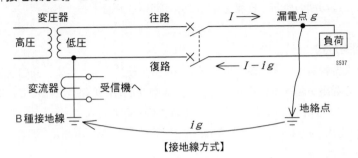

【接地線方式】

■3．三相3線式回路

◎三相3線式回路では、正常時と漏電時で次のように電流が流れる。

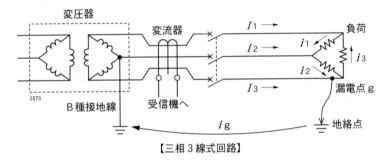

【三相3線式回路】

◎漏電がない場合、3線に流れる電流は次のとおりとなる。

$$I_1 = i_1 - i_3 \qquad I_2 = i_2 - i_1 \qquad I_3 = i_3 - i_2$$

◎これらを合計すると、

$$I_1 + I_2 + I_3 = (i_1 - i_3) + (i_2 - i_1) + (i_3 - i_2) = 0$$

◎従って、変流器の二次側には磁束が生じない。

◎g点で漏電があり、漏えい電流 ig が流れる場合、3線に流れる電流は次のとおりとなる。

$$I_1 = i_1 - i_3 \qquad I_2 = i_2 - i_1 \qquad I_3 = i_3 - i_2 + ig$$

◎これらを合計すると、

$$I_1 + I_2 + I_3 = (i_1 - i_3) + (i_2 - i_1) + (i_3 - i_2 + ig) = ig$$

◎従って、変流器の二次側には漏えい電流 ig による磁束が生じる。

■4．負荷電流と漏えい電流の関係

◎次の図は、ラスモルタル造の壁で、電線貫通部で漏電が起きている状態を示したものである。

◎負荷に流れる電流（負荷電流）を50A、漏えい電流を1Aとすると、往路では漏電点 g より電源側で51A流れるが、g より負荷側では50A流れる。また、復路では50A流れる。

◎漏電点 g からの漏えい電流1Aは、ラス（鉄網）から大地を介してB種接地線に流れる。

◎変流器の一次側には、往路と復路の電流の差1A（51A－50A）が作用し、発生する磁束により変流器の二次巻線に誘導起電力（誘起電圧）が発生する。

◎回路方式では変流器に負荷電流も流れることから、この電流が変流器の誘起電圧（誘導起電力）に影響を与えないように、変流器を設置しなければならない。

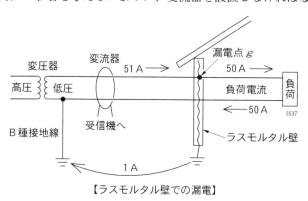

【ラスモルタル壁での漏電】

■5．変圧器の取り扱い

◎回路方式と接地線方式は、変流器の設置箇所が異なるだけで、**検知性能に差は生じない**。ただし、接地線方式を採用する場合、制約を受けることがある。

◎防火対象物が電気の供給を受ける場合、電力会社との間で高圧契約と低圧契約がある。**高圧契約は高圧（6,600V）のまま変電設備で受け、低圧（100V・200V）にしてから防火対象物に供給する。** 変電設備内の変圧器には、二次側にB種接地線が取り付けられている。

従って、回路方式及び接地線方式のいずれも選択することができる。

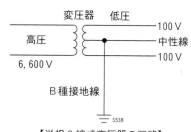

【単相3線式変圧器の回路】

◎一方、**低圧契約**の場合、高圧から低圧に減圧する変圧器及び変圧器二次側のB種接地線は、いずれも電力会社の所有物であり、B種接地線に変流器を取り付けることができない。このため、低圧契約である場合は、必然的に回路方式を選択することになる。

▶▶ 過去問題 ◀◀

【1】漏電火災警報器の変流器の設置方式について、最も不適当なものは次のうちどれか。

□　1．変流器の設置方式は、回路方式と接地線方式があるが、これらの方式は検知性能がそれぞれ異なる。

　　2．負荷回路の電線に変流器を設置する方式を回路方式という。

　　3．回路方式は、負荷電流が変流器の二次巻線の誘起電圧に影響がないように変流器を設置しなければならない。

　　4．漏洩電流が単独で存在するB種接地線に、変流器を設置する方式を接地線方式という。

【2】変流器の設置方式に関する次の記述のうち、最も適当なものはどれか。

□　1．回路方式は、負荷電流が変流器の二次巻線の誘起電圧に影響がないように変流器を設置しなければならない。

　　2．漏洩電流が単独で存在するB種接地線に、変流器を設置する方式を回路方式という。

　　3．変流器の設置方式は、回路方式と接地線方式があるが、これらの方式は、検知性能がそれぞれ異なる。

　　4．負荷回路の電線に変流器を設置する方式を接地線方式という。

【3】漏電火災警報器の機能について、正しいものは次のうちどれか。［編］

□　1．警戒電路の短絡により警報を発する。

　　2．警戒電路の電圧降下により警報を発する

　　3．警戒電路が音波障害を受けたときに警報を発する。

　　4．警戒電路の過負荷により警報を発する。

　　5．警戒電路の地絡により警報を発する。

▶▶正解＆解説‥‥‥‥‥‥‥‥‥‥‥‥‥‥‥‥‥‥‥‥‥‥‥‥‥‥‥‥‥‥‥

【1】正解1
　1．回路方式と接地線方式は、変流器の設置箇所が異なるだけで、検知性能に差は生じない。

【2】正解1
　2．Ｂ種接地線に変流器を設置する方式を「接地線方式」という。
　3．回路方式と接地線方式は、変流器の設置箇所が異なるだけで、検知性能に差は生じない。
　4．負荷回路の電線に変流器を設置する方式を「回路方式」という。

【3】正解5

4. 変流器の構造と機能

◎変流器は、**地絡**による漏えい電流を検出するためのもので、**零相変流器**とも呼ばれる。変圧器の一種と考えることができる。
　〔用語〕**地絡**：大地と電気的に接続された状態。

◎変流器は、環状鉄心に検出用**二次巻線**を施してケースに収めるか、型に樹脂を流し込んで成形してある。

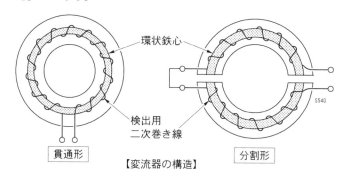

環状鉄心

検出用
二次巻き線

貫通形　　　分割形

【変流器の構造】

◎中央の孔は電線の貫通孔で、漏電を検出しようとする電路の電線を挿入する。
◎貫通孔には警戒電路の電線を挿入するが、配線が単相2線式（回路）の場合は2本、三相あるいは単相3線式（回路）の場合は3本、三相4線式（回路）の場合は4本がそれぞれ対象となる。
◎変流器は構造上、**貫通形**と**分割形**に分類される。**分割形**は、変流器を上下2つに分割し、電線を挟み込んでから固定する。既に警戒電路の配線が取り付けられてある場合であっても、分割形であれば後から変流器を設置できる。

◎いま、漏電点 g で漏えい電流 ig が流れ、変流器の環状鉄心に磁束 Φg が作用しているものとする。変流器の検出用二次巻線に発生する誘導起電力（誘起電圧）E は、次の式で表される。

$$E = 4.44\,f\,N\,\Phi g$$

ただし、f＝周波数〔Hz〕、N＝二次巻線の巻回数〔回〕、Φg＝磁束〔Wb〕とする。

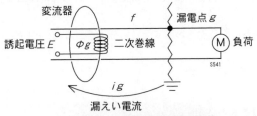

【変流器二次巻線の誘起電圧】

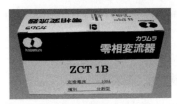

◀変流器の外箱。「零相変流器」と表示されている。

▶▶過去問題◀◀

【1】漏電火災警報器の変流器について、誤っているものを３つ選びなさい。［編］

☐　1．地絡漏洩電流を検出するもので、零相変流器とも呼ばれている変圧器の一種である。

　　2．環状鉄心に検出用の巻線が施してあり、常にこの巻線に起電力が誘起されていて、漏電が起こると、この起電力が減少又は零となり警報を発するものである。

　　3．環状鉄心の形状から、一般的には貫通形と分割形の２種類があり、貫通形は既設の警戒電路に容易に取り付けることができる構造となっている。

　　4．環状鉄心の中央孔に通す警戒電路の電線は、警戒電路の配線が単相２線式の場合は２本、単相３線式の場合は中性線を除く２本の電線を通すものである。

　　5．環状鉄心の中央孔に通す警戒電路の電線は、警戒電路の配線が単相回路の場合は２本、三相回路又は単相３線回路の場合は３本全部の電線を通すこと。

【2】漏電火災警報器の変流器について、誤っているものを2つ選びなさい。[編]

□　1．変流器は地絡漏洩電流を検出するもので零相変流器とも呼ばれ、一種の変圧器である。

　　2．変流器は環状鉄心に検出用一次巻線を施してケースに収めるか、樹脂でモールドしてあるのが通常である。

　　3．使用する電路が単相でも三相でも同じ構造の変流器を使用する。

　　4．変流器は貫通形と分割形があり、既設の電路には分割形が用いられる場合が多い。

　　5．600V以下の交流回路に用いられる。

　　6．二次電流のインピーダンスのわずかな変化によって、一次電流も変化する。

【3】漏電火災警報器の変流器が零相変流器と呼ばれる理由について、正しいものは次のうちどれか。

□　1．三相の中性線に設置するから

　　2．通常三相3線の負荷電流の合計が零で磁束が生じないから

　　3．漏電があっても電流は変流器の一次側には流れるが二次側には流れないから

　　4．漏電があっても変流器の一次側及び二次側に電流が流れないから

【4】漏電火災警報器の変流器について、最も適切なものは次のうちどれか。

□　1．使用する電路が単相の場合は単相専用の変流器、三相の場合は三相専用の変流器を使用する。

　　2．三相4線式の電路に設ける変流器は、貫通形又は分割形がある。

　　3．変流器には、貫通形と分割形とがあり、既設の建物に設ける場合は、貫通形の方が設置工事が容易である。

　　4．変流器には、屋内型と屋外型とがあり、屋内に屋外型を設けると、検出感度が若干よくなる。

【5】漏電火災警報器の変流器に関する次の記述のうち、適当なものの組合せはどれか。

ア．環状鉄心に検出用二次巻線を施して樹脂でモールドしてあるものがある。

イ．電線貫通孔は、警戒電路の電線又は変圧器のB種接地線を挿入するためのものである。

ウ．構造上、電線への取付方法により貫通形と分割形に分類される。

☐ 1．ア、イのみ

　　2．ア、ウのみ

　　3．イ、ウのみ

　　4．ア、イ、ウすべて

【6】漏電火災警報器の変流器に関する次の記述のうち、適当なものの組合せはどれか。

ア．環状鉄心に検出用二次巻線を施して堅ろうなケースに収めたもの又は樹脂でモールドしてあるものがある。

イ．電線貫通孔は、警戒電路が単線2線式の場合は2本、三相あるいは単相3線式の場合は、3本の電線あるいは、変圧器のA種接地線を挿入する。

ウ．地絡漏洩電流を検出するもので、零相変流器とも呼ばれ、一種の変圧器である。

☐ 1．ア、イのみ

　　2．ア、ウのみ

　　3．イ、ウのみ

　　4．ア、イ、ウすべて

【7】警戒電路で地絡点に漏洩電流が流れ、変流器の鉄心に磁束 $\phi\mathrm{g}$〔Wb〕が作用するとき、変流器の検出用二次巻線に発生する誘起電圧の実効値 E〔V〕について、正しいものは次のうちどれか。ただし、f は周波数〔Hz〕、N は二次巻線の巻回数〔回〕、$\phi\mathrm{g}$ は磁束〔Wb〕とする。[★]

☐ 1．$E = \sqrt{4.44 f N \phi\mathrm{g}}$

　　2．$E = 4.44 f N \phi\mathrm{g}$

　　3．$E = \dfrac{4.44 N \phi\mathrm{g}}{f}$

　　4．$E = \dfrac{f N}{4.44 \phi\mathrm{g}}$

▶▶正解＆解説……………………………………………………………………………………

【1】正解２＆３＆４

２．漏電が起きていない状態では、検出用二次巻線に起電力が誘起されることはない。漏電が起きると、検出用二次巻線に起電力が誘起され、この信号を受信機が受けて警報を発する。

３．既設の警戒電路に容易に取り付けることができる構造となっているのは、分割形。

４．単相３線式の場合は３本全部の電線を通す。

【2】正解２＆６

２．変流器は環状鉄心に検出用「二次巻線」を施す。

５．第６章「１．用語」266P参照。

６．変流器に貫通している電線に漏えい電流が流れると、わずかな量であっても検出用二次巻線に誘起電圧が発生する。

【3】正解２

２．変流器に三相３線が貫通している場合、漏電が無い状態では、交流が流れることで発生する磁束は完全に打ち消し合い、検出用二次巻線に誘起電圧が生じることはない。三相３線の負荷電流の合計は零で磁束が生じないため、変流器は零相変流器とも呼ばれる。なお、漏電がある状態では、電流の一部が大地に流れることで、３線により発生する磁束は完全に打ち消し合うことができない。そのわずかな磁束を変流器の検出用二次巻線で検出する。

３＆４．漏電があると、変流器の一次側に流れる電流が零にはならず、このため、二次側に誘起電圧が生じる。

【4】正解２

１．変流器に単相や三相の専用のものはない。漏電を検出しようとする電路の電線を全て挿入する。

２．変流器は、貫通形又は分割形がある。ただし、三相４線式などに限らない。

３．既設の建物に設ける場合は、［分割形］の方が設置工事が容易である。

４．変流器には、防水機能の有無により屋内型と屋外型がある。ただし、屋内型と屋外型の違いで検出感度が異なることはない。第６章「１．用語」266P参照。

【5】正解４

【6】正解２

イ．電線貫通孔は、警戒電路が単相２線式の場合は２本、三相あるいは単相３線式の場合は３本の電線を挿入する。変圧器のＡ種接地線を挿入してはならない。

【7】正解２

２．誘起電圧 E は、周波数 f・巻回数 N・鉄心の磁束φgに比例する。

▶概要

◎受信機は、変流器の二次巻線に発生する微小電圧を受信し、これを**増幅**して、継電器を作動させて音響装置により警報を発する。

〔用語〕**継電器**：電気回路のスイッチの開閉を別の電気回路の電流、電圧、周波数などの変化によって自動的に行う装置。リレー。

◎増幅には一般に IC が使われ、このため直流電源装置を備えている。また、変流器からの信号に対し、過大な入力を保護する回路や感度切替回路を備えている。

〔解説〕IC は、**トランジスタ**、抵抗、ダイオードなどを一つの基板に組み込んだもので、集積回路ともいう。

◎変流器からの入力信号は、保護部に入る。**保護部**では、過大な信号が入力されると、回路を短絡して、過大信号がそのまま増幅部に入力されることを防ぐ。具体的には、ダイオードまたはバリスタの順方向特性によって、0.3 ～ 1 V 以下に制御された出力電圧のみが増幅部に送られる。

〔解説〕バリスタは、2つの電極をもつ電子部品で、両端子間の電圧が低い場合には電気抵抗が高いが、ある程度以上に電圧が高くなると急激に電気抵抗が低くなる性質を持つ。他の電子部品を高電圧から保護するために用いられる。

【バリスタの記号】
S552

◎規定値以下の信号が入力された場合は、保護部が作動することなく、入力電圧に比例した出力電圧が増幅部に加わる。

◎感度切替部は、作動電流値を調整するための切替回路で、一般にロータリースイッチによる抵抗の切替え、可変抵抗などが採用されている。

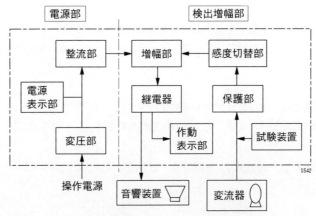

【受信機のブロックダイヤグラム】

▶保護部のダイオード

◎受信機内の保護部は、ダイオード2個を接続したものやバリスタ1個を接続したものが多く用いられる。

◎ダイオードは、p形半導体とn形半導体を接合して造られ、順方向では電流をよく流し、逆方向では電流を流さない特性がある。

◎ただし、ダイオードは順方向であっても、加える電圧が低いと電流を流さず、ある数値以上になって初めて電流を流す特性がある。これをダイオードの**順方向特性**という。図では、順方向に加える電圧を上げていき、約0.6Vを超えると急激に電流が流れ始める。電流が流れ始める電圧を**順方向電圧**といい、保護部に使われているものは順方向電圧が0.3～1.0Vとなっている。

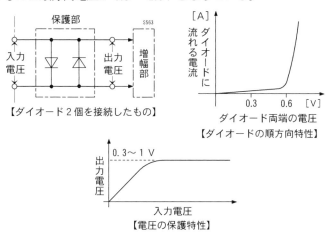

【ダイオード2個を接続したもの】

ダイオード両端の電圧
【ダイオードの順方向特性】

【電圧の保護特性】

▶音響装置

◎音響装置は、漏電の発生を関係者に警報するためのもので、一般にブザーが使われている。

◎音響装置は、受信機に内蔵するものと、外付けのものがある。

▶試験装置

◎試験装置は、点検基準に定められている機能点検のために設けられている。

◎押しボタンスイッチを押すことにより、増幅部を作動させることができ、赤色の漏電表示灯が点灯するとともに、音響装置が鳴る。また、変流器の二次巻線及び変流器と受信機間の導通試験ができるようになっている。

▶受信機の操作

◎ほとんどの受信機は、**感度調整装置**で作動する電流値（感度）を切り替えることができるようになっている。電流値の表示はA（アンペア）のものと、mA（ミリアンペア）のものがある。1A＝1,000mAである。

◎作動する電流値は、検出漏えい電流設定値、または公称作動電流値と呼ばれている。

◎感度調整装置は、ツマミ式と端子式があるが、現在の主流となっているのはツマミ式である。ツマミ式は、ツマミを回すことで電流値（感度）を切り替える。一方端子式は、変流器の端子を受信機に接続する際、受信機側の接続位置を替えることで切り替える。

◎警報器が作動してその後、受信機を復帰させる方法は、手動復帰方式と自動復帰方式がある。

◎手動復帰方式を選択した場合は、警報器の作動後に漏電が無くなっても、警報を継続する。警報を停止させるには、復帰させるスイッチ（ボタン）を操作する必要がある。

◎自動復帰方式を選択した場合は、漏電が無くなると、警報も自動的に停止する。手動復帰方式と自動復帰方式は、あらかじめスイッチで選択できるようになっている。

▶自主表示対象機械器具等

◎自主表示対象機械器具等は、検定対象機械器具以外で「一定の形状等を有しないときは火災の予防若しくは警戒、消火又は人命の救助等のために重大な支障を生ずるおそれのあるもの」とされており、法令により個別に指定されている。

◎漏電火災警報器は、自主表示対象機械器具等に指定されている。

◎自主表示対象機械器具等は、技術上の規格に適合する旨の表示（自主表示適合証票）が付されているものでなければ、販売し、又は販売の目的で陳列してはならない。また、同表示が付されているものでなければ、その設置、変更又は修理に係る請負の工事に使用してはならない（法第21条の16の２）。

自主表示適合証票	検定合格証
自己認証 消 規格適合 S543 ←10mm→	国家検定 検 合格之証 ←10mm→

◎漏電火災警報器は、消防法改正により、平成26年４月より「検定品」⇒「自主表示品」に移行している。この移行により、「型式番号」も「届出番号」に変わっている。

◎ただし、従来の検定品であっても、現行規格に適合している機器等については、新規設置・継続使用が可能となっている。なお、設置後一定期間を経過したものは、自主表示品に「更新することが望ましい」とされている。

【1】漏電火災警報器の感度調整装置の機能について、最も適当なものは次のうちどれか。

☐ 1．漏電器の感度を調整するものである。

2．音響装置の音量を調整するものである。

3．変流器の入力信号を一定にするものである。

4．受信機の増幅度を一定にするものである。

【2】漏電火災警報器に設けるトランジスタの働きとして、正しいものは次のうちどれか。

☐ 1．変流器による信号を増幅する。

2．設置場所の湿度による影響を防止する。

3．50Hzと60Hzの周波数の相違による感度の差を調整する。

4．変流器による高調波を防止する。

【3】漏電火災警報器の信号入力回路に用いられるバリスタの機能として、正しいものは次のうちどれか。［編］

☐ 1．入力電圧を増幅するものである。

2．変流器を過大電流から保護するものである。

3．電源電圧を平滑にするものである。

4．過大入力電圧から増幅部を保護するものである。

5．入力電圧の同調用である。

【4】 下の図は漏電火災警報器の信号入力回路によく使われているダイオードを用いたものである。このダイオードの主な用途として、最も適当なものは次のうちどれか。［編］

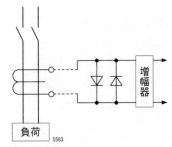

□ 1．交流入力電圧を整流して増幅するためのものである。
  2．交流入力電圧を平滑にするためのものである。
  3．過大交流入力電圧から、機器を保護するためのものである。
  4．交流入力電圧の同調用のものである。
  5．過小交流入力電圧を大きく増幅するためのものである。

▶▶正解＆解説‥‥‥‥‥‥‥‥‥‥‥‥‥‥‥‥‥‥‥‥‥‥‥‥‥‥‥‥‥‥‥‥‥‥‥‥‥

【1】正解1
  1．この場合、「漏電器」＝漏電火災警報器と考える。

【2】正解1

【3】正解4
  1．入力電圧を増幅するものは、受信機内の「増幅部」である。
  4．過大入力電圧から増幅部を保護するものは、受信機内の「保護部（バリスタ）」である。

【4】正解3
  3．変流器から、ダイオードの順方向電圧（0.3～1V）以上の交流が入力されると、回路が閉じるため、増幅器に順方向電圧以上の交流電圧が加わることはない。

6. 受信機の外観

▶テンパール工業（2回路　集合型）

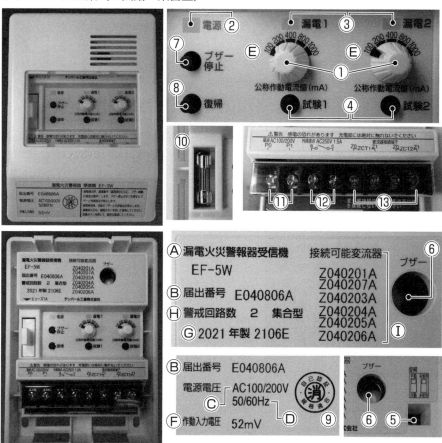

注：集合型の受信機は、2以上の変流器を使用するもの。第6章「1. 用語」266P参照。

受信機の操作部

①感度調整装置（公称作動電流値設定ツマミ）　　　②電源表示部（緑ランプ）
③漏電表示灯（赤ランプ）　　④試験装置（ボタン）　　⑤復帰方式切替部（1回路型）
⑥音響装置（ブザー）　　⑦ブザー停止装置（ボタン）　　⑧復帰ボタン
⑨自主表示適合証票　　⑩ヒューズ　　　　　　　　⑪電源端子
⑫外部接点端子　　⑬変流器接続端子

受信機の表示

Ⓐ「漏電火災警報器」という文字　　Ⓑ届出番号　　　　Ⓒ定格電圧
Ⓓ電源周波数　　　　　　　　　　Ⓔ公称作動電流値　　Ⓕ作動入力電圧　　Ⓖ製造年
Ⓗ集合型は警戒電路の数　　　　　Ⓘ接続することができる変流器の届出番号

▼オムロン 操作部

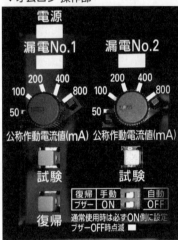

銘板

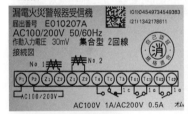

接続可能変流器届出番号

形式	電流	届出番号
形OTG-LA21	50A	Z010301A
形OTG-LA30	100A	Z010302A
形OTG-LA42	200A	Z010303A
形OTG-LA68	400A	Z010304A
形OTG-LA82	600A	Z010305A
形OTG-LA30W	100A	Z010306A
形OTG-CN36W	150A	Z010307A

製造年	ロットNo.
2021	08421

▼泰和電気工業 操作部

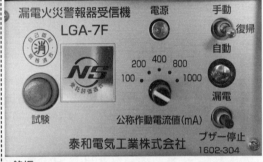

銘板

> 漏電火災警報器　受信機
> ＬＧＡ－７Ｆ　届出番号　E030403A
> 交流　100V/200V 50/60Hz　作動入力電圧　40mV/74mV
> （作動入力電圧）ZCTⒶを端子 Z₁、Z₂ に接続時：40mV
> ZCTⒷを端子 Z₂、Z₃ に接続時：74mV
> 泰和電気工業株式会社　　1602-305

▼パナソニック 操作部

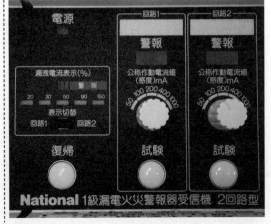

208

第5章　警報器の点検・整備

第5章

1. 設置上の注意

▶共通引込線への設置

◎漏電火災警報器は、防火対象物の各々の電路の引込口配線、またはＢ種接地工事を施した接地線に設けることになっている。

◎しかし、次の条件を全部満たす場合は、漏電火災警報器の設置が必要な対象物が2つ以上あっても、共通引込線に漏電火災警報器をひとつ設置するだけでよいことになっている。

---

①建物が同一敷地内にあること。

②その建物の管理について、権原を有する者が同一であること。

③電路の引込口配線が連接方式であること。

④引込線の接続点以降の配線が需要家の財産であること。または電力会社の財産である場合は、漏電火災警報器を取りつけることについて了解を得てあること。

〔解説〕需要家とは、電気やガス等の供給を必要とし、その供給を受けて使用している者のことを指す。

契約電力が500kW以上の需要家を高圧大口需要家と呼び、50kW以上500kW未満が高圧小口需要家、50kW未満が低圧需要家と呼ばれる。一般家庭は低圧需要家にあたる。

◎例えば、次の工場等の場合は、図のように漏電火災警報器をひとつ設置すればよい。

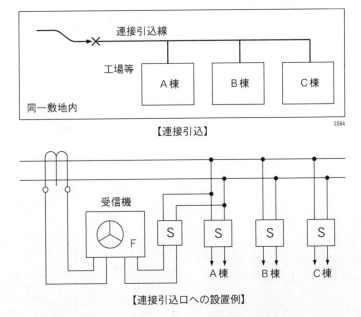

【連接引込】

S584

【連接引込口への設置例】

▶契約種別との関連

◎同一の用途に供される建築物に同一契約種別の電力が2以上供給されている場合は、最大契約電流はその合計値となる。

◎また、複合用途の防火対象物又は複数の防火対象物が同一の契約をしている場合、その電流容量は、各用途ごとに使用される負荷設備から算出する。

◎次の図は、共同住宅の例を示す。A戸、B戸、C戸がそれぞれ（A）アンペア、（B）アンペア、（C）アンペアの従量電灯契約をした場合、契約電流容量は、（A）＋（B）＋（C）アンペアとなる。それらの和が50アンペアを超えれば、当該共同住宅には漏電火災警報器を設置しなくてはならない。

◎この場合、各（A）、（B）、（C）の配線に漏電火災警報器を設置することが必要となる。

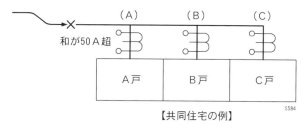

【共同住宅の例】

▶▶過去問題◀◀

【1】漏電火災警報器は防火対象物ごとに、電路の引込口配線に設けることが原則とされているが、防火対象物が2つ以上ある場合でも、共通の引込口配線に漏電火災警報器をひとつ設置することでよいとされる条件として、適当なものの組合せは次のうちどれか。

ア．建物が同一敷地内にあること。

イ．各々の防火対象物の管理について、権原を有する者が同一であること。

ウ．電路の引込口配線が連接方式であること。

☐　1．ア、イのみ

　　2．ア、ウのみ

　　3．イ、ウのみ

　　4．ア、イ、ウすべて

▶▶正解＆解説‥‥‥‥‥‥‥‥‥‥‥‥‥‥‥‥‥‥‥‥‥‥‥‥‥‥‥‥‥‥‥‥‥

【1】正解4

2．設置場所

◎漏電火災警報器は、次のアからキまでに掲げる場所以外の場所に設けること。ただし、**防爆、防腐、防温、防振又は静電遮へい**等設置場所に応じた適当な防護措置を施したものにあっては、この限りでない。

> ア．可燃性蒸気、可燃性ガスまたは可燃性微粉が滞留するおそれのある場所
> イ．火薬類を製造し、貯蔵し、または取り扱う場所
> ウ．腐食性の蒸気、ガス等が発生するおそれのある場所
> エ．湿度の高い場所
> オ．温度変化の激しい場所
> カ．振動が激しく機械的損傷を受けるおそれのある場所
> キ．大電流回路、高周波発生回路等により影響を受けるおそれのある場所

◎受信機は、屋内の点検が容易な位置に設置すること。ただし、当該設備に雨水等に対する適当な防護措置を施した場合は、**屋外の点検が容易な位置**に設置することができる。

◎数百アンペア以上の大電流が流れる回路の付近に変流器を設ける場合は、変流器及び変流器の二次側配線を当該回路から適当に隔離（15cm以上）する。または、二次側配線にシールドケーブルを用い、そのシールドを接地するか、鉄板や金属管等により磁気的に遮へいする等の措置をする。

▶▶過去問題◀◀

【1】漏電火災警報器を設置する場合、適応する措置として適当でないものは次のうちどれか。

☐　1．受信機の設置場所が湿度の高い場所であったため、防湿措置を施し設置した。

　　2．受信機の設置場所が振動が激しく機械的損傷を受けるおそれのある場所であったため、防爆措置を施し設置した。

　　3．受信機を建築構造上、屋内に設けることができなかったため、防水上有効なケースに収め、屋外の点検が容易な場所に設置した。

　　4．変流器の設置場所が大電流が流れる回路の付近であったため、変流器及び変流器の二次側配線を当該回路から15cm以上隔離して設置した。

▶▶正解＆解説‥‥‥‥‥‥‥‥‥‥‥‥‥‥‥‥‥‥‥‥‥‥‥‥‥‥‥‥‥‥‥‥‥‥

【1】正解2

　　2．振動が激しい場所に漏電火災警報器を設置する場合は、適当な防振措置を施す。

3. 設置方法の例

◎変流器を屋外に設ける場合、電力量計の電源側に変流器を設置することが望ましいとされている。

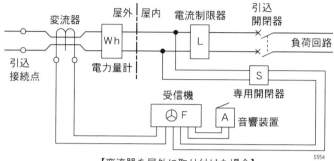

【変流器を屋外に取り付けた場合】

◎変流器をやむを得ず屋内に取り付けた場合の例である。

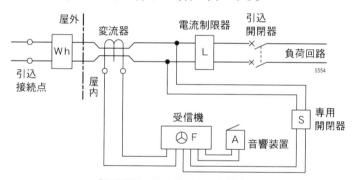

【変流器を屋内に取り付けた場合】

◎変流器を変圧器のB種接地線に取り付けた場合の例（4例）である。変圧器の種類が変わっても、施行方法はほとんど同じである。

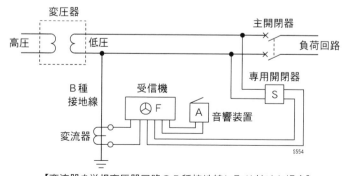

【変流器を単相変圧器回路のB種接地線に取り付けた場合】

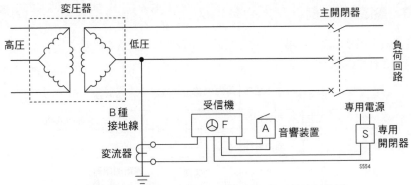

【変流器を三相変圧器回路のB種接地線に取り付けた場合】

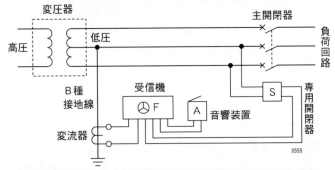

【変流器を単相3線式変圧器回路のB種接地線に取り付けた場合】

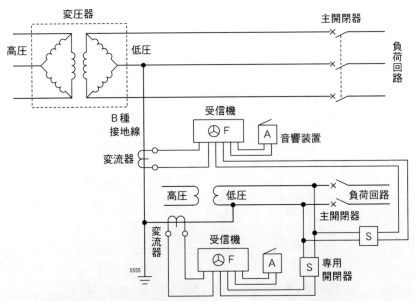

【変流器を三相変圧器と単相変圧器の各バンクごとのB種接地線に取り付けた場合】

214

4. 漏電火災警報器の定格電流

◎漏電火災警報器は、警戒電路の**定格電流以上**の電流値を有するものを設置しなければならない。

◎警戒電路の**定格電流**とは、全負荷設備の運転中の**最大負荷電流**をいう。従って、運転中、瞬間に発生する尖頭負荷電流は、連続して起きる場合を除き、定格電流とは見なされない。

◎なお、漏電火災警報器の定格電流が負荷容量に比べ著しく大きい場合に、これを低負荷状態で使用しても、漏電火災警報器の機能には異常を生じない。更に、消費電力も変わらない。

◎B種接地線に変流器を設ける場合は、当該接地線に流れることが予想される電流以上の電流値を有するものを設ける必要がある。しかし、「接地線に流れることが予想される電流」の算定は困難である。このため、消防庁の課長通達により、「当該警戒電路の定格電圧の数値の20%に相当する数値以上の電流値」とするように示されている。

◎例えば、警戒電路の定格電圧が200Vである場合、20％に相当する数値は「40」であり、「40A以上」が電流の基準値となる。

▶▶過去問題◀◀

【1】漏電火災警報器の警戒電路の定格電流と最も関係が深いものは、次のうちどれか。

☐　1．負荷設備の容量の合計
　　2．負荷設備の電線全長
　　3．負荷設備の需要率
　　4．負荷設備の不平衡電流

【2】漏電火災警報器を設置する警戒電路の定格電流について、正しいものは次のうちどれか。

☐　1．警戒する電路に接続されている負荷設備の平均電流をいう。
　　2．警戒する電路から想定される漏洩最大電流をいう。
　　3．警戒する電路に接続されている負荷設備の起動時に発生する最大尖頭電流をいう。
　　4．警戒する電路に接続されている全負荷設備の運転時の最大負荷電流をいう。

【3】 漏電火災警報器の設置工事が完了した場合における試験の合否の判定基準として、正しいものは次のうちどれか。

☐ 1．B種接地線に設ける場合の変流器の定格電流は、警戒電路の定格電圧の数値の20％に相当する数値以上の電流であること。

  2．警戒電路に設ける場合の変流器の定格電流は、警戒電路の定格電流の数値の90％に相当する数値以上の電流であること。

  3．変流器が警戒電路に設けられている場合、受信機の検出漏洩電流の設定は、400mAから800mAの範囲内を基準とし、誤報が生じない範囲内で設定していること。

  4．変流器がB種接地線に設けられている場合、受信機の検出漏洩電流の設定は、100mAから400mAの範囲内を基準とし、誤報が生じない範囲内で設定していること。

▶▶正解&解説………………………………………………………………………………………………

【1】 正解1

  1．負荷設備＝電気設備、と考える。例えば、警戒電路に接続されているのが、A機器（100W）、B機器（300W）、C機器（200W）であるならば、負荷設備の容量の合計は、600Wとなる。

  3．負荷設備の需要率＝（実際に使われる最大の電力／負荷設備の容量の合計）×100％となる。

  4．不平衡電流とは、三相交流モーターなどで各相の負荷電流が異なっている状態、または異なっている電流をいう。

【2】 正解4

【3】 正解1

  2．警戒電路に設ける場合の変流器の定格電流は、警戒電路の定格電流の数値以上の電流であること。例えば、警戒電路の定格電流が50Aである場合、その警戒電路に設置する変流器は、定格電流が50A以上のものでなければならない。

  3．「400mA〜800mA」⇒「100mA〜400mA」。「5．検出漏えい電流の設定」217P参照。

  4．「100mA〜400mA」⇒「400mA〜800mA」。

5. 検出漏えい電流の設定

◎検出漏えい電流設定値は、誤報が生じないように当該建築物の警戒電路の状態に応ずる適正な値とすること（規則第24条の3　4号）。

◎一般に、負荷回路の電線に変流器を設置する場合は、警戒電路の負荷、使用電流、電線こう長等を考慮して、100mA ～ 400mAを標準として、おおむねその範囲内に検出漏えい電流を設定する。

〔用語〕こう長［亘長］：電線を設置する2点間の距離。

◎B種接地線に変流器を設置する場合は、400mA ～ 800mAを標準として、おおむねその範囲内に検出漏えい電流を設定する。

▶対地静電容量

◎コンデンサは、導体と導体の間に絶縁体を挟んだ構造とみることができる。交流を流すと、充電と放電を繰り返すため、電流が流れるようになる。

◎電線と大地間が空気などの絶縁物で満たされている場合、これもコンデンサの1つと見なすことができ、静電容量が存在する。

◎特に、半導体回路や通信回路では、ノイズフィルターを設けてノイズを大地に流すことで、機器の安定稼働を図っている。電線と大地間の静電容量を**対地静電容量**、電線と大地間を流れる電流を対地充電電流という。

◎電気回路数が多くて配線が著しく長い場合、雑音防止器具・けい光灯器具のように対地静電容量を有する機器を多数使用する場合は、対地充電電流が多くなり、検出漏えい電流を設定する際は考慮する必要がある。

▶▶過去問題◀◀

【1】漏電火災警報器の変流器をB種接地線に設置する場合、受信機の検出漏洩電流設定値の範囲として、最も適当なものは次のうちどれか。［編］

☐　1．100mA ～ 200mA
　　2．100mA ～ 400mA
　　3．200mA ～ 400mA
　　4．400mA ～ 800mA
　　5．400mA ～ 1,000mA

【2】 漏電火災警報器の変流器を警戒電路に設置する場合、受信機の検出漏洩電流
設定値の範囲として、最も適当なものは次のうちどれか。

☐　1．100mA ～ 200mA

　　2．100mA ～ 400mA

　　3．400mA ～ 600mA

　　4．400mA ～ 800mA

【3】 漏電火災警報器の検出漏洩電流設定値を定めるうえで、考慮しなくてもよい
ものは、次のうちどれか。

☐　1．警戒電路の使用電線の種類

　　2．警戒電路の負荷の起動装置の種類

　　3．警戒電路の負荷の種類及び使用方法

　　4．警戒電路の負荷の使用場所

▶▶正解＆解説……………………………………………………………………………………

【1】 正解4

【2】 正解2

【3】 正解2

　　対地静電容量があると、電線と大地間に流れる電流が多くなり、検出漏えい電流を大
きくしないと漏電火災警報器の誤報が起きやすくなる。従って、検出漏えい電流設定値
を定めるうえで、考慮しなくてもよいものは、対地静電容量の増減に関係しないものと
する。

1．電線が太いものほど、対地静電容量が大きくなる。

2．負荷の起動装置の種類が変わっても、対地静電容量は変化しない。

3．負荷の種類及び使用方法（電流や周波数など）が変わることで、対地静電容量も変
化する。

4．負荷の使用場所（湿気など）に応じて大地との抵抗値が変化するため、対地静電容
量も変化する。

6. 受信機の操作電源

◎漏電火災警報器の操作電源は、**電流制限器**（電流制限器を設けていない場合にあっては主開閉器）の一次側から**専用回路**として分岐し、その専用回路には、開閉器（**定格15Aのヒューズ付き開閉器又は定格20A以下の配線用遮断器**）を設けることが必要である。

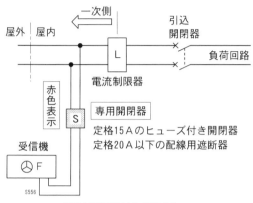

【電流制限器がある場合】

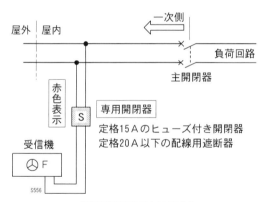

【電流制限器がない場合】

◎操作電源の配線に用いる電線は、例えば600Vビニル絶縁電線で導体直径1.6mm以上のものを用いる。

◎漏電火災警報器の専用回路に設ける開閉器には、漏電火災警報器用のものである旨を**赤色表示**することが必要である。

◎なお、漏電火災警報器が多数使われる場合、その操作電源に用いる専用の開閉器は、1個の開閉器を**兼用**してもよい。

【1】漏電火災警報器の受信機の操作電源について、誤っているものは次のうちどれか。

☐ 1．漏電火災警報器の操作電源は、原則として電流制限器の一次側から分岐してとる必要がある。

2．操作電源の開閉器には、漏電火災警報器用のものである旨を赤色で表示する必要がある。

3．漏電火災警報器の操作電源は、他の消防用設備等の電源に限り兼用して使用することができる。

4．漏電火災警報器の操作電源の回路に配線用遮断器を用いる場合、その定格容量は、20A以下のものとする。

【2】漏電火災警報器の操作電源の配線について、誤っているものは次のうちどれか。

☐ 1．電流制限器（電流制限器を設けていない場合にあっては、主開閉器）の二次側から専用回路として分岐する。

2．専用回路には、定格 15A のヒューズ付き開閉器を設ける。

3．専用回路には、定格 20A の配線用遮断器を設ける。

4．専用回路に設ける開閉器には、漏電火災警報器用のものである旨を赤色で表示する。

【3】漏電火災警報器の受信機の操作電源について、正しいものは次のうちどれか。

[編]

☐ 1．操作電源は、電流制限器の電源側から分岐する必要がある。

2．操作電源の回路に設ける開閉器に配線用遮断器を用いる場合、その容量は定格15A以下とする。

3．操作電源は、他の負荷と回路を共用することができる。

4．操作電源の回路に設ける開閉器にヒューズを用いる場合、そのヒューズ容量は20Aとする。

5．操作電源の回路に設ける開閉器には、漏電火災警報器のものである旨を赤色で表示する必要があるが、配線用遮断器を設けてはならない。

【4】 漏電火災警報器の操作電源について、正しいものは次のうちどれか。

☐　1．操作電源は、主開閉器の二次側から専用回路として分岐すること。

　　2．専用回路にヒューズ付き開閉器を設ける場合にあっては、定格20Ａのヒューズを設けること。

　　3．専用回路の開閉器に配線用遮断器を設ける場合にあっては、定格20Ａ以下のものを設けること。

　　4．専用回路に設ける開閉器には、漏電火災警報器用のものである旨を黄色で表示すること。

【5】 漏電火災警報器の操作電源に関する次の記述のうち、文中の（　）に当てはまる数値及び語句の組合せとして、正しいものはどれか。

　　「漏電火災警報器の操作電源は専用の回路とし、その専用回路には、定格（ア）Ａのヒューズ付き開閉器又は定格（イ）Ａ以下の配線用遮断器を設け、開閉器には漏電火災警報器用である旨を（ウ）で表示すること。」

	（ア）	（イ）	（ウ）
☐　1.	15	20	赤色
2.	15	20	黄色
3.	20	15	黄色
4.	20	15	赤色

▶▶正解＆解説‥‥

【1】 正解3

　　3．漏電火災警報器の操作電源は、他の消防用設備等の電源と兼用してはならない。専用回路とすること。ただし、複数の漏電火災警報器を使用する場合は、操作電源を兼用してもよい。

【2】 正解1

　　1．「二次側」⇒「一次側」。

【3】 正解1

　　2．開閉器に配線用遮断器を用いる場合、その容量は定格20Ａ以下とする。

　　3．操作電源は、他の負荷と回路を共用できない。専用回路とすること。

　　4．開閉器にヒューズを用いる場合、そのヒューズ容量は15Ａとする。

　　5．配線用遮断器を設けることができる。

【4】 正解3

　　1．「主開閉器の二次側」⇒「主開閉器の一次側」。

　　2．「定格20Ａのヒューズ」⇒「定格15Ａのヒューズ」。

　　4．「黄色で表示」⇒「赤色で表示」。

【5】 正解1

▶電流制限器

　電力会社と需要家との最大使用電流値（アンペア）の料金契約用として使用される装置である。アンペアブレーカーまたはリミッターともいわれる。需要家が契約電流値を超えて電気を使用すると、自動的に電気の供給を止める。料金契約を適正に行う目的で電力会社が設置し、所有・管理している。また、需要家が使用している負荷機器や屋内配線の故障によって流れる異常な大電流についても、安全に遮断する機能を備えている。

　関西電力などいくつかの電力会社では電気供給約款に「電流制限器」の定めがなく、その場合は電力量計までが電力会社の所有で、需要家の主幹ブレーカー（漏電ブレーカーや安全ブレーカー）につなぎ込みが行われる。

▼分電盤の例（カバー取外し）

電流制限器

漏電遮断器（漏電ブレーカー）

50A
入

配線用遮断器（安全ブレーカー）

▼電流制限器の拡大

▼漏電遮断器の銘板の拡大

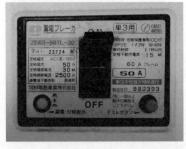

222

7. 電線の配線箇所と種類

◎漏電火災警報器の配線工事に使用する電線は、配線の使用箇所、種類（規格）及び導体直径に応じて細かく定められている。それぞれ定められている電線または同等以上の電線としての性能を有するものを使用しなくてはならない。

◎600Vビニル絶縁電線（IV）、600Vビニル絶縁ビニルシースケーブル（VV）、及び600V耐燃性ポリエチレンシースケーブル（JCS 418A）について、定められている内容をまとめると次のとおり。

配線箇所	電線の種類	導体の直径
受信機の操作電源の配線	IV、VV、JCS 418A	1.6mm以上
変流器の二次側屋内配線	IV、VV、JCS 418A	1.0mm以上
変流器の二次側屋側又は屋外配線	IV、VV、JCS 418A	1.0mm以上
変流器の二次側架空配線	IV	2.0mm以上の硬銅線（※）
	VV、JCS 418A	1.0mm以上
音響装置の屋内配線（60V超）	IV、JCS 418A	1.6mm以上

※径間が10m以下の場合は、導体直径2.0mm以上の軟銅線とすることができる。

〔用語〕電線とシースケーブル：電線は一般に、導体が絶縁体である保護被覆に覆われているものを指す。一方、シースケーブルは導体に絶縁を施した1本1本の絶縁電線の上にシース（保護外被覆）を施した電線を指す。シース素材として天然ゴムやビニルなどがある。シース［sheath］は刃物のさや、ケーブルの外被の意。

屋側：建物の屋外側面。

架空配線：空中に電線をかけわたすこと。

▶ ▶ 過去問題 ◀ ◀

【1】 漏電火災警報器の配線工事を600Vビニル絶縁電線（IV）を使用して行う場合、その配線箇所と導体の直径の組合せとして、正しいものは次のうちどれか。

	配線箇所	導体の直径
□ 1.	受信機の操作電源の配線	1.6mm以上
2.	変流器の二次側屋内配線	1.6mm以上
3.	変流器の二次側屋外配線	2.0mm以上
4.	変流器の二次側架空配線	1.0mm以上

【2】 次に掲げる配線箇所に600Vビニル絶縁ビニルシースケーブル（VV）（JIS C 3342）を使用する場合、その配線箇所と配線に用いる導体の直径との組合せとして、適切でないものは次のうちどれか。

	配線箇所	導体の直径
□　1.	受信機の操作電源の配線	1.0mm以上
2.	変流器の二次側架空配線	1.0mm以上
3.	変流器の二次側屋内配線	1.0mm以上
4.	変流器の二次側屋外配線	1.0mm以上

【3】 次の配線に600Vビニル絶縁電線(JIS C 3307) を使用する場合、その配線と配線に用いる導体の直径との組合せとして、適切でないものは次のうちどれか。

	配線箇所	導体の直径
□　1.	受信機の操作電源の配線	1.6mm以上
2.	変流器の二次側架空配線	1.6mm以上
3.	変流器の二次側屋内配線	1.0mm以上
4.	変流器の二次側屋外配線	1.0mm以上

【4】 次の配線箇所に、600V耐燃性ポリエチレンシースケーブル（日本電線工業会規格（JCS）418A）を使用する場合、配線箇所と配線に用いる導体の直径の組合せとして、誤っているものは次のうちどれか。

	配線箇所	導体の直径
□　1.	受信機の操作電源の配線	1.0mm 以上
2.	変流器の二次側架空配線	1.0mm 以上
3.	変流器の二次側屋内配線	1.0mm 以上
4.	変流器の二次側屋外配線	1.0mm 以上

▶ ▶ 正解 & 解説 ··

【1】正解1

　２．変流器の二次側屋内配線　1.0mm以上

　３．変流器の二次側屋外配線　1.0mm以上

　４．変流器の二次側架空配線　2.0mm以上（原則として硬銅線）

【2】正解1

　１．「1.0mm以上」⇒「1.6mm以上」。

　２．変流器の二次側架空配線は、IVが2.0mm以上（原則として硬銅線）、VVが1.0mm以上と定められている。

【3】正解2

　　600Vビニル絶縁電線は、記号IVである。

　２．変流器の二次側架空配線は、IVの場合2.0mm以上の硬銅線を使用する。

【4】正解1

　１．「1.0mm以上」⇒「1.6mm以上」。

　　日本電線工業会規格（JCS）とは、一般社団法人日本電線工業会により、JISを補完する形で制定された規格である。

▶600Vビニル絶縁電線（IV）の例

▲青・白・赤電線ともに1.2mm　単線

▲芯線部

▶600Vビニル絶縁ビニルシースケーブル（VV）の例

▲3芯　2.0mmの単線

▲芯線部

8．電線の接続

■電線接続時の注意点

◎電線の接続は、電線の電気抵抗を**増加させない**ように接続するほか、次によること。

◎電線の引張強さを**20％以上減少**させないように接続する。ただし、ジャンパ線を接続する場合、その他電線に加わる張力が電線の有する引張り強さに比べて著しく小さい場合は、この限りでない。

◎接続部は、電線をスリーブまたはワイヤーコネクターなどの接続器具を使用して接続する場合を除き、**ハンダ付け**とし、かつ、十分に絶縁被覆をすること。

◎接続部分の**絶縁性**は、他の部分と**同等以上**になるように処置すること。

◎配線が壁体などを貫通するときは、適当な防護措置を施すこと。

▶▶過去問題◀◀

【1】消防用設備等の屋内配線に使用する電線相互の接続について、誤っているものは次のうちどれか。

☐　1．電線の引張強さを、20％以上減少させないようにする。

　　2．接続器具を用いて接続する場合を除き、ハンダ付けをする。

　　3．接続部分は、接続部分以外の部分と同程度の絶縁性を確保するように措置する。

　　4．接続器具を使用して接続する場合を除き、心線を3回以上巻き付ける。

【2】電線の接続方法について、誤っているものは次のうちどれか。

☐　1．電線の引張強さを20％以上減少させないこと。

　　2．スリーブを用いる方法がある。

　　3．接続部分をろう付けしてから、電線の絶縁物と同等以上の絶縁効力のあるもので被覆をすること。

　　4．ワイヤーコネクターで接続する場合には、必ずろう付けすること。

【3】600V 2種ビニル絶縁電線を相互に接続した結果について、最も不適当なものは次のうちどれか。

☐　1．接続によって電線の引張り強さが15％減少した。

　　2．接続部分を完全にろう付けした。

　　3．電線の接続部の電気抵抗が10％増加した。

　　4．接続部を電線の絶縁物と同等以上の絶縁効果のあるもので十分被覆した。

【4】消防用設備の屋内配線に使用する電線の接続について、絶縁電線相互又は絶縁電線とコード、キャブタイヤケーブル若しくはケーブルとを接続する場合として、最も不適当なものは次のうちどれか。

□ 1. 原則として、電線の引張強さを20%以上減少させないように接続すること。

2. 原則として、接続部分の電気抵抗を増加させないように接続すること。

3. 原則として、はんだ付けとし、接続部分に接続管その他器具を使用しないこと。

4. 接続部分を、その部分の絶縁電線の絶縁物と同等以上の絶縁効力のあるもので十分に被覆し接続すること。

【5】消防用設備等の屋内配線に使用する電線の接続について、文中の（　）に当てはまる語句の組合せとして、正しいものは次のうちどれか。

「接続部分は、（ア）を増加させないように接続するとともに、接続器具を用いて接続する場合を除き（イ）をすること。また、接続部分は、その部分の絶縁電線の絶縁物と同等以上の（ウ）のあるもので十分に被覆すること。」

		（ア）	（イ）	（ウ）
□	1.	電気抵抗	圧着	厚み
	2.	電気抵抗	ろう付け	絶縁効力
	3.	絶縁抵抗	ろう付け	絶縁効力
	4.	絶縁抵抗	圧着	厚み

▶▶正解＆解説‥‥‥‥‥‥‥‥‥‥‥‥‥‥‥‥‥‥‥‥‥‥‥‥‥‥‥‥‥‥‥‥‥‥‥‥‥‥‥

【1】正解4

4. 心線を3回以上巻き付けるという決まりはない。

【2】正解4

4. ワイヤーコネクター等の接続器具を用いて接続する場合は、ろう付け（ハンダ付け）が不要となる。

【3】正解3

600V 2種ビニル絶縁電線（HIV）は、600Vビニル絶縁電線（IV）に比べ、耐熱性が優れている。耐熱保護配線などに使用する。法令では、600Vビニル絶縁電線（IV）等と同等以上の電線としての性能を有するものであれば、漏電火災警報器の配線に用いる電線として使用できるようになっている。

3. 電線の接続部の電気抵抗が増加しないように、接続しなければならない。

【4】正解3

3. はんだ付け、又は接続管その他器具を使用すること。

【5】正解2

9．金属管工事

◎金属管工事は、金属管の中に電線を通して配線する工事である。

◎金属管工事に使用する金属管は、ねじなし電線管（**管の肉厚が1.2mm**で、ねじを切らずに使う）、薄鋼電線管（管の肉厚が1.6mmで、ねじを切って使う）、厚鋼電線管（管の肉厚が2.3mmで、ねじを切って使う）の３種類ある。

◎金属管工事では、600Vビニル絶縁電線（IV）がよく使われる。また、電線はより線又は**直径3.2mm以下の単線**を使用する。

〔解説〕単線は、導線が１本であるが、より線は複数の導体をより合わせて１本の導体を構成している。単線は導体の直径(mm)で太さを表すが、より線は断面積(mm²)で太さを表す。より線は、柔軟性に富む。

◎金属管の支持点間距離（固定する間隔）は、２m以下とすることが望ましい。

◎金属管の屈曲部の内側の半径は、管内径の**6倍以上**とする。

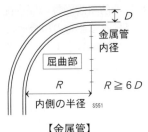

【金属管】

▶▶ 過去問題 ◀◀

【1】金属管工事の施工に関して、最も不適当なものは次のうちどれか。

□　1．工事に用いる電線は、絶縁電線で直径3.2mmの単線を用いた。

　　2．金属管の厚さは、1.2mmのものを用いた。

　　3．金属管を曲げる場合、管の屈曲部の中心線の半径は、管内径の５倍とした。

　　4．金属管はできる限り屈曲部を設けないようにするとともに、１個のたわみ角度を60°とした。

【2】電気配線の金属管工事に使用する工具だけを列挙しているものは、次のうちどれか。

□　1．金切のこ、リングスリーブ、パイプベンダー

　　2．パイプカッター、リーマ、パイプベンダー

　　3．金切のこ、リーマ、ワイヤーストリッパー

　　4．パイプカッター、タップ、ワイヤーストリッパー

【1】 正解3

　3．管の屈曲部の内側の半径は、管内径の6倍以上とする。

　4．金属管のたわみの角度については、明確な規定がない。ただし、管の内断面が著し
　　く変形したり、金属管にひびわれが生じてはならない。

【2】 正解2

　　金属管工事に使用する工具等…金切のこ、パイプカッター、パイプベンダー、リーマ。
　金属管そのものを対象とした工事と考える。

　　配線工事に用いる工具等…リングスリーブ、ワイヤーストリッパー

　　タップはめねじのねじ立てに使用する工具で、金属管工事や配線工事に使用すること
　はほとんどない。

10. 合成樹脂管工事

◎合成樹脂管工事は、合成樹脂管の中に電線を通して配線する工事である。使用する合成樹脂管は、硬質塩化ビニル電線管（VE管）などである。

◎合成樹脂管工事では、600Vビニル絶縁電線（IV）などが使われる。また、電線はより線又は**直径3.2mm以下の単線**を使用する。

◎合成樹脂管の支持点間距離（固定する間隔）は、1.5m以下とし、その支持点は管の端などの近くにする。

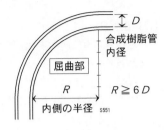

【合成樹脂管】

◎合成樹脂管の屈曲部の内側の半径は、管内径の6倍以上とする。

◎合成樹脂管を接続する際の差込深さは、接着剤を使わない場合、管外径の1.2倍以上とする。接着剤を使う場合は、管外径の0.8倍以上とする。

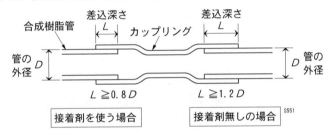

▶▶過去問題◀◀

【1】 合成樹脂管工事の施工に関して、不適当なものは次のうちどれか。[★]

□ 1. 工事に用いる電線は、絶縁電線のより線を用いた。

　 2. 合成樹脂管の管相互及び管とボックス間の接合は、管の差込深さを管の外径の1.2倍とした。

　 3. 管の支持点間の距離は、直線部分において1.5mとした。

　 4. 管の屈曲部の半径は、管の内径の3倍とした。

▶▶正解&解説‥‥‥‥‥‥‥‥‥‥‥‥‥‥‥‥‥‥‥‥‥‥‥‥‥‥‥‥‥‥‥‥‥‥‥

【1】 正解4

　 2. 管の差込み深さは、接着剤有で管の外径の0.8倍以上、接着剤無しで管の外径の1.2倍以上というのが基準である。設問では、接着剤の有無にかかわらず基準に適合している。

　 4. 管の屈曲部の内側の半径は、管内径の6倍以上とする。

11. 誤設置

[誤設置例1]

中性線の負荷電流により誤作動する。

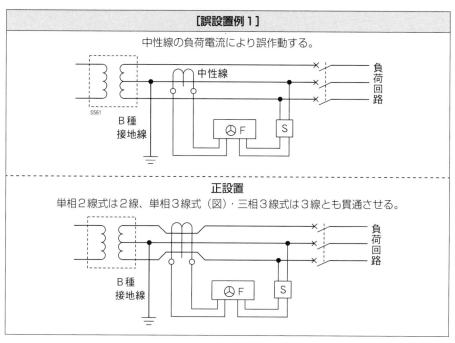

正設置
単相2線式は2線、単相3線式（図）・三相3線式は3線とも貫通させる。

[誤設置例2]

中性線の負荷電流により、ＡＢ間に電流が分流し、誤作動する。
また、漏電が起こっても作動しないことがある。

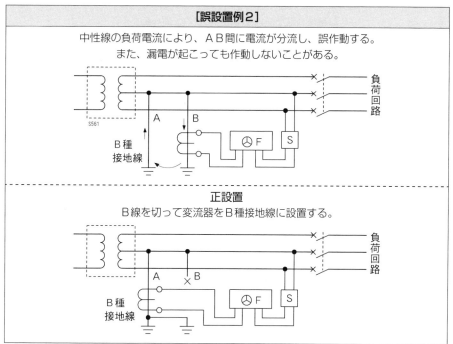

正設置
Ｂ線を切って変流器をＢ種接地線に設置する。

[誤設置例３]

負荷電流がＡ接地線及びＢ接地線に分流し、漏電がなくても誤作動する。

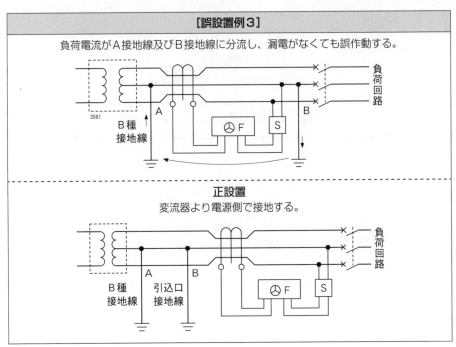

正設置

変流器より電源側で接地する。

[誤設置例４]

分電盤と中性線を接続することで、中性線の負荷電流が
Ｄ種接地線及びＢ種接地線に流れ、誤作動する。

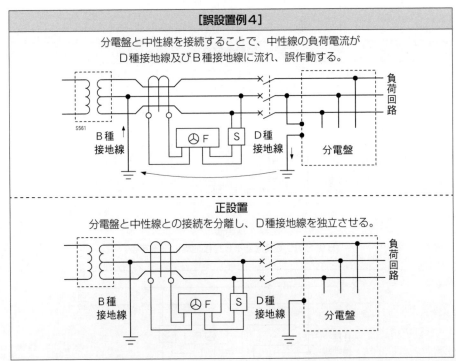

正設置

分電盤と中性線との接続を分離し、Ｄ種接地線を独立させる。

◎誘導障害は、放送局の放送波の強い電界内に漏電火災警報器を設置するような場合や、高周波ミシンなどの近くに設置する場合などに多く発生する。誘導障害により、**漏電火災警報器の誤作動**を引き起こす。

◎また、大電流回路の近くに変流器の二次側配線を近づけた場合にも起こることがある。

◎誘導障害は、電磁誘導障害と静電誘導障害に区分される。**電磁誘導障害**は、通信線と平行して電力線を敷設した場合に、電力線の周囲に電圧が誘起されることで、通信線に障害を与える。**静電誘導障害**は、特別高圧送電線の直下など対地静電容量の違いを原因として発生する。静電シールドのような適切な遮へいや接地が有効である。

◎**誘導障害の対策**として、次の事項が挙げられる。

①変流器の二次側配線に**金属遮へい（シールド）電線**を使用して、シールド部分を接地する静電誘導防止の方法や、**鉄鋼、鋼製パイプ**などを使用する電磁誘導防止の方法がある。

②誘導防止用コンデンサを、受信機の変流器接続用端子や操作電源端子に入れる。ただし、現在市販されている受信機は、既にこの対策がなされている。

③変流器の二次側配線にシールドケーブルなどを使用するか、二次側電線相互間を**密着**して配線し、かつ、その配線こう長をできる限り**短く**する。

④大電流回路からはできるだけ**離隔**する。

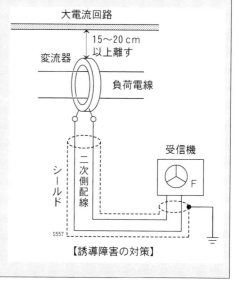

【誘導障害の対策】

〔用語〕シールド線（またはシールドケーブル）：被覆線を編み線などのシールドで覆いノイズの侵入を防ぐ構造のもの。シールドはどちらか一端のみで接地し、逆の一端は開放とした方がシールドに電流が流れずシールド、信号線共に電位が安定することがある。

▲シールドケーブルの例1

▲シールドケーブルの例2

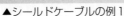

▶▶ 過去問題 ◀◀

【1】高周波の誘導による漏電火災警報器の誤作動の防止について、変流器の二次側配線の措置のうち、誤っているものを3つ選びなさい。[編]

□　1．配線は、シールドケーブルを使用する。

　　2．配線相互間を密着して設ける。

　　3．配線相互間をできるだけ隔離して設ける。

　　4．配線こう長をできる限り短くする。

　　5．配線こう長を長くする。

　　6．大電流回路からは、なるべく離隔する。

　　7．壁体を貫通する配線に絶縁管を用いて防護措置を施す。

　　8．金属遮へい電線を使用してシールド部分の接地を行う。

【2】漏電火災警報器が誘導障害を起こさないための注意事項として、最も不適当なものは次のうちどれか。

□　1．変流器取付金具には、B種接地工事を行う。

　　2．変流器には、鉄板などで磁気遮へいを行う。

　　3．誘導障害を起こさせる電線や機器から変流器やその二次側配線をできるだけ離す。

　　4．変流器の二次側配線には、遮へいシールドのある電線やケーブルを用い、このシールドは接地する。

【3】漏電火災警報器が誤報を発する原因として、考えられるものは次のうちどれか。

□　1．警戒電路の電線相互間の絶縁状態が悪い場合

　　2．変流器の二次側配線が地絡している場合

　　3．変流器の二次側配線に誘導障害が多い場合

　　4．三相200Vの警戒電路の不平衡負荷が増大していた場合

【4】漏電火災警報器が誤報を発する原因として、考えられるものは次のうちどれか。[★]

□　1．近くに大電流の流れる機器が設置されており、この誘導を受けるようになっていた。

　　2．警戒電路の電線相互間で絶縁状態が悪くなっていた。

　　3．変流器の結線方法が誤っていた。

　　4．変流器の二次側配線が断線していた。

【5】漏電火災警報器の誤報の原因として、考えられないものは次のうちどれか。

□　1．近くに大電流の流れる機器が設置されており、この誘導を受けるようになっていた。

　　2．警戒電路の絶縁状態が悪くなっていた。

　　3．警戒電路の中性線に2箇所接地工事が施されていた。

　　4．検出漏洩電流の設定値が大きすぎていた。

【6】ある防火対象物の関係者から漏電火災警報器の警報音がしばしば鳴るという申し出があり、その原因を調べたところ、次のことがわかった。このうち、漏電火災警報器の作動に直接関係のないものはどれか。

□　1．警戒電路の絶縁抵抗値が低下していた。

　　2．警戒電路の電線こう長が増大していた。

　　3．警戒電路の負荷設備が湿気の多い場所に設置されていた。

　　4．検出漏洩電流設定値が大きい値に切り替えられていた。

▶▶正解&解説・・・

【1】正解3&5&7

　　3．変流器の二次側配線は、相互間を密着して設ける。

　　5．変流器の二次側配線は、配線こう長をできる限り短くする。

　　7．絶縁管ではなく、電気を通す鉄鋼・鋼製パイプなどを使用する。

　　8．金属遮へい電線はシールドケーブルと理解する。

【2】正解1

　　1．一般に、定格電圧が60Vを超える電気機器は、乾燥している場所に設置する場合を除き、金属ケース等に接地する。漏電火災警報器の受信機及び変流器にもそのまま当てはまる。接地の種類は、A種・B種・C種・D種がある。このうち、B種接地は、変圧器の二次側（低圧側）・中性点などに対して行う。電気機器の外箱などを対象とした接地は、C種接地（300V超）とD種接地（300V以下）がある。

【3】 正解3

1. 電線相互間の絶縁状態が悪くなると、線間短絡する危険性が高まる。大電流が流れることになる。
2. 変流器の二次側配線が地絡していると、変流器の出力電圧がほぼゼロとなり、漏電火災警報器が警報を発しなくなる。
3. 変流器の二次側配線に誘導障害が多いと、変流器の出力電圧が大きくなり、漏電火災警報器が誤報しやすくなる。
4. 三相200Vの警戒電路の不平衡負荷が増大すると、各相の消費電力も異なってくる。しかし、各相に流れる電流値の合計はゼロとなることから、誤報の原因とはならない。

【4】 正解1

3＆4. いずれも、漏電火災警報器が警報を発しない原因となる。

【5】 正解4

3. 中性線の負荷電流が接地間を分流することで、誤報の原因となる。
4. 検出漏えい電流の設定値が大きすぎると、わずかな漏えい電流では漏電火災警報器が作動しなくなる。

【6】 正解4

1＆3. 警戒電路の絶縁抵抗値が低下したり、湿気の多い場所に負荷設備が設置されていると、いずれも接地電流が流れやすくなる。
2. 警戒電路の電線こう長が増大すると、電線による静電容量が大きくなる。
4. 検出漏えい電流設定値を大きい値に切り替えると、わずかな漏えい電流では漏電火災警報器が作動しなくなる。

13. 変流器の取り扱い

◎変流器の鉄心には鉄・ニッケル合金など高性能な材料が用いられているが、強い**衝撃や振動には弱い**ので取り扱いは十分注意する。

◎一般に、クランプ式電流計などの計器用変流器は、二次側を開放したまま一次側に電流を流すと、二次側に極めて大きな**電圧が誘起**され、感電の危険性が生じる。

◎漏電火災警報器に用いる変流器も、同様に電路に設置した状態で二次側配線を開放、放置することは危険であり、避けなくてはならない。

◎分割形変流器は、合わせ目を食い違いのないようによく合わせて、かつ**密着**するようねじやパッチン錠を均等に十分締め付ける。食い違ったり、口があいたまま設置すると、検出感度の低下につながる。更に、誤作動や誘導障害の要因となることがある。また、分割された鉄心の合わせ部の磁気抵抗を最小にするための役割もある。

▶変流器の二次側開放

◎変流器は、警戒電路を貫通させた状態で、二次側の回路を開放させてはならない。一次側電流I_1が流れると、二次側電流I_2が流れず、一次側電流は全て励磁電流として回路に流れ込む。

◎このとき、鉄心が飽和状態になると**二次誘起電圧E_2は過大**となり、異常電圧となる。このときのE_2を二次開放電圧という。

◎二次開放電圧は過大であることから、二次巻線の**絶縁破壊**の原因となる。また、鉄心が飽和状態となることで鉄損（鉄心部に生じる損失）が増大し、温度が高くなることで巻線が焼損するおそれも生じる。

◎通常、変流器を含む変圧器は、一次側と二次側で発生する起磁力（磁気回路に磁束を生じさせる力）をほとんど打ち消し合っている（起磁力のうち励磁に用いるのは1％程度）。

◎ところが、二次側が開放されると、一次側で発生する起磁力が打ち消されずに、全て励磁のために使われる。この大きすぎる起磁力により鉄心が飽和して、二次誘起電圧E_2が過大となる。

◎そのため、変流器の二次側配線を外す場合は、必ず短絡させておく。

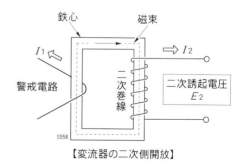

【変流器の二次側開放】

237

【1】 漏電火災警報器を修理するため、変流器の二次側配線を受信機の端子から外す場合、変流器の二次側を短絡させておくが、その理由として、最も不適当なものは次のうちどれか。

□　1．変流器の絶縁が破壊されるおそれがあるから

　　2．二次側に過大な起電力が生じるおそれがあるから

　　3．一次側起磁力と二次側起磁力との平衡が保たれず、鉄心の磁束が過大になるから

　　4．一次側に過大な電流が流れるおそれがあるから

【2】 漏電火災警報器を修理するため、変流器の二次側配線を受信機の端子から外す場合、変流器の二次側を短絡させておくが、その理由として、最も適当なものは次のうちどれか。

□　1．変流器に帯磁するおそれがあるため

　　2．二次側に高電圧が生じるおそれがあるため

　　3．一次側の起磁力が過大になるおそれがあるため

　　4．一次側に誘導電流が流れるおそれがあるため

【3】 漏電火災警報器の変流器に関する次の記述のうち、適当なものの組合せはどれか。[編]

　　ア．変流器の出力（二次側）端子を開放したまま一次側に電流を流すと、二次側端子に高電圧が発生するので、あらかじめ二次側端子をショートさせておくなどの措置をとる。

　　イ．変流器の鉄心は、強い衝撃や振動で特性が変化しやすいため、取扱いに十分注意する必要がある。

　　ウ．中央の貫通孔には、回路方式の変流器において、配線が単相2線式の場合は2本、三相又は単相3線式の場合は3本、三相4線式の場合は4本の電線を挿入する。

　　エ．分割形変流器は、分割された鉄心の合わせ部の磁気抵抗を最小にするため、合わせ面同士が密着するよう、ねじやパッチン錠を完全に締めておく必要がある。

□　1．ア、イ、ウのみ
　　2．ア、ウ、エのみ
　　3．イ、ウ、エのみ
　　4．ア、イ、ウ、エすべて

▶▶正解＆解説‥‥‥‥‥‥‥‥‥‥‥‥‥‥‥‥‥‥‥‥‥‥‥‥‥‥‥‥‥‥‥‥‥‥‥‥‥‥‥

【1】 正解4
【2】 正解2
【3】 正解4

　ア．二次側端子をショート（短絡）させることで、一次側と二次側に生じる磁束は打ち消し合い、磁気が飽和状態になることはない。また、ショートすることでコイルに微小な二次側電流が流れる。

　ウ．第4章「4．変流器の構造と機能」197P参照。

14. 金属管等への変流器の設置

◎変流器は、金属管または金属遮へいのあるケーブルなどを貫通させても、特性上支障がない。

◎ただし、次の図のように変流器の取り付け位置よりも電源側で、金属管のD種接地工事が行われている場合は、金属管に漏電が起きたとき、漏電火災警報器が正常に作動しない場合がある。

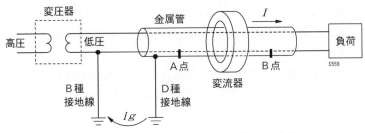

【D種接地線が変流器より電源側にある場合】

◎例えば、図のA点で貫通電線と金属管の漏電が起きている場合、負荷から戻る貫通電線の変流器部分は電流Iとなり、変流器は漏えい電流を検出しない。ただし、D種接地線⇒大地⇒B種接地線を介して漏えい電流igが流れる。

◎また、図のB点で貫通電線と金属管の漏電が起きている場合、負荷から戻る電流は、電線部分の$I-ig$と金属管のigに分かれて流れるものの、変流器は漏えい電流を検出しない。

◎このようなときは、変流器の負荷側にD種接地線を移すか、変流器の取り付け位置を金属管以外の所に変える方法がある。

◎次の図のように、変流器の取り付け位置よりも負荷側に、金属管のD種接地線を移動させた場合について考える。

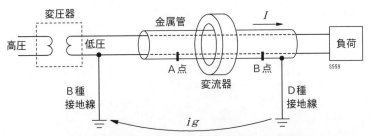

【D種接地線が変流器より負荷側にある場合】

◎例えば、図のA点で貫通電線と金属管の漏電が起きている場合、負荷から戻る貫通電線の変流器部分は電流Iとなるが、金属管を介して負荷側に向かう漏えい電流igが加わるため、変流器は漏えい電流を検出する。

◎また、図のB点で貫通電線と金属管の漏電が起きている場合、負荷から戻る電流は、B点で電線部分の$I-ig$と金属管のigに分かれるため、変流器は漏えい電流を検出する。

▶鉛被ケーブル

◎鉛被ケーブルは、導体（心線）が湿気の影響を受けないように、ケーブルの外面を鉛合金で被覆したものである。架空、地中ともに使われる。かつてはよく使われていたが、現在は軽量なアルミ被覆ケーブルが主流となっている。

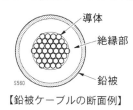

【鉛被ケーブルの断面例】

▶▶ 過去問題 ◀◀

【1】漏電火災警報器の変流器を主幹回路又は分岐回路に設置する方式として、最も不適当なものは次のうちどれか。

☐　1．変流器の警戒電路側に接地工事を施してある金属管工事の配線をそのまま貫通させる方式

　　2．変流器の非警戒電路側（引込線側）の鉛被覆に接地工事を施してある鉛被ケーブルをそのまま貫通させる方式

　　3．丸形ビニル外装ケーブルをそのまま貫通させる方式

　　4．平形ビニル外装ケーブルをそのまま貫通させる方式

▶▶正解＆解説‥‥‥‥‥‥‥‥‥‥‥‥‥‥‥‥‥‥‥‥‥‥‥‥‥‥‥‥‥‥‥‥‥‥‥‥‥‥‥

【1】正解2

　　1．「D種接地線が変流器より負荷側にある場合」に該当する。

　　2．「D種接地線が変流器より電源側にある場合」に該当する。

　　3＆4．ビニル外装ケーブルは、600Vビニル絶縁ビニルシースケーブルの略称である。丸形（記号VVR）と平形（記号VVF）がある。平形のものは、225P参照。

▶機能試験

◎機能試験は、「漏電火災警報器の試験基準」で定められている。

◎同基準は、「漏電火災警報器の設置に係る**工事が完了**した場合における**試験**」の内容を定めたものである（詳細は244Pを参照）。

◎機能試験について、同基準の内容をまとめると次のとおり。

①受信機の作動試験…テストボタン（試験用押しボタン）を操作して確認する。**赤色の表示灯**が点灯するとともに、**音響装置**が鳴動すること。

②受信機の漏えい電流検出試験…漏電火災警報器試験器等により変流器**検出漏えい電流設定値**に近い電流を徐々に流して確認する。検出漏えい電流設定値の**40%以上105%以下**で受信機が作動すること。また、動作表示灯（赤色）は復帰操作を行うまで点灯を継続していること。

③音響装置試験…テストボタン（試験用押しボタン）を操作し、音響装置を鳴動させて確認する。音量及び音色が他の**騒音等**と区別して聞きとれること。音圧は、音響装置の中心から前面１ｍ離れた場所で、騒音計の値が**70dB以上**であること。

▶漏えい電流検出試験

◎この試験は、実際に漏電火災警報器を設置している状態で行う。

◎漏電火災警報器試験器に接続されている試験用電線を変流器に通す。この電線は、試験コードやリード線とも呼ばれている。

◎電流調整つまみ等を操作して、試験用電線に流す電流量を調整する。

◎漏電火災警報器が作動（表示灯の点灯・音響装置の鳴動）した時の、電流計の値を測定する。

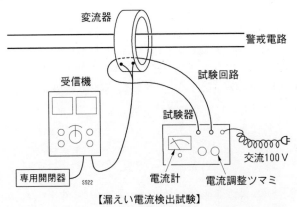

【漏えい電流検出試験】

◎電流計の値は、漏電火災警報器に設定されている検出漏えい電流設定値の40％以上105％以下の範囲に収まっていること。例えば、検出漏えい電流設定値が100mAにセットされている場合は、40mA以上105mA以下の範囲となる。

▶▶過去問題◀◀

【1】漏電火災警報器の受信機の機能試験について、正しいものは次のうちどれか。

□　1．B種接地線用変流器の二次側配線に漏洩電流を流して点検する。

　　2．試験用押しボタンを押して点検する。

　　3．変流器に負荷電流を流して点検する。

　　4．変流器に高周波電流を流して点検する。

▶▶正解＆解説‥‥‥‥‥‥‥‥‥‥‥‥‥‥‥‥‥‥‥‥‥‥‥‥‥‥‥‥‥‥‥‥‥‥

【1】正解2

　　受信機の機能試験は、「作動試験」と「漏えい電流検出試験」の2つがある。

　1．「漏えい電流検出試験」では、変流器の二次側配線に直接、漏えい電流を流すことはしない。

　3．変流器に負荷電流を流しても、試験はできない。通常の設置状態と同じになるだけである。

■ 漏電火災警報器の試験基準

漏電火災警報器の設置に係る工事が完了した場合における試験は、次表に掲げる試験区分及び項目に応じた試験方法及び合否の判定基準によること。

ア．外観試験

[変流器]

項　目	試験方法	合否の判定基準
設置場所等	目視により確認する。	a　点検が容易な場所に設けてあること。 b　引込線取付点の負荷側で防火対象物の屋外部分に設けてあること。ただし、引込線の形態又は建築物の構造上これによりがたい場合にあっては、引込口に接近した屋内に設けることができる。 c　未警戒電路がないように建築物の引込線又はB種接地線ごとに設けてあること。
設置状況	目視により確認する。	振動等により取付状態が変化しないように堅固に取り付けてあること。
構造・性能	目視により確認する。	a　自主表示マークが付されていること。 b　変形、損傷がないこと。 c　屋外に設けるものは、屋外型が設けてあること。ただし、防水上有効な措置が講じてある場合はこの限りでない。 d　定格電流は、警戒電路の定格電流以上の電流値を有すること。 e　B種接地線に設ける場合の定格電流は、警戒電路の定格電圧の数値の20%に相当する数値以上の電流であること。 f　変流器を金属製の保護カバー内に設置する場合は、当該保護カバーに接地が施されていること。ただし、乾燥している場所等に設置する場合は、この限りでない。

[受信機]

項　目	試験方法	合否の判定基準
設置場所等	目視により確認する。	a　点検が容易な場所に設けてあること。 b　次に掲げる場所以外の安全な場所に設けてあること。ただし、防爆、防腐、防湿、防振及び静電遮へい等の防護措置を講じたものにあってはこの限りでない。 （a）可燃性蒸気、可燃性ガス又は可燃性微粉が滞留するおそれのある場所 （b）火薬類を製造し、貯蔵し又は取り扱う場所 （c）腐食性の蒸気、ガス等が発生するおそれのある場所 （d）湿度の高い場所 （e）温度変化の激しい場所 （f）振動が激しく機械的損傷を受けるおそれのある場所 （g）大電流回路、高周波発生回路等により影響をうけるおそれのある場所

			（h）可燃性蒸気、可燃性粉じん等が滞留するおそれのある場所には、その作動と連動して電流の遮断を行う装置をこれらの場所以外の安全な場所に設けてあること。
設置状況		目視により確認する。	振動等により取付状態が変化しないように堅固に取り付けてあること。
機器	構造・性能	目視により確認する。	a　自主表示マークが付されていること。 b　変形、損傷等がないこと。 c　定格電圧は、使用電圧に適合するものであること。 d　定格電圧が60Vを超える受信機の金属ケースには、接地が施されてあること。ただし、乾燥している場所等に設置する場合はこの限りでない。 e　外部から人が容易に触れるおそれのある充電部は、保護してあること。 f　屋外に設けるものは、防水上有効な措置が講じられていること。 g　操作電源及び配線が適正であること。
	検出漏えい電流設定値	検出漏えい電流の設定値を確認する。	検出漏えい電流の設定は、次を標準とし、誤報が生じない範囲内で適正に設定してあること。 （a）警戒電路に設けられるものにあっては、100mA～400mA （b）B種接地線に設けられるものにあっては、400mA～800mA
予備品等		目視により確認する。	所定の予備品、回路図等が備えられていること。

［音響装置］

試験項目	試験方法	合否の判定基準
装置場所	目視により確認する。	防災センター等に設けてあること。
構造		適正であること。

イ．機能試験
［受信機］

試験項目	試験方法	合否の判定基準
作動試験	テストボタン等を操作して確認する。	赤色の表示灯の点灯及び音響装置が鳴動すること。
漏えい電流検出試験	漏電火災警報器試験器等により変流器検出漏えい電流設定値に近い電流を徐々に流して確認する。	a　検出漏えい電流設定値の40％以上105％以下で受信機が作動すること。 b　動作表示灯は、復帰操作を行うまで継続点灯していること。ただし、自己保持回路がないものにあっては、操作終了と同時に点灯が停止すること。

[音響装置試験]

試験方法	合否の判定基準
テストボタン等を操作し、音響装置を鳴動させて確認する。	a　音量及び音色が他の騒音等と区別して聞きとることができること。 b　音圧は、音響装置の中心から前面1m離れた場所で騒音計で測定した値が、70dB以上であること。

16. 漏電火災警報器の機器点検と総合点検

◎漏電火災警報器の点検は、6ヶ月に1回以上行う**機器点検**と、1年に1回以上行う**総合点検**（詳細は249・251P参照）がある。

◎総合点検でも、受信機の漏えい電流検出試験を実施するよう求めている。

◎ただし、総合点検における漏えい電流検出試験と、設置工事完了時の漏えい電流検出試験では、用語と判定基準が異なっている。

◎総合点検における漏えい電流検出試験の内容…「作動電流値における作動電流を2〜3回測定する」「正常に作動し、すべての作動電流値は、公称作動電流値（作動電流設定値）に対して−60％〜＋10％（40％以上110％以下）の範囲であること」。

◎それぞれの違いをまとめると次のとおり。

漏えい電流検出試験	設置工事完了時の試験	総合点検における試験
受信機の設定値	**検出漏えい電流設定値**	公称作動電流値（作動電流設定値）
判定値	設定値の**40％以上105％以下**	電流値の**40％以上110％以下**

▶▶過去問題◀◀

【1】漏電火災警報器の機器点検について、次のうち誤っているものはどれか。

[編]

- [ ]　1．変流器からの二次側配線に断線があるかどうかを点検すること。
- 　　2．変流器の端子と配線とが確実に接続されているかどうかを点検すること。
- 　　3．変流器が警戒電路に設けられている場合、受信機の漏洩電流設定値は、おおむね100mAから400mAの範囲内に設定してあることを確認すること。
- 　　4．変流器がB種接地線に設けられている場合、受信機の漏洩電流設定値は、おおむね400mAから800mAの範囲内に設定してあることを確認すること。
- 　　5．B種接地線に設けてある変流器の定格電流値は、当該警戒電路の定格電圧の数値を電流値（mA）に読み替えた数値以上のものであることを確認すること。

【2】三相3線式の電路に使用している漏電火災警報器の総合点検において、漏洩電流検出試験の方法として、正しいものは次のうちどれか。

□　1．変流器に挿入してある3本の電線のうち、2本の電線に全負荷電流を流して試験を行う。

　　2．変流器に挿入してある3本の電線の他に、1本電線を通し、これに試験電流を流して試験を行う。

　　3．変流器に挿入してある3本の電線の全てに、全負荷電流を流して試験を行う。

　　4．変流器に挿入してある3本の電線のうち、1本の電線に全負荷電流を流して試験を行う。

【3】漏電火災警報器の機器点検における判定方法について、不適当なものを次のうちから2つ選びなさい。[編]

□　1．受信機の接地を点検する際は、著しい腐食、断線等の損傷がないことを確認すること。

　　2．警戒電路に設けられた変流器の容量を点検する際は、変流器に表示された定格電流値が警戒電路の最大負荷電流値の90％以上であることを確認すること。

　　3．警戒電路に設けられている変流器の定格電流値は、当該警戒電路の最大負荷電流値の120％以上の電流値であることを確認すること。

　　4．B種接地線に設けられた変流器の容量を点検する際は、変流器に表示された定格電流値が当該警戒電路の定格電圧の数値の20％に相当する数値以上の電流値であることを確認すること。

　　5．受信機の試験装置を点検する際は、漏電表示灯が点灯し、音響装置が鳴動することを確認すること。

【4】漏電火災警報器の点検について、消防法令上、定められていないものは次のうちどれか。

□　1．受信機の試験用押しボタンを操作すると、漏電表示灯が点灯し、音響装置が鳴動することを点検する。

　　2．感度調整装置の漏えい電流設定値の設定値が適正であることを点検する。

　　3．受信機の操作電源が、分電盤の電流制限器の一次回路から専用回路として分岐していることを点検する。

　　4．受信機に接続されている非常電源の電圧が定められた値であることを点検する。

【5】 変流器の機器点検について、誤っているものは次のうちどれか。

☐ 1. B種接地線に設けてある変流器の容量を点検する際に、変流器に表示されている定格電流値は、当該警戒回路の定格電圧の数値の20％に相当する数値以上の電流値であることを確認すること。

2. 防火対象物に2種以上の電源が供給されているときは、最大負荷電流値の高い警戒回路側に変流器が設置されていることを確認すること。

3. 変電設備の変圧器のB種接地線に変流器を設置している場合には、変電設備の増設、改修等によりB種接地線が増加し、変流器を貫通しない接地線ができていないことを確認すること。

4. 警戒電路に設けてある変流器の容量を点検する際に、変流器に表示されている定格電流値は、警戒電路の最大負荷電流値以上であることを確認すること。

【6】 漏電火災警報器の総合点検について、次のうち誤っているものはどれか。

☐ 1. 漏洩電流検出試験には、漏電火災警報器試験器を用いる方法のほか、漏電遮断器試験器を用いる方法及び各種の測定器具を組み合わせて回路を構成する方法がある。

2. 漏洩電流検出試験を実施するときは、漏洩電流を小さいものから徐々に増して流す。

3. 漏洩電流検出試験中は、負荷をできるだけ増やして測定する。

4. 住宅地域以外では、ブザーが鳴動しなくとも騒音計の指針が振れる場合があり、このようなときは騒音値を補正する。

▶▶正解&解説……………………………………………………………………………………

【1】 正解5
1. 断線の有無は、受信機の試験装置で点検できる。
2. 変流器の結線接続点検で、端子と配線が確実に接続されていることを点検する。
5. B種接地線に設けてある変流器の定格電流値は、当該警戒電路の定格電圧の数値の20％に相当する数値以上の電流値であることを確認する。

【2】 正解2
2. 変流器に通す1本の電線は、試験用電線、試験コード、リード線と呼ばれている。

【3】 正解2&3
2&3. 変流器の定格電流値が、警戒電路の最大負荷電流値以上であることを確認すること。

【4】正解4

  3．分電盤は、幹線により送られてきた電気を負荷回路に分岐する部分に設置される電気設備である。電流制限器⇒漏電遮断器⇒配線用遮断器の順に設置されている。「6．受信機の操作電源　▶電流制限器」222P参照。

  4．漏電火災警報器は、非常電源の設置が義務付けられていない。このため、一般に非常電源は受信機に接続されていない。

【5】正解2

  2．防火対象物に2種以上の電源が供給されている場合には、それぞれ別の漏電火災警報器が設置されていること。

【6】正解3

  2．機能試験［受信機］漏えい電流検出試験「試験方法」245P参照。

  3．漏えい電流検出試験中は、負荷をできるだけ［減らして］測定する。

■ 漏電火災警報器の点検

1．機器点検（留意事項は※で示す）

［受信機］

項　目	点検方法	判定方法
周囲の状況	目視により確認する。	ア　周囲に使用上及び点検上の障害となるものがないこと。 イ　周囲に可燃性蒸気、可燃性粉じん等が滞留するおそれのない安全な場所に設けられていること。
外形	目視により確認する。	変形、損傷、著しい腐食等がないこと。
表示	目視により確認する。	ア　自主表示マークが付されていること。 イ　スイッチ等の名称等に汚損、不鮮明な部分がないこと。 ウ　銘板等がはがれていないこと。 エ　2以上の受信機が設けられている場合は、警戒電路の種別（例えば電灯用と動力用等）の表示が設けられていること。
電源表示灯（電源表示灯が設けられているものに限る。）	目視により確認する。	正常に点灯していること。
スイッチ類	目視及び所定の操作により確認する。なお、自動復帰、手動復帰の切替式のものは、切替スイッチの位置を点検票に記入すること。	開閉位置及び開閉機能が正常であること。

ヒューズ類	目視により確認する。	ア　損傷、溶断等がないこと。 イ　所定の種類及び容量のものが使用されていること。
試験装置	目視及び所定の操作により確認する。	漏電表示灯が点灯し、音響装置が鳴動すること。
表示灯	目視及び所定の操作により確認する。	著しい劣化等がなく、正常に点灯すること。
結線接続	目視及びドライバー等を用いて確認する。	断線、端子の緩み、脱落、損傷等がないこと。
接地	目視又は回路計により確認する。	著しい腐食、断線等の損傷がないこと。
感度調整装置	漏洩電流設定値を確認する。	ア　設定値が適正であること。 イ　誤報のおそれのない値となっていること。 ※（ア）設定値は、警戒電路に設けられている場合は、おおむね100mAから400mA、Ｂ種接地線に設けられている場合は、おおむね400mAから800mAの範囲内で、警戒電路の負荷電流、使用電線、電線こう長等を考慮し、適正に定められていること。 （イ）誤報等のため設定値を変更する場合には、不十分な調査のまま過大値に設定しないように保守担当者から実情をよく聞いて適正値を決めること。
予備品等	目視により確認する。	ヒューズ、電球等の予備品、回路図、取扱説明書等が備えてあること。

[変流器]

項　目	点検方法	判定方法
外形	目視により確認する。	変形、損傷、著しい腐食等がないこと。
表示	目視により確認する。	ア　自主表示マークが付されていること。 イ　表示に汚損、不鮮明な部分がないこと。 ウ　銘板等がはがれていないこと。
未警戒	低圧幹線の引込口から変流器までの電路の変更工事等による未警戒を確認する。	ア　防火対象物に２種以上の電源が供給されている場合には、それぞれ別の漏電火災警報器が設置されていること。 イ　すべての低圧幹線が変流器を貫通していること。 ※変電設備の変圧器のＢ種接地線に変流器を設置している場合には、変電設備の増設、改修等によりＢ種接地線が増加し、変流器を貫通しない接地線ができることがあるので注意すること。

容量	警戒電路に設けられたものにあっては、変流器に表示された定格電流値と警戒電路の最大負荷電流値により確認する。	変流器の定格電流値が警戒電路の最大負荷電流値以上であること。 ※最大負荷電流値は、当該建築物の警戒電路における負荷電流(尖頭負荷電流を除く。)の総和とする。
	B種接地線に設けられたものにあっては、変流器に表示された定格電流値と警戒電路の定格電圧値により確認する。	変流器の定格電流値は当該警戒電路の定格電圧の数値の20%に相当する数値以上の電流値とすること。

[音響装置]

項　目	点検方法	判定方法
外形	目視により確認する。	変形、損傷、著しい腐食等がないこと。
取付状態	目視により確認する。	ア　脱落、緩み等がないこと。 イ　周囲に音響効果を妨げるものがなく、常時人がいる場所に設けられていること。
音圧等	試験装置を操作し確認する。	音圧及び音色が他の機械等の音等と区別して聞き取れること。

２．総合点検（留意事項は※で示す）

[作動範囲]

点検方法	判定方法
漏電火災警報器試験器等を用いて漏えい電流検出試験を行い、作動電流値における作動電流を2〜3回測定する。 S522 【漏電火災警報器試験器の接続】 ※(1) 漏えい電流検出試験中、負荷はできるだけ減らして測定するのが望ましい。本当の漏電があると、試験用の分との合計で測定することになるので、判定に疑義のある場合は、負荷を完全に遮断し試験電流だけにして測定すること。 (2) 漏えい電流検出試験には、漏電火災警報器試験器を用いる方法のほか、漏電遮断器試験器を用いる方法及び各種の測定器具を組み合わせて現場で回路を構成する方法もある。	正常に作動し、すべての作動電流値は、公称作動電流値(作動電流設定値)に対して−60%〜+10%(40%以上110%以下)の範囲であること。 ※許容誤差の範囲を超えている場合は、メーカーに修理を依頼すること。

[漏電表示灯]

点検方法	判定方法
漏電火災警報器試験器等を用いて漏えい電流検出試験を行う。	正常に点灯すること。

[音響装置の音圧]

点検方法	判定方法
漏電火災警報器試験器等を用いて漏えい電流検出試験を行い、音響装置の取り付けられた位置の中心から前面1m離れた位置で、騒音計（A特性）を用いて規定の音圧が得られるかどうかを確認する。	音圧は、70dB以上であること。

※判定方法の留意事項

　住宅地域以外では、暗騒音が多くブザーが鳴動しなくとも騒音計の指針が振れている場合もある。このようなときには次の補正を行うこと。表の使い方は、例えばブザーの鳴らないときに72dBを指示し、鳴ったときには76dBであったならば、76-72＝4dBが表の上段（指示の差）であるから、下段の補正値と計算して（76-2＝74）補正した値は74dBとなる。

暗騒音の影響のある場合の補正（単位：dB）

対象の音があるときとないときの指示の差	3	4	5	6	7	8	9	10以上
補正値	-3	-2	-1					0

17. 点検に使用する測定機器

▶漏電火災警報器試験器を用いた点検

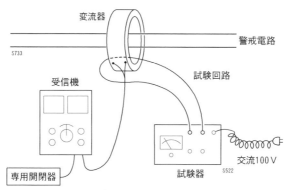

【漏電火災警報器試験器による点検】

▶虚負荷による点検

◎虚負荷による漏電火災警報器の点検では、負荷を接続しない状態で、変流器の貫通孔に試験用の電線を通して作動電流を測定する。

◎通常、スライドトランスを使用して流す電流を徐々に上げ、漏電火災警報器の作動電流を測定する。

〔解説〕スライドトランスは、しゅう動式電圧調整器のことで、接点をスライド（しゅう動）させることにより二次側電圧（交流）を可変することができる変圧器の一種である。

◎使用する機器は、スライドトランスの他、交流電流計となる。

◎漏電火災警報器の総合点検では、この点検を「擬似漏電試験法」と呼んでいる。

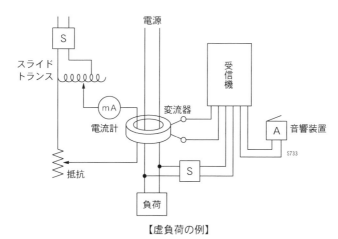

【虚負荷の例】

▶実負荷による点検

◎実負荷による漏電火災警報器の点検では、負荷回路の１線に水抵抗器、交流電流計を介してD種接地に至る回路を作る。水抵抗器で試験回路に流す交流電流量を調整して、漏電火災警報器の作動電流を測定する。

〔解説〕水抵抗器は、水槽中に電極を挿入し、その挿入量または電極間隔を加減して、負荷を調整するものである。

◎使用する機器は、水抵抗器の他に、交流電流計となる。

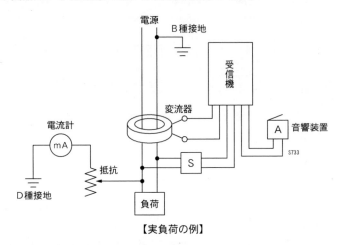

【実負荷の例】

▶人工漏電法による点検

◎別の実負荷による漏電火災警報器の点検では、スライドトランスの入出力共通端子を電源の中性線（接地極）に接続し、出力端子から制限抵抗（電球）を通して漏えい電流を流す。スライドトランスで徐々に電流を流し、漏電火災警報器の作動電流を測定する。

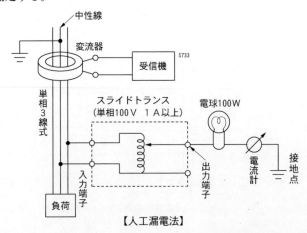

【人工漏電法】

254

◎この方法による点検は、人工漏電法（電圧法）と呼ばれる。

◎使用する機器は、スライドトランスの他、交流電流計、電球となる。

▶▶過去問題◀◀

【1】漏電火災警報器の誤発報の点検に使用する測定機器の組合せとして、最も適切なものは次のうちどれか。

- □ 1．絶縁抵抗計、接地抵抗計、スライドトランス、電圧調整器
　　 2．絶縁抵抗計、交流電流計、スライドトランス、回路試験器
　　 3．絶縁抵抗計、交流電流計、スライドトランス、電力計
　　 4．絶縁抵抗計、力率計、電圧調整器、回路試験器

▶▶正解&解説……………………………………………………………………………………

【1】正解2

　1．スライドトランス＝電圧調整器と判断すると、組合せとしては不適切となる。

　2．回路試験器＝漏電火災警報器試験器と判断する。

　3＆4．電力計と力率計は、点検に使用することはほとんどない。

18. 接地工事

■ 1. 目的

◎接地工事の目的は、機器接地と系統接地に分けると次のとおりとなる。

〔電気器具などの金属製外箱を接地する機器接地の目的〕

◇人等に対する感電を防止する。

◇漏電による火災を防止する。

◇保護装置（漏電遮断器、漏電警報器）を確実に動作させる。

〔変圧器低圧側の中性点を接地する系統接地の目的〕

変圧器内部の混触事故により、低圧側の電路に高い電圧が侵入するのを防止する。

◎屋内への給電は、電柱上の変圧器で高圧の 6,600V を 100V/200V に変換して行われている。

◎この変圧器（単相３線式）内では、低圧側コイルの中性点Nが電柱下の接地棒に接地されている。

◎屋内では、漏電遮断器を介して 100V/200V が供給される。図では、洗濯機などの電気器具が 100V に接続され、電気器具は接地されている。

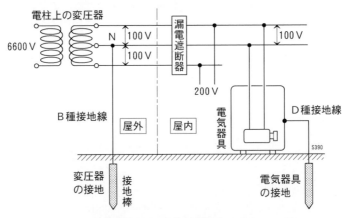

【Ｂ種接地工事とＤ種接地工事】

◎電柱上の変圧器内で混触が起き、低圧側の 100V/200V の電路に高圧が侵入した場合を想定してみる。変圧器の低圧側中性点が接地されていないと、非常に危険な状態となる。電気製品は想定外の高圧が加わることで破損し、火災発生の危険性が生じるほか、万が一人が感電した場合は死亡する可能性が高くなる。

◎しかし、変圧器の低圧側中性点が接地されていれば、接地棒を介して大地に多くの電流が流れるため、変圧器の低圧側に高圧の6,600Vがそのまま加わるのを防ぐことができる。

◎次に、電気器具に漏電が発生し、外装の金属ケースに100Vが加わっている状態を想定してみる。電気器具が接地されていないと、人が電気器具の金属ケースに触れた時点で、電気が人から濡れている床面等を経由して流れることで感電する。この場合、漏電遮断器は作動しないことがある。漏電遮断器が作動するためには、感度電流以上の電流が流れることが必要である。接地されていない状態では、感度電流未満の電流しか流れないことがあり、この場合は漏電遮断器が作動しない。

■2．接地工事

◎接地工事の種類は、次のとおりとする。漏電火災警報器の受信機は、D種接地工事が該当する。

種類	接地抵抗	主な用途
A種接地工事	10Ω	高圧用または特別高圧用の機器の外箱等
B種接地工事	省略	変圧器二次側の中性点（※2）
C種接地工事	10Ω以下	300Vを超える低圧用の機器の外箱等
D種接地工事	100Ω以下（※1）	300V以下の低圧用の機器の外箱等

（※1）低圧電路において、地絡を生じた場合に0.5秒以内に当該電路を自動的に遮断する装置（漏電遮断器）を施設するときは、500Ω以下であること。

（※2）二次電圧が300V以下でデルタ結線の場合は、3線のうち1線を接地する。

〔用語〕短絡：電気回路中の2点間で負荷を介さずにつながること。
　　　　地絡：電気回路と大地間で絶縁性が低下して電気が流れること。

〔用語〕低圧・高圧・特別高圧

区分	交流	直流	用途
低圧	600V以下	750V以下	一般家庭
高圧	600V超7,000V以下	750V超7,000V以下	中小規模工場・施設
特別高圧	7,000V超え	7,000V超え	大規模工場・施設

◎D種接地工事の対象となるのは、次のとおりである。

　①定格電圧が60Vを超える受信機の金属ケース。ただし、乾燥している場所等に設置する場合は、接地が不要となる（工事完了後の試験基準）。

　②洗濯機や電気温水器など、水気・湿気の多い場所で使用する電気器具

　③井戸ポンプや自動販売機など屋外で使用する電気器具

　④エアコンや工作器具、溶接機等で200V仕様の電気器具

【1】D種接地工事における接地抵抗について、次のうち正しいものはどれか。［編］

☐　1．5Ω以下とすること。　　　　2．10Ω以下とすること。

　　3．100Ω以下とすること。　　　4．200Ω以下とすること。

　　5．300Ω以下とすること。　　　6．500Ω以下とすること。

【2】接地工事に関する次の記述について、文中の（　）に当てはまる数値として、正しいものは次のうちどれか。

　　「D種接地工事の接地抵抗値は（　）Ω（低圧電路において、地絡が生じた場合に0.5秒以内に自動的に遮断する装置を施設するときは、500Ω）以下でなければならない。」

☐　1．10　　　　　　2．20

　　3．30　　　　　　4．100

【3】警戒電路に接続されている機械器具にD種接地工事を施す場合、電路の回路として正しいものは次のうちどれか。

☐　1．低圧用で300V以下の回路　　2．低圧用で300Vを超える回路

　　3．高圧用回路　　　　　　　　4．特別高圧用回路

【4】電気機器にD種接地工事を行う主な目的として、最も適当なものは次のうちどれか。

☐　1．漏電による機器の損傷を防止するため

　　2．機器の力率、効率をよくするため

　　3．機器の絶縁をよくするため

　　4．漏電による感電を防止するため

▶▶ 正解＆解説 ···

【1】正解3

【2】正解4

【3】正解1

【4】正解4

　　1．機器の損傷の防止は、B種接地工事の目的となる。B種接地工事を行うと、電気機器に高電圧が侵入するのを防止できる。

　　2．力率は、交流回路において有効電力／皮相電力（見かけの電力）で表される。負荷と並列に電力用コンデンサを接続することで、力率を改善することができる。

　　3．接地工事は、機器の外箱と大地間の導通をよくするために行う。

19. 絶縁抵抗計

◎絶縁抵抗計は、**電路と大地間**の絶縁抵抗及び**電線相互間**の絶縁抵抗を測定するための計器である。

◎測定用電圧の発生方法により、発電機式と電池式がある。発電機式はハンドルを手動で回すもので、現在ではほとんど製造されていない。

◎絶縁抵抗計がサーキットテスタ（回路計）に備わっている抵抗計と大きく異なるのは、測定対象の抵抗の大きさである。絶縁抵抗計はMΩ単位の大きな抵抗を測定でき、このため、非常に大きな直流電圧を電気回路に加えて絶縁抵抗を測定する。

◎絶縁抵抗計の測定用電圧は、低圧回路用では100V、250V、500V、高圧回路用では1,000V、2,000Vのものがある。

▶電路と大地間の絶縁抵抗

◎電路と大地間の絶縁抵抗を一括測定する手順は、次のとおり。

　①分岐開閉器を**開放**（OFF）して、負荷と電源を切り離す。この操作により、負荷回路は全て電圧OFFとなる。

　②負荷を使用状態にして、点滅器（スイッチ）をすべて入（ON）にする。

　③分岐開閉器の負荷側の電線2本を短絡する。

　④絶縁抵抗計の「E」（Earth：大地）端子を接地線に接続し、絶縁抵抗計の「L」（Line：線）端子を分岐開閉器の負荷側に接続する。

　⑤絶縁抵抗計の測定ボタンを押して、絶縁抵抗を測定する。測定ボタンを押すと、高圧の測定用電圧が出力され、自動的に絶縁抵抗値を算出して数値を表示する。

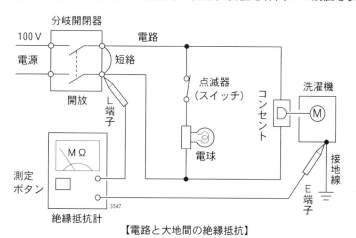

【電路と大地間の絶縁抵抗】

▶電線相互間の絶縁抵抗

◎電線相互間の絶縁抵抗を測定する手順は、次のとおり。

①分岐開閉器を開放（OFF）して、負荷と電源を切り離す。この操作により、負荷回路は全て電圧OFFとなる。

②負荷を取り外して、点滅器（スイッチ）をすべて入（ON）にする。負荷を取り外すには、電気機器であればコンセントを外し、電球であれば電球を取り外す。

③絶縁抵抗計の「E」端子と「L」端子を分岐開閉器の負荷側2線に接続する。

④絶縁抵抗計の測定ボタンを押して、絶縁抵抗を測定する。負荷を取り外していることから、負荷内の電子部品等に測定用高電圧が加わることはない。

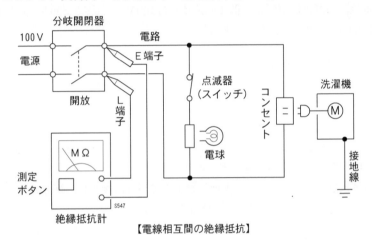

【電線相互間の絶縁抵抗】

▶▶過去問題◀◀

【1】絶縁抵抗計に関する説明として、最も不適当なものは次のうちどれか。

☐ 1．絶縁抵抗計は、電線相互間及び電路と大地間の絶縁抵抗を測定するものである。

2．絶縁抵抗計には、電池式と発電機式のものがある。

3．絶縁抵抗計は、低圧回路用では100V、250V、500V、高圧回路用では1,000V、2,000Vのものがある。

4．屋内配線の電路と大地間の絶縁抵抗の測定時には、分岐開閉器を閉じて通電するものである。

【2】10⁶Ω以上の抵抗を測定する方法として、最も適当なものは次のうちどれか。

□　1．ホイートストンブリッジを用いる方法
　　2．電位差計を用いる方法
　　3．絶縁抵抗計を用いる方法
　　4．接地抵抗計を用いる方法

▶▶正解＆解説‥‥

【1】正解4

4．抵抗測定時は回路に負荷電流を流してはならない。測定用電流と混ざって大きな誤差を生じる。分岐開閉器は開放して、電源を遮断する。

【2】正解3

　　$10^6 = 1,000,000 \, \Omega = 1,000 \mathrm{k}\Omega = 1 \mathrm{M}$（メガ）$\Omega$

1．ホイートストンブリッジは、ブリッジ回路を応用して、数Ω〜数十kΩ程度の抵抗値を正確に測定できるものである。この回路で未知抵抗XΩを求めるには、スイッチSを閉じて、検流計の値が0になるように可変抵抗R4Ωを調整する。未知抵抗XΩは、次の式で求められる。

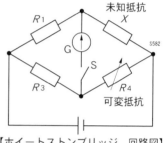

【ホイートストンブリッジ　回路図】

$$X = \frac{R_1}{R_3} \cdot R_4 \ (\Omega)$$

2．電位差計は、ポテンショメーターとも呼び、電池に電流を流さずに起電力を測定することができる。

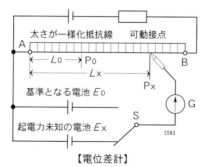

【電位差計】

操作1…スイッチSをE0側に接続する。可動接点を動かして検流計Gに電流が流れない点P0を探し、AP0間の長さL0を読みとる。操作2…スイッチSをEx側に接続する。同様に検流計Gに電流が流れない点Pxを探し、APx間の長さLxを読みとる。次の関係が成り立つことから、未知の電池の起電力Exを知ることができる。

$$\frac{Ex}{E_0} = \frac{Lx}{L_0}$$

20. 絶縁抵抗試験

▶配線の総合点検
◎消防庁では、「消防用設備等の点検基準、点検要領、点検表」を定めている。
◎それによると、配線は「第26　総合点検」で点検要領が定められている。以下、同点検要領より、点検項目の「絶縁抵抗」についてまとめた。

▶絶縁抵抗
◎測定電路の電源を遮断し、検電器等で更に充電の有無を確認してから各箇所の絶縁抵抗を確認する。
◎低圧電路にあっては、開閉器又は遮断器の分岐回路ごとに大地間及び配線相互間の絶縁抵抗値を100V、125V、250V又は500Vの絶縁抵抗計を用いて測定する。ただし、配線相互間で測定困難な場合は測定を省略してもよい。
◎高圧電路にあっては、電源回路相互間及び電源回路と大地との間の絶縁抵抗を1,000V、2,000V又は5,000Vの絶縁抵抗計を用いて測定する。
◎電源回路、操作回路、表示灯回路、警報回路、感知器回路、附属装置回路、その他の回路の絶縁抵抗値は、次の表の数値以上であること。

電路の使用電圧の区分		絶縁抵抗値	電路の例
300V以下	対地電圧が150V以下の場合	0.1MΩ	単相2線式100V 単相3線式100V/200V
	対地電圧が150Vを超え300V以下	0.2MΩ	三相3線式200V
300Vを超えるもの		0.4MΩ	三相4線式400V
3,000V高圧電路		3MΩ	－
6,000V高圧電路		6MΩ	－

◎単相3線式100V/200Vの回路では、100Vと200Vの負荷のどちらも使用できるが、このうち200Vは線間電圧であり、対地電圧は100Vとなる。従って、絶縁抵抗値は0.1MΩ以上の基準が適用される。

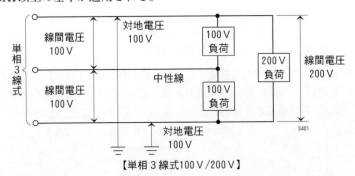

【単相3線式100V/200V】

【1】交流200V電路（単相）の屋内配線の開閉器又は過電流遮断器で区切ることの
できる電路ごとに、大地と電路間の絶縁抵抗を測定する場合、許容される絶縁抵
抗の最小値として、正しいものは次のうちどれか。

□　1．0.1MΩ

　　2．0.2MΩ

　　3．0.3MΩ

　　4．0.4MΩ

【2】対地電圧が150Vの操作回路の絶縁抵抗値の最小値として、正しいものは次
のうちどれか。

□　1．0.1MΩ

　　2．0.2MΩ

　　3．0.4MΩ

　　4．1.0MΩ

【3】下表は、単相100V、三相200V及び三相400Vの回路を有する4つの工場で、
絶縁抵抗を測定し、記録したものである。このとき、絶縁不良と考えられる回
路が発見された工場は、次のうちどれか。[★]

	工　場	100V回路	200V回路	400V回路
□　1．	第1工場	0.1MΩ	0.2MΩ	0.4MΩ
2．	第2工場	0.1MΩ	0.4MΩ	0.5MΩ
3．	第3工場	0.2MΩ	0.2MΩ	0.3MΩ
4．	第4工場	0.2MΩ	0.3MΩ	0.4MΩ

【4】下表は、単相100V、三相200V及び三相400Vの回路を有する4つの工場で、
絶縁抵抗を測定し、記録したものである。このとき、絶縁不良と考えられる回
路が発見された工場は次のうちどれか。

	工　場	100V回路	200V回路	400V回路
□　1．	第1工場	0.4MΩ	0.2MΩ	0.3MΩ
2．	第2工場	0.3MΩ	0.3MΩ	0.4MΩ
3．	第3工場	0.2MΩ	0.2MΩ	0.5MΩ
4．	第4工場	0.1MΩ	0.3MΩ	0.4MΩ

【1】 正解1

【2】 正解1

【3】 正解3

　　3．第3工場の三相400V回路では、絶縁抵抗が0.4MΩ以上であること。なお、単相
　　　3線式200Vの回路では、対地電圧が100Vとなるため、絶縁抵抗は0.1MΩ以上の基
　　　準が適用される。単相3線式200Vでは、中性線が接地されているため、線間電圧が
　　　200Vとなるが、対地電圧は100Vとなる。

【4】 正解1

　　1．第1工場の三相400V回路では、絶縁抵抗が0.4MΩ以上であること。

第6章　警報器の構造・機能（規格部分）

第6章

265

1．用　語

■用語の定義

◎漏電火災警報器…電圧600V以下の警戒電路の漏えい電流を検出し、防火対象物の関係者に報知する設備であって、変流器及び受信機で構成されたものをいう。

◎変流器…警戒電路の漏えい電流を自動的に**検出**し、これを受信機に送信するものをいう。

◎受信機…変流器から送信された信号を受信して、漏えい電流の発生を防火対象物の関係者に報知するものをいう。また、電路の遮断機構を有するものがある。

◎集合型受信機…2以上の変流器と組み合わせて使用する受信機で、1組の電源装置、音響装置等で構成されたものをいう。音響装置は、受信機に内蔵されているものと、外付けのものがある。（以上、規格省令第2条）

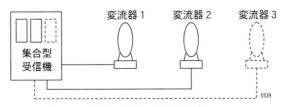

【集合型受信機と変流器】

◎互換性型…受信機と変流器とが、限定された範囲で**組み合わせて使用**することが認められたものをいう。

◎非互換性型…受信機と変流器との使用する**組み合わせが固定**されたものをいう。

▶変流器の種別

◎変流器は、構造に応じて屋外型及び屋内型に分類する（規格省令第3条）。

第6章

266

【1】漏電火災警報器の用語の説明に関する次の記述において、文中の（　）に当
てはまる語句として、規格省令上、正しいものはどれか。

　「電圧（ア）の警戒電路の（イ）を検出し、防火対象物の関係者に報知する設
備であって、（ウ）及び受信機で構成されたものをいう。」

	（ア）	（イ）	（ウ）
□　1.	600V以下	漏洩電流	変流器
2.	600V未満	漏洩電圧	変圧器
3.	600V未満	漏洩電流	変流器
4.	600V以下	漏洩電圧	変圧器

【2】漏電火災警報器の変流器及び受信機について、規格省令上、誤っているもの
を2つ選びなさい。[編]

□　1. 漏電火災警報器とは、電圧600V以下の警戒電路の漏洩電流を検出し、防
火対象物の関係者に報知する設備であって、変流器及び受信機で構成される
ものをいう。

　2. 漏電火災警報器とは、電圧600V以下の警戒電路の漏洩電流を検出し、防
火対象物の関係者に報知する設備であって、変流器及び遮断機構で構成され
たものをいう。

　3. 変流器とは、警戒電路の漏洩電流を自動的に検出し、これを受信機に送信
するものをいう。

　4. 集合型受信機とは、2以上の変流器と組み合わせて使用する受信機で、1
組の電源装置、音響装置等で構成されるものをいう。

　5. 受信機とは、音響装置から送信された信号を増幅して、漏洩電流の発生を
防火対象物の関係者に報知するものをいう。

　6. 受信機とは、変流器から送信された信号を受信して、漏洩電流の発生を防
火対象物の関係者に報知するものをいう。

第6章

【3】 漏電火災警報器の変流器及び受信機について、規格省令上、誤っているもの
は次のうちどれか。[★]

□ 　1．変流器とは、警戒電路の漏洩電流を自動的に検出し、これを受信機に送信
　　　するものをいう。

　　2．変流器は、構造に応じて屋外型及び屋内型に分類されている。

　　3．受信機とは、変流器から送信された信号を受信して、漏洩電流の発生を防
　　　火対象物の関係者に報知するものをいう。

　　4．受信機は、変流器との互換性の有無に応じて互換性型及び非互換性型に分
　　　類されている。

【4】 漏電火災警報器の用語の説明について、規格省令上、正しいものは次のうち
どれか。

□ 　1．受信機とは、音響装置から送信された信号を増幅して、漏洩電流の発生を
　　　防火対象物の関係者に報知するものをいう。

　　2．集合型受信機とは、2以上の変流器と組み合わせて使用する受信機で、1
　　　組の電源装置、音響装置等で構成されるものをいう。

　　3．漏電火災警報器とは、電圧600V以下の警戒電路の漏洩電流を検出し、防
　　　火対象物の関係者に報知する設備であって、中継器、変流器及び受信機で構
　　　成されるものをいう。

　　4．変流器とは、警戒電路の漏洩電流を自動的に検出し、これを中継器に送信す
　　　るものをいう。

▶▶正解＆解説……………………………………………………………………………………

【1】 正解1
　　「以下」は、基準となる数字を含む。「600V以下」は、600Vを含む。一方、「未満」は、
　その数字に達していないという意味で、基準となる数字を含まない。「600V未満」は、
　600Vを含まない。

【2】 正解2＆5

【3】 正解4
　　4．非互換性型は、受信機と変流器の組み合わせが固定されているもの。互換性型は、
　　受信機と変流器の組み合わせが、限られた範囲で認められているもの。メーカーごと
　　に互換性型となっていることが多い。

【4】 正解2
　　1．「音響装置から送信された信号を増幅して」⇒「変流器から送信された信号を受信
　　して」。
　　3．「中継器、変流器及び受信機」⇒「変流器及び受信機」。
　　4．「中継器」⇒「受信機」。

2. 漏電火災警報器の一般構造

◎漏電火災警報器は、その各部分が良質の材料で造られ、配線及び取付けが適正かつ確実になされたものでなければならない（以下、規格省令第4条）。

◎漏電火災警報器は、**耐久性**を有するものでなければならない。

◎漏電火災警報器は、著しい**雑音**又は**障害電波**を発しないものでなければならない。

◎漏電火災警報器の部品は、**定格の範囲内**で使用しなければならない。

〔解説〕定格：機器や装置、部品などについて、製造業者が保証する最大の使用限度、またはその際の電圧、電流、荷重などの数値。「定格○○」と呼ばれる。

◎漏電火災警報器の充電部で、外部から容易に人が触れるおそれのある部分は、十分に保護されていなければならない。

◎漏電火災警報器の端子以外の部分は、**堅ろうなケース**に収めなければならない。

◎漏電火災警報器の端子は、電線（接地線を含む。）を容易かつ確実に接続することができるものでなければならない。

◎漏電火災警報器の端子（接地端子及び配電盤等に取り付ける埋込用の端子を除く。）には、適当なカバーを設けなければならない。

◎変流器又は受信機の定格電圧が60Vを超える変流器又は受信機の**金属ケース**には、**接地端子**を設けなければならない。なお、金属ケースには、金属でない絶縁性のあるケースの外部に金属製の化粧銘板等の部品を取り付け、当該部品と充電部（電圧が60Vを超えるものに限る。）との絶縁距離が、空間距離で4mm未満、沿面距離で6mm未満であるものを含む。

▶▶ 過去問題 ◀◀

【1】漏電火災警報器の一般構造について、規格省令上、誤っているものは次のうちどれか。

☐　1．漏電火災警報器の部品は、定格の110％以下で使用しなければならない。

　　2．漏電火災警報器は、著しい雑音又は障害電波を発しないものでなければならない。

　　3．漏電火災警報器の端子以外の部分は、堅ろうなケースに収めなければならない。

　　4．漏電火災警報器は、耐久性を有するものでなければならない。

【2】 漏電火災警報器の一般構造として、規格省令上、誤っているものは次のうちどれか。

☐ 1. 著しい雑音を発しないものでなければならない。

2. 障害電波を発しないものでなければならない。

3. 端子以外の部分には、適当なカバーを設けなければならない。

4. 定格電圧が60Vを超える受信機の金属ケースには、接地端子を設けなければならない。

【3】 漏電火災警報器の一般構造に関する説明について、規格省令上、正しいものは次のうちどれか。

☐ 1. 耐久性及び耐熱性を有するものでなければならない。

2. 充電部で、外部から容易に人が触れるおそれのある部分は、十分に絶縁されていなければならない。

3. 端子は、電線（接地線を除く。）を容易かつ確実に接続することができるものでなければならない。

4. 端子（接地端子及び配電盤等に取り付ける埋込用の端子を除く。）には、適当なカバーを設けなければならない。

▶▶正解&解説……………………………………………………………………………

【1】 正解1

1. 「定格の110%以下」⇒「定格の範囲内」。

【2】 正解3

3. 漏電火災警報器の端子以外の部分は、堅ろうなケースに収めなければならない。

【3】 正解4

1. ［耐久性］を有するものでなければならない。

2. 充電部で、外部から容易に人が触れるおそれのある部分は、十分に［保護］されていなければならない。

3. 端子は、電線（接地線を［含む。］）を容易かつ確実に接続することができるものでなければならない。

3．装置または部品の構造・機能

◎漏電火災警報器の次の各号に掲げる装置又は部品は、当該各号に定める構造及び機能又はこれと同等以上の機能を有するものでなければならない（以下、規格省令第5条）。

▶音響装置
◎音響装置は、定格電圧の**90%の電圧**で音響を発すること。

◎定格電圧における音響装置の**音圧**は、無響室で定位置（音響装置を受信機内に取り付けるものにあってはその状態における位置）に取り付けられた音響装置の中心から**1m離れた点で70dB以上**であること。

◎警報音を断続するものにあっては、休止時間は**2秒以下**で、鳴動時間は休止時間以上であること。

◎充電部と非充電部との間の絶縁抵抗は、直流**500V**の絶縁抵抗計で測定した値が**5MΩ以上**であること。

〔解説〕充電部：電気の機器や設備において、正常な使用状態で電圧が加わっている部分。非充電部は充電部と絶縁されている部分。

◎定格電圧で8時間連続して鳴動させた場合、上記の機能を有し、かつ、構造に異常を生じないものであること。

▶電磁継電器（参考）
◎じんあい等が容易に侵入しない構造のものであること。

◎接点の材質は、次の①から⑤までのいずれかによること。

①金及び銀の合金

②金、銀及び白金の合金

③白金、金、パラジウム、銀パラジウム合金又はロジウム

④＆⑤省略

◎接点は、外部負荷と兼用させないこと。ただし、外付音響装置用接点にあっては、この限りでない。

〔解説〕電磁継電器：電磁リレーともいう。電磁コイルに電流が流れると電磁石になり、その電磁力によって可動鉄片を吸引し、これに連動した機構が働いて接点を閉じ、あるいは開く。電磁コイルに流れる電流が断たれると電磁力を失い、接点はばねの力によってもとの状態に戻る。電磁コイルに流す少ない電流で可動接点を開閉し、大きな電流のON・OFFを操作することができる。

▶電源変圧器（参考）

◎性能は、日本産業規格（JIS）に定める絶縁抵抗、耐電圧、電圧偏差、巻線の温度上昇及び電圧変動率によること。

◎容量は、定格電圧における最大負荷電流又は設計上の最大負荷電流に連続して耐えうること。

▶表示灯（参考）

◎表示灯の電球（放電灯及び発光ダイオードを除く。）は、使用される回路の定格電圧の130％の交流電圧を20時間連続して加えた場合、断線、著しい光束変化、黒化又は著しい電流の低下を生じないものであること。

◎表示灯は、電球を2以上並列に接続すること。ただし、放電灯又は発光ダイオードにあっては、この限りでない。

◎表示灯は、周囲の明るさが300ルクスの状態において、前方3m離れた地点で点灯していることを明確に識別することができるものであること。

▶スイッチ（参考）

◎容易かつ確実に作動し、停止点が明確であること。

◎接点の容量は、最大使用電流に耐えうるものであること。

◎接点の材質は、次の①から⑥までのいずれかによること。

　①金及び銀の合金

　②金、銀及び白金の合金

　③白金、金、パラジウム、銀パラジウム合金又はロジウム

　④〜⑥省略

▶▶過去問題◀◀

【1】漏電火災警報器の音響装置の構造又は機能について、規格省令上、誤っているものは次のうちどれか。

□　1．定格電圧の90％の電圧で音響を発するものでなければならない。

　　2．警報音を断続するものにあっては、休止時間は5秒以下で、鳴動時間は休止時間以上でなければならない。

　　3．充電部と非充電部との間の絶縁抵抗は、直流500Vの絶縁抵抗計で測定した値が5MΩ以上でなければならない。

　　4．定格電圧における音圧は、無響室で定位置（音響装置を受信機内に取り付けるものにあってはその状態における位置）に取り付けられた音響装置の中心から1m離れた点で70dB以上でなければならない。

【2】漏電火災警報器の音響装置の構造及び機能について、規格省令上、正しいものは次のうちどれか。

□　1．定格電圧の80％の電圧で音響を発すること。

　　2．警報音を断続するものにあっては、休止時間は5秒以下で、鳴動時間は休止時間以上であること。

　　3．定格電圧における音圧は、無響室で定位置（音響装置を受信機内に取り付けるものにあってはその状態における位置）に取り付けられた音響装置の中心から1m離れた点で70dB以上であること。

　　4．充電部と非充電部との間の絶縁抵抗は、直流500Vの絶縁抵抗計で測定した値が1MΩ以上であること。

【3】漏電火災警報器の音響装置の構造及び機能について、規格省令上、誤っているものは次のうちどれか。

□　1．定格電圧の90％の電圧で音響を発すること。

　　2．充電部と非充電部との間の絶縁抵抗は、直流500Vの絶縁抵抗計で測定した値が5MΩ以上であること。

　　3．警報音を断続するものにあっては、休止時間は2秒以下で、鳴動時間は休止時間以上であること。

　　4．定格電圧における音圧は、無響室で定位置（音響装置を受信機内に取り付けるものにあってはその状態における位置）に取り付けられた音響装置の中心から1m離れた点で60dB以上であること。

【4】漏電火災警報器の音響装置の構造及び機能について、規格省令上、正しいものは次のうちどれか。[★]

□　1．定格電圧の90％の電圧で音響を発すること。

　　2．充電部と非充電部との間の絶縁抵抗は、直流500Vの絶縁抵抗計で測定した値が1MΩ以上であること。

　　3．警報音を断続するものにあっては、休止時間は3秒以下で、鳴動時間は休止時間以上であること。

　　4．定格電圧における音圧は、無響室で定位置（音響装置を受信機内に取り付けるものにあってはその状態における位置）に取り付けられた音響装置の中心から1m離れた点で60dB以上であること。

【5】 漏電火災警報器の音響装置に関する次の記述のうち、文中の（　）に当てはまる語句の組合せとして、規格省令上、正しいものはどれか。

「定格電圧における音圧は、無響室で定位置（音響装置を受信機内に取り付けるものにあってはその状態における位置）に取り付けられた音響装置の中心から（ア）離れた点で（イ）以上であること。」

	（ア）	（イ）
1.	2 m	60dB
2.	1 m	70dB
3.	1 m	75dB
4.	2 m	80dB

▶▶正解＆解説・・・

【1】 正解2

　2.「休止時間は5秒以下」⇒「休止時間は2秒以下」。

【2】 正解3

　1.「80％の電圧」⇒「90％の電圧」。

　2.「休止時間は5秒以下」⇒「休止時間は2秒以下」。

　4.「1MΩ以上」⇒「5MΩ以上」。

【3】 正解4

　4.「60dB以上」⇒「70dB以上」。

【4】 正解1

　2.「1MΩ以上」⇒「5MΩ以上」。

　3.「休止時間は3秒以下」⇒「休止時間は2秒以下」。

　4.「60dB以上」⇒「70dB以上」。

【5】 正解2

4. 公称作動電流値&感度調整装置等

▶附属装置
◎漏電火災警報器には、その機能に有害な影響を及ぼすおそれのある附属装置を設けてはならない（規格省令第6条）。

▶公称作動電流値
◎漏電火災警報器の公称作動電流値は、**200mA 以下**でなければならない（同第7条）。

◎前項の規定は、感度調整装置を有する漏電火災警報器にあっては、その調整範囲の**最小値**について適用する。

〔解説〕ほとんどのものが感度調整装置を有しており、調整範囲の最小値は200mA以下ということになる。最小値が300mAのものは、規格省令に適合しなくなる。

◎公称作動電流値とは、漏電火災警報器を作動させるために必要な漏えい電流の値として**製造者**によって表示された値をいう。感度調整装置を有するものは、**調整範囲の最小値**となる。

〔解説〕例えば、感度調整装置（ツマミ）によって、感度の電流値を100mA・200mA・400mA・800mA・1,000mAに切り替えることができる受信機は、「公称作動電流値」が100mAとなる。

▶感度調整装置
◎感度調整装置を有する漏電火災警報器にあっては、その調整範囲の**最大値**は、1 **A以下**でなければならない（同第8条）。

〔解説〕この規定により、調整範囲の最大値が1,200mAのものは、規格省令に適合しなくなる。調整範囲は、100mA ～ 1,000mAのものが多い。

▶▶過去問題◀◀

【1】漏電火災警報器の感度調整装置の調整範囲の最大値として、規格省令に定められているものは次のうちどれか。[編]

☐ 　1．0.1A以下
　　2．0.2A 以下
　　3．0.5A 以下
　　4．1 A 以下
　　5．1.5A 以下
　　6．2 A 以下
　　7．4 A 以下

【2】 漏電火災警報器の公称作動電流値として、規格省令に定められているものは
次のうちどれか。

☐ 1．100mA 以下でなければならない。
  2．200mA 以下でなければならない。
  3．500mA 以下でなければならない。
  4．600mA 以下でなければならない。

【3】 漏電火災警報器の公称作動電流値及び感度調整装置について、規格省令上、
誤っているものは次のうちどれか。

☐ 1．公称作動電流値とは、漏電火災警報器を作動させるために必要な漏えい電
    流の値として製造者によって表示された値をいう。
  2．公称作動電流値は、200mA以下でなければならない。
  3．感度調整装置を有する漏電火災警報器は、その調整範囲の最小値が100mA
    以下でなければならない。
  4．感度調整装置を有する漏電火災警報器は、その調整範囲の最大値が、１Ａ
    以下でなければならない。

▶▶正解＆解説……………………………………………………………………………………
【1】 正解4
【2】 正解2
【3】 正解3
  3．感度調整装置を有する漏電火災警報器は、その調整範囲の最小値が［200mA］以
    下でなければならない。

5. 機器の表示

▶変流器の表示

◎変流器には、次の各号に掲げる事項をその見やすい箇所に容易に消えないように表示しなければならない（規格省令第9条1項）。

①漏電火災警報器変流器という文字
②届出番号
③屋外型又は屋内型のうち該当する種別
④定格電圧及び定格電流
⑤定格周波数
⑥単相又は三相のうち該当するもの
⑦設計出力電圧
⑧製造年
⑨製造者名、商標又は販売者名
⑩極性のある端子にはその極性を示す記号

▶受信機の表示

◎受信機には、次の各号に掲げる区分に応じ、それぞれ当該各号に掲げる事項をその見やすい箇所に容易に消えないように表示しなければならない（同第9条2項）。

①受信機本体
　イ　漏電火災警報器受信機という文字
　ロ　届出番号
　ハ　定格電圧
　ニ　電源周波数
　ホ　公称作動電流値
　ヘ　作動入力電圧
　ト　製造年
　チ　製造者名、商標又は販売者名
　リ　集合型受信機にあっては、警戒電路の数
　ヌ　端子板には、端子記号（電源用の端子にあっては、端子記号及び交流又は直流の別）並びに定格電圧及び定格電流
　ル　部品には、部品記号（その付近に表示した場合を除く。）
　ヲ　スイッチ等の操作部には、「開」、「閉」等の表示及び使用方法
　ワ　ヒューズホルダには、使用するヒューズの定格電流
　カ　接続することができる変流器の届出番号
　ヨ　その他取扱い上注意するべき事項

②音響装置

 イ 交流又は直流の別

 ロ 定格電圧及び定格電流

 ハ 製造年

 ニ 製造者名又は商標

 ホ 極性のある端子には、その極性を示す記号

▶▶過去問題◀◀

【1】漏電火災警報器の変流器に表示しなければならない事項として、規格省令上、誤っているものは次のうちどれか。[★]

☐ 1．届出番号

  2．定格周波数

  3．設計出力電圧

  4．接続することができる受信機の届出番号

【2】漏電火災警報器の受信機本体に表示しなければならない事項として、規格省令上、定められていないものを次のうちから2つ選びなさい。[編]

☐ 1．型式番号

  2．届出番号

  3．電源周波数

  4．公称作動電流値

  5．作動入力電圧

  6．設計出力電圧

  7．製造年

▶▶正解＆解説‥‥‥‥‥‥‥‥‥‥‥‥‥‥‥‥‥‥‥‥‥‥‥‥‥‥‥‥‥‥‥‥‥‥

【1】正解4

【2】正解1＆6

 1．現在の法令では、「型式番号」は受信機本体に表示しなければならない事項として定められていない。「型式番号」はかつての検定品に付されており、現在の自主表示品は「届出番号」となっている。届出番号は、国が定めた基準等に適合していることを製造業者自ら確認し、総務大臣に届け出た際に付される番号である。

 6．「設計出力電圧」は、変流器に表示しなければならない事項である。

6. 変流器

▶変流器の機能

◎変流器は、別図第1の試験回路において警戒電路に電流を流さない状態又は当該
変流器の定格周波数で当該変流器の定格電流を流した状態において、次の各号に
適合するものでなければならない。この場合において、当該変流器の出力電圧値
の測定は、出力端子に当該変流器に接続される受信機の入力インピーダンスに相
当するインピーダンス（負荷抵抗）を接続して行うものとする（規格省令第11条
1項）。

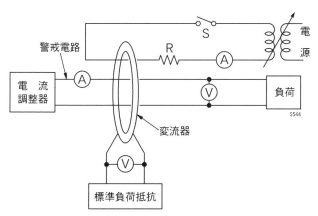

【別図第1　変流器の機能試験】

①試験電流を0mAから1,000mAまで流した場合、その出力電圧値は、試験電流
　値に比例して変化すること。

②変流器に接続される受信機の公称作動電流値を試験電流として流した場合、そ
　の出力電圧値の変動範囲は、当該公称作動電流値に対応する設計出力電圧値の
　75%から125%までの範囲内であること。

③変流器に接続される受信機の公称作動電流値の42%の試験電流を流した場合、
　その出力電圧値は、当該公称作動電流値に対応する設計出力電圧値の52%以
　下であること。

◎変流器で、警戒電路の電線を変流器に貫通させるものにあっては、警戒電路の各
電線をそれらの電線の変流器に対する電磁結合力が平衡とならないような方法で
変流器に貫通させた状態で、第1項の機能を有するものでなければならない（同
2項）。

279

▶周囲温度試験

◎屋内型の変流器は、−10℃及び60℃の周囲温度にそれぞれ12時間以上放置した後、いずれも構造又は前条（第11条）の機能に異常を生じないものでなければならない（同第12条１項）。

◎屋外型の変流器は、−20℃及び60℃の周囲温度にそれぞれ12時間以上放置した後、いずれも構造又は前条（第11条）の機能に異常を生じないものでなければならない（同２項）。

▶電路開閉試験（参考）

◎変流器は、出力端子に負荷抵抗を接続し、警戒電路に当該変流器の定格電流の150％の電流を流した状態で警戒電路の開閉を１分間に５回繰り返す操作を行った場合、その出力電圧値は、接続される受信機の公称作動電流値に対応する設計出力電圧値の52％以下でなければならない（同第13条）。

▶短絡電流強度試験

◎変流器は、別図第２の試験回路において出力端子に負荷抵抗を接続し、警戒電路の電源側に過電流遮断器を設け、警戒電路に当該変流器の定格電圧（警戒電路の電線を変流器に貫通させる変流器にあっては、当該変流器の定格電圧以下の任意の電圧とする。）で短絡力率が0.3から0.4までの2,500Aの電流を２分間隔で約0.02秒間２回流した場合、構造又は機能に異常を生じないものでなければならない（同第14条）。

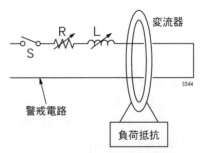

【別図第２　短絡電流強度試験】

▶過漏電試験（参考）

◎変流器は、一の電線を変流器に取り付けた別図第３の回路を設け、出力端子に負荷抵抗を接続した状態で当該一の電線に変流器の定格電圧の数値の20％の数値を電流値とする電流を５分間流した場合、構造又は機能に異常を生じないものでなければならない（同第15条）。

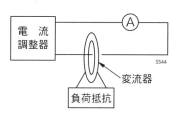

【別図第3　過漏電試験】

▶老化試験

◎変流器は、65℃の温度の空気中に30日間放置した場合、構造又は機能に異常を
生じないものでなければならない（同第16条）。

▶防水試験（参考）

◎屋外型変流器は、温度65℃の清水に15分間浸し、温度0℃の塩化ナトリウムの
飽和水溶液に15分間浸す操作を2回繰り返し行った後、次の各号に適合するもの
でなければならない（同第17条）。

①飽和水溶液に浸してある状態で第20条の試験（絶縁抵抗試験）に適合すること。

②飽和水溶液から取り出した状態で第21条の試験（絶縁耐力試験）に適合し、か
つ、構造又は機能に異常を生じないこと。

▶振動試験（参考）

◎変流器は、全振幅4mmで毎分1,000回の振動を任意の方向に60分間連続して与え
た場合、構造又は機能に異常を生じないものでなければならない（同第18条）。

▶衝撃試験（参考）

◎変流器は、任意の方向に標準重力加速度の50倍の加速度の衝撃を5回加えた場合、
構造又は機能に異常を生じないものでなければならない（同第19条）。

▶絶縁抵抗試験

◎変流器は、一次巻線と二次巻線との間及び一次巻線又は二次巻線と外部金属部と
の間の絶縁抵抗を直流500Vの絶縁抵抗計で測定した値が5MΩ以上のものでな
ければならない（同第20条）。

▶絶縁耐力試験（参考）

◎第20条の試験部の絶縁耐力は、50Hz又は60Hzの正弦波に近い実効電圧1,500V（警
戒電路電圧が250Vを超える場合は、警戒電路電圧に2を乗じて得た値に1,000V
を加えた値）の交流電圧を加えた場合、一分間これに耐えるものでなければなら
ない（同第21条）。

▶衝撃波耐電圧試験（参考）

◎変流器は、一次巻線（警戒電路の電線を変流器に貫通させる変流器にあっては、当該警戒電路とする）と外部金属部との間及び一次巻線の相互間に波高値 6 kV、波頭長0.5 μ 秒から1.5 μ 秒まで、及び波尾長32 μ 秒から48 μ 秒までの衝撃波電圧を正負それぞれ 1 回加えた場合、構造又は機能に異常を生じないものでなければならない（同第22条）。

▶電圧降下防止試験

◎変流器（警戒電路の電線を当該変流器に貫通させるものを除く。）は、警戒電路に定格電流を流した場合、その警戒電路の電圧降下は、**0.5V以下**でなければならない（同第23条）。

▶▶ 過去問題 ◀◀

【1】漏電火災警報器の変流器の機能試験に関する次の記述のうち、文中の（ ）に当てはまる数値の組合せとして、規格省令上、正しいものはどれか。[★]

「変流器に接続される受信機の公称作動電流値を試験電流として流した場合、その出力電圧値の変動範囲は、当該公称作動電流値に対応する設計出力電圧値の（ア）％から（イ）％までの範囲内であること。」

	（ア）	（イ）
□ 1.	75	125
2.	80	120
3.	85	115
4.	90	110

【2】漏電火災警報器に接続される変流器の機能試験に関する次の記述のうち、文中の（ ）に当てはまる数値の組合せとして、規格省令上、正しいものはどれか。

「変流器に接続される受信機の公称作動電流値の（ア）％の試験電流を流した場合、その出力電圧値は、当該公称作動電流値に対応する設計出力電圧値の（イ）％以下であること。」

	（ア）	（イ）
□ 1.	32	42
2.	42	52
3.	52	62
4.	62	72

【3】漏電火災警報器の変流器の周囲温度試験に関する次の記述のうち、文中の
（　）に当てはまる数値の組合せとして、規格省令上、正しいものはどれか。
　　「屋内型の変流器は、（ア）℃及び（イ）℃の周囲温度にそれぞれ（ウ）時間以
上放置した後、いずれも構造又は機能に異常を生じないものでなければならな
い。」

	（ア）	（イ）	（ウ）
□　1.	0	50	12
2.	0	60	24
3.	−10	50	24
4.	−10	60	12

【4】漏電火災警報器の変流器の周囲温度試験に関する次の記述のうち、文中の
（　）に当てはまる数値の組合せとして、規格省令上、正しいものはどれか。
　　「屋外型の変流器は、（ア）℃及び（イ）℃の周囲温度にそれぞれ（ウ）時間以
上放置した後、いずれも構造又は機能に異常を生じないものでなければならな
い。」

	（ア）	（イ）	（ウ）
□　1.	−20	50	24
2.	−20	60	12
3.	−10	50	12
4.	−10	60	24

【5】漏電火災警報器の変流器の老化試験に関する次の記述のうち、文中の（　）
に当てはまる数値の組合せとして、規格省令上、正しいものはどれか。
　　「変流器は、（ア）の温度の空気中に（イ）間放置した場合、構造又は機能に異
常を生じないものでなければならない。」

	（ア）	（イ）
□　1.	50℃	10日
2.	55℃	10日
3.	60℃	30日
4.	65℃	30日

【6】変流器の絶縁抵抗試験について、次の文中の（　）内に当てはまる数値として、規格省令上、正しいものはどれか。

「変流器の一次巻線と二次巻線との間の絶縁抵抗を直流（ア）の絶縁抵抗計で測定した値が（イ）以上のものでなければならない。」

	（ア）	（イ）
□ 1.	250V	5MΩ
2.	250V	10MΩ
3.	500V	5MΩ
4.	500V	10MΩ

【7】変流器の一次巻線と二次巻線との間及び一次巻線又は二次巻線と外部金属部との間の絶縁抵抗を直流500Vの絶縁抵抗計で測定したときの値として、規格省令に定められているものは次のうちどれか。

□ 1．1MΩ以上
　 2．5MΩ以上
　 3．10MΩ以上
　 4．50MΩ以上

【8】漏電火災警報器に係る規格省令に定められている各種試験のうち、変流器に行う試験として、誤っているものは次のうちどれか。[★]

□ 1．老化試験
　 2．電圧降下防止試験
　 3．短絡電流強度試験
　 4．電源電圧変動試験

【9】変流器（警戒電路の電線を変流器に貫通させるものを除く。）は、警戒電路に定格電流を流した場合、警戒電路の電圧降下として、規格省令に定められているものは次のうちどれか。

□ 1．0.5V 以下
　 2．1.0V 以下
　 3．3.0V 以下
　 4．5.0V 以下

▶▶正解＆解説···

【1】 正解1

「変流器の機能」 規格省令第11条1項2号。

【2】 正解2

「変流器の機能」 規格省令第11条1項3号。

【3】 正解4

「周囲温度試験」 規格省令第12条1項。

【4】 正解2

「周囲温度試験」 規格省令第12条2項。

【5】 正解4

「老化試験」 規格省令第16条。

【6】 正解3

「絶縁抵抗試験」 規格省令第20条。

【7】 正解2

「絶縁抵抗試験」 規格省令第20条。

【8】 正解4

1.「老化試験」 規格省令第16条。

2.「電圧降下防止試験」 規格省令第23条。

3.「短絡電流強度試験」 規格省令第14条。

4.電源電圧変動試験は、受信機に行う試験である。規格省令第28条。287P参照。

【9】 正解1

「電圧降下防止試験」 規格省令第23条。

7. 受信機

▶受信機の構造

◎受信機の構造は、次に定めるところによらなければならない（規格省令第24条）。

①電源を表示する装置を設けること。この場合において、漏電表示の色と明らかに区別できること。

②受信機の電源入力側及び受信機から外部の音響装置、表示灯等に対し直接電力を供給するように構成された回路には、外部回路に短絡を生じた場合においても有効に保護できる措置が講じられていること。

③感度調整装置以外の感度調整部は、ケースの外面に露出しないこと。

▶受信機の試験装置

◎受信機には、公称作動電流値に対応する変流器の設計出力電圧の2.5倍以下の電圧を、その入力端子に加えることができる試験装置、及び変流器に至る外部配線の断線の有無を試験できる試験装置を設けなければならない（同第25条1項）。

◎受信機の試験装置は、次の各号に適合するものでなければならない（同2項）。

①受信機の前面において手動により容易に試験できること。

②試験後、定位置に復する操作を忘れないように適当な方法が講じられていること。

③集合型受信機に係るものにあっては、回線ごとに試験できること。

▶受信機の漏電表示

◎受信機は、変流器から送信された信号を受信した場合、赤色の表示及び音響信号により漏電を自動的に表示するものでなければならない（同第26条）。

▶受信機の機能

◎受信機は、別図第4の試験回路において、信号入力回路に公称作動電流値に対応する変流器の設計出力電圧の52%の電圧を加えた場合、30秒以内で作動せず、かつ、公称作動電流値に対応する変流器の設計出力電圧の75%の電圧を加えた場合、1秒以内に作動するものでなければならない（同第27条1項）。

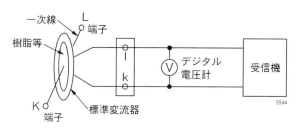

【別図第4　受信機の機能試験】

- -

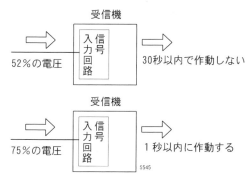

【受信機の不作動・作動試験】

◎集合型受信機は、更に次の各号に適合するものでなければならない（同2項）。

①漏えい電流の発生した警戒電路を明確に表示する装置を設けること。

②前号に規定する装置（警戒電路の表示）は、警戒電路を遮断された場合、漏えい電流の発生した警戒電路の表示が継続して行えること。

③2の警戒電路で漏えい電流が同時に発生した場合、漏電表示及び警戒電路の表示を行うこと。

④2以上の警戒電路で漏えい電流が連続して発生した場合、最大負荷に耐える容量を有すること。

▶電源電圧変動試験

◎受信機は、電源電圧を受信機の定格電圧の**90％から110％**までの範囲で変化させた場合、前条（第27条）の機能に異常を生じないものでなければならない（同第28条）。

▶周囲温度試験

◎受信機は、**−10℃及び40℃**の周囲温度にそれぞれ**12時間以上**放置した後、いずれも構造又は機能に異常を生じないものでなければならない（同第29条）。

▶過入力電圧試験（参考）

◎受信機は、別図第5の試験回路において、信号入力回路に50Vの電圧を変流器のインピーダンスに相当する抵抗を介して5分間加えた場合、漏電表示をし、かつ、構造又は機能に異常を生じないものでなければならない（同第30条）。

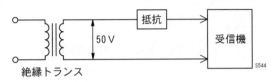

【別図第5　過入力電圧試験】

▶繰返し試験（参考）

◎受信機は、受信機の定格電圧で1万回の漏電作動を行った場合、構造又は機能に異常を生じないものでなければならない（同第31条）。

▶振動試験（参考）

◎受信機は、通電状態において全振幅1mmで毎分1,000回の振動を任意の方向に10分間連続して与えた場合、誤作動（漏えい電流以外の原因に基づく作動をいう。）しないものでなければならない（同第32条1項）。

◎受信機は、無通電状態において全振動4mmで毎分1,000回の振動を任意の方向に60分間連続して与えた場合、構造又は機能に異常を生じないものでなければならない（同2項）。

▶衝撃試験（参考）

◎受信機は、任意の方向に標準重力加速度の50倍の加速度の衝撃を5回加えた場合、構造又は機能に異常を生じないものでなければならない（同第33条）。

▶絶縁抵抗試験

◎受信機は、充電部とそれを収める金属ケース（絶縁性のあるケースの外部に金属製の化粧銘板等の部品を取り付けたものを含む。）との間の絶縁抵抗を直流500Vの絶縁抵抗計で測定した値が5MΩ以上のものでなければならない（同第34条）。

▶絶縁耐力試験（参考）

◎第34条の試験部の絶縁耐力は、50Hz又は60Hzの正弦波に近い実効電圧500V（定格電圧が30Vを超え150V以下の部分については1,000V、150Vを超える部分については定格電圧に2を乗じて得た値に1,000Vを加えた値）の交流電圧を加えた場合、1分間これに耐えるものでなければならない（同第35条）。

▶衝撃波耐電圧試験（参考）

◎受信機は、別図第6の試験回路において、電源異極端子の間及び電源端子とケースとの間に波高値6kV、波頭長0.5μ秒から1.5μ秒まで及び波尾長32μ秒から48μ秒までの衝撃波電圧を正負それぞれ一回加えた場合、構造又は機能に異常を生じないものでなければならない（同第36条）。

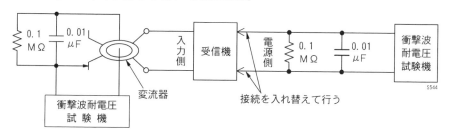

【別図第6　衝撃波耐電圧試験】

```
▶▶過去問題◀◀
```

【1】漏電火災警報器の受信機の構造に関する次の記述のうち、文中の（　）に当てはまる語句の組合せとして、規格省令上、正しいものはどれか。

「受信機の（ア）側及び受信機から外部の音響装置、表示灯等に対し直接電力を供給するように構成された回路には、（イ）回路に短絡を生じた場合においても有効に保護できる措置が講じられていること。」

	（ア）	（イ）
□　1.	電源入力	内部
2.	電源入力	外部
3.	変流器	外部
4.	変流器	内部

【2】漏電火災警報器の受信機の構造について、規格省令上、誤っているものは次のうちどれか。[★]

□　1. 電源を表示する装置を設け、その表示は、漏電表示の色と明らかに区別できなければならない。

　2. 受信機の電源入力側及び受信機から外部の音響装置、表示灯等に対し直接電力を供給するように構成された回路には、外部回路に短絡を生じた場合においても有効に保護できる措置が講じられていなければならない。

　3. 感度調整装置以外の感度調整部は、ケースの外面に露出してはならない。

　4. 予備電源を設けなければならない。

【3】漏電火災警報器の受信機の構造について、規格省令上、正しいものは次のうちどれか。

□ 1．電源を表示する装置を設け、その表示は、漏電表示の色と同じでなければならない。

2．予備電源を設けなければならない。

3．感度調整装置は、ケースの外面に露出してはならない。

4．受信機の電源入力側及び受信機から外部の音響装置、表示灯等に対し直接電力を供給するように構成された回路には、外部回路に短絡を生じた場合においても有効に保護できる措置が講じられていなければならない。

【4】漏電火災警報器の受信機の構造に関する次の記述について、規格省令上、正しいもののみをすべて掲げているものはどれか。

ア．電源を表示する装置を設け、その表示は、漏電表示の色と明らかに区別できなければならない。

イ．受信機の電源入力側及び受信機から外部の音響装置、表示灯等に対し直接電力を供給するように構成された回路には、外部回路に短絡を生じた場合においても有効に保護できる措置が講じられていなければならない。

ウ．感度調整装置は、ケースの外面に露出してはならない。

□ 1．ア、イ　　　　2．ア、ウ
3．イ、ウ　　　　4．ア、イ、ウ

【5】漏電火災警報器の受信機の試験装置に関する次の記述において、文中の（　）に当てはまる数値及び語句の組み合わせとして、規格省令上、正しいものはどれか。

　　「受信機には、公称作動電流値に対応する変流器の設計出力電圧の（ア）倍以下の電圧をその（イ）に加えることができる試験装置及び1級のものにあっては変流器に至る外部配線の断線の有無を試験できる試験装置を設けなければならない。」

	（ア）	（イ）
□ 1.	1.5	入力端子
2.	2.5	出力端子
3.	2.5	入力端子
4.	1.5	出力端子

【6】 漏電火災警報器の受信機に設ける試験装置について、規格省令上、正しいものは次のうちどれか。

☐ 1. 受信機には、公称作動電流値に対応する変流器の設定出力電圧の3.5倍以下の電圧をその入力端子に加えることができる試験装置を設けなければならない。

2. 受信機には、変流器に至る外部配線の短絡の有無を試験できる試験装置を設けなければならない。

3. 試験装置は、受信機の前面において手動により容易に試験できるものでなければならない。

4. 集合型受信機に設ける試験装置は、すべての回線を一括して試験できるものでなければならない。

【7】 漏電火災警報器の受信機の漏電表示に関する次の記述のうち、文中の（　）に当てはまる語句の組合せとして、規格省令上、正しいものはどれか。

　「受信機は、変流器から送信された信号を受信した場合、（ア）の表示及び（イ）により漏電を自動的に表示するものでなければならない。」

	（ア）	（イ）
☐ 1.	赤色	音響信号
2.	黄色	音響信号
3.	黄色	音声信号及び音響信号
4.	赤色	音声信号及び音響信号

【8】 漏電火災警報器の受信機の機能試験に関する次の記述のうち、文中の（　）に当てはまる数値の組合せとして、規格省令上、正しいものはどれか。

　「受信機は、信号入力回路に公称作動電流値に対応する変流器の設計出力電圧の（ア）％の電圧を加えた場合、（イ）秒以内で作動せず、かつ、公称作動電流値に対応する変流器の設計出力電圧の（ウ）％の電圧を加えた場合、1秒以内に作動するものでなければならない。」

	（ア）	（イ）	（ウ）
☐ 1.	52	60	90
2.	52	30	75
3.	62	30	90
4.	62	60	75

【9】 漏電火災警報器の受信機の電源電圧変動試験に関する次の記述のうち、文中の（ ）に当てはまる数値の組合せとして、規格省令上、正しいものはどれか。

「受信機は、電源電圧を受信機の定格電圧の（ア）％から（イ）％までの範囲で変化させた場合、前条の機能に異常を生じないものでなければならない。」

	（ア）	（イ）
□ 1.	80	120
2.	80	110
3.	90	110
4.	90	120

【10】 漏電火災警報器の受信機の周囲温度試験に関する次の記述において、文中の（ ）に当てはまる数値の組合せとして、規格省令上、正しいものはどれか。

「受信機は、（ア）℃及び（イ）℃の周囲温度にそれぞれ（ウ）時間以上放置した後、いずれも構造又は機能に異常を生じないものでなければならない。」

	（ア）	（イ）	（ウ）
□ 1.	0	60	12
2.	0	40	24
3.	−10	40	12
4.	−10	60	24

【11】 漏電火災警報器の絶縁抵抗試験に関する次の記述のうち、文中の（ ）に当てはまる数値の組合せとして、規格省令上、正しいものはどれか。[★]

「受信機は、充電部とそれを収める金属ケース（絶縁性のあるケースの外部に金属製の化粧銘板等の部品を取り付けたものを含む。）との間の絶縁抵抗を直流（ア）Vの絶縁抵抗計で測定した値が（イ）MΩ以上のものでなければならない。」

	（ア）	（イ）
□ 1.	250	5
2.	250	10
3.	500	10
4.	500	5

【12】漏電火災警報器の絶縁抵抗を直流500Vの絶縁抵抗計で測った結果として、規格省令に適合していないものは、次のうちどれか。

☐　1．変流器の二次巻線と外部金属部との間　　……7MΩ

　　2．変流器の二次巻線と外部金属部との間　　……6MΩ

　　3．受信機の充電部とそれを収めるケースとの間……5MΩ

　　4．受信機の充電部とそれを収めるケースとの間……4MΩ

▶▶正解&解説‥‥‥‥‥‥‥‥‥‥‥‥‥‥‥‥‥‥‥‥‥‥‥‥‥‥‥‥‥‥‥‥‥

【1】正解2

　「受信機の構造」 規格省令第24条2号。

【2】正解4

　1〜3．「受信機の構造」 規格省令第24条。

　4．漏電火災警報器の受信機に、予備電源を設けなければならないという規定はない。

【3】正解4

　「受信機の構造」 規格省令第24条。

　1．電源を表示する装置は、漏電表示の色と明らかに区別できること。

　2．漏電火災警報器の受信機に、予備電源を設けなければならないという規定はない。

　3．感度調整装置以外の感度調整部は、ケースの外面に露出しないこと。

【4】正解1

　ウ．感度調整装置以外の感度調整部は、ケースの外面に露出しないこと。

【5】正解3

　「受信機の試験装置」 規格省令第25条。

　　設問の文中における［1級のものにあっては］という文言は、法令改正前のものとなっている。現行の法令では、当該箇所は削除されている。しかし、過去の試験において設問の内容のまま出題されていたことから、本書籍では、現行の法令原文に準用させずにそのままの掲載とした。（編集部）

【6】正解3

　「受信機の試験装置」 規格省令第25条。

　1．「3.5倍以下」⇒「2.5倍以下」。

　2．「短絡の有無」⇒「断線の有無」。

　4．集合型受信機に設ける試験装置は、回線ごとに試験できること。

【7】正解1

　「受信機の漏電表示」 規格省令第26条。

【8】正解2

　「受信機の機能」 規格省令第27条。

【9】 正解3

「電源電圧変動試験」 規格省令第28条。

【10】 正解3

「周囲温度試験」 規格省令第29条。

【11】 正解4

「絶縁抵抗試験」 規格省令第34条。

【12】 正解4

1＆2．変流器の「絶縁抵抗試験」 規格省令第20条。

3＆4．受信機の「絶縁抵抗試験」 規格省令第34条。

それぞれの間の絶縁抵抗を直流500Vの絶縁抵抗計で測定した値が5MΩ以上のものでなければならない。

第7章　実技／鑑別等

第7章

1. 工具類

■1. 配線工事関係

▶ワイヤーストリッパー

◎電線をおおっている樹脂製の被覆を自動ではぎ取るための工具である。手動タイプは、配線の太さに合わせた穴状の刃が複数あるもので、被覆を挟んで引き抜く。

◎下の写真のものはオートタイプと呼ばれているもので、電線を刃の部分にかませてクリップを握ると、電線を固定するとともに、穴付きの刃が自動的に被覆をはぎ取る。

▼刃の部分

▼使用時

▶リングスリーブ

◎リングスリーブは、環状の小さな部品である。中に複数の電線の心線を挿入し、圧着ペンチで押しつぶすことにより電線を接合する。

▶ラジオペンチ

◎銅線や針金を切ったり細工するためのものである。

▶ニッパ

◎銅線や細い針金を切るためのものである。

▶圧着ペンチ

◎心線を挿入したリングスリーブを圧着して、電線を接続するためのものである。

■2．金属配管工事関係

▶金切のこ

◎主として金属材料を切断するのに
　用いられるのこぎり。

◎弓のこ状のものは、のこ刃を交換
　することができるため、広く使わ
　れている。

▶パイプカッター

◎切断部分にカッターの刃にあて、ノブを軽く回してくわえ込む。この状態でカッ
　ターを円周方向に1周させ、切り込み線を付ける。

◎次にノブを少し締め付け、切り込みを深くしていく。この作業を繰り返して行い、
　管を切断する。

▲パイプにセット　　　　▲パイプと刃のあたり　　　　▲パイプの切り込み線

▶パイプベンダー

◎金属管を曲げる際に使用する。

　〔用語〕ベンダー［bender］：曲げるもの。

▶リーマ

◎リーマは、金属管の切断部に差し込み、手でねじ込むようにして使用する。

　〔用語〕リーマ［reamer］：穴ぐり錐。

◎リーマは円すいの角部に沿って刃がついており、回すことで切断面内側のばりや
　角部を取り除くことができる。

▲外観

▲角部についている刃

▲切断部と刃のあたり

▶タップとダイス

◎タップはめねじのねじ立てに使用する。先タップ、中タップ、仕上げタップの3本が一組になっている。

◎ダイスはおねじのねじ立てに使用する。

◎ただし、タップとダイスは、金属管工事に使用することはあまりない。

▲タップの例（大）・（小）

▲ダイスの例

▶ウォーターポンププライヤー

◎口の開きが多段階となっており、通常のプライヤーより太い径のパイプやナットをつかむことができる。配管（主に水道管）工事に用いる。

▲外観

▲使用時

▶▶過去問題◀◀

【1】下の写真A及びBに示す工具の名称を答えなさい。[★]

□

A

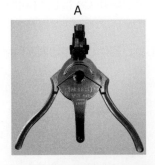

B

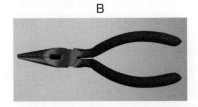

第7章

【2】写真A〜Dは、整備に用いる工具を示したものである。それぞれの名称を答えなさい。

□ A.

B.

C.

D.

▶▶正解＆解説……………………………………………………………………………

【1】正解

> A：ワイヤーストリッパー　　　B：ラジオペンチ

【2】正解

> A：ニッパ　　　　　　　　　　B：圧着ペンチ
> C：ワイヤーストリッパー　　　D：ウォーターポンププライヤー

A．ニッパは、銅線や細い針金などを切るときに使用する。

B．圧着ペンチは、心線を挿入したリングスリーブを圧着して、電線を接続するときに使用する。

C．ワイヤーストリッパーは、電線を挟みグリップを握ると、自動的に電線の被覆をはぎ取ることができる。

D．ウォーターポンププライヤーは、大径のナットなどを回すことができる。水道管工事にも使用される。

■1.　回路計（サーキットテスター）

◎抵抗、直流電圧、直流電流、交流電圧などが測定できる計器である。

区分	抵抗	直流電圧	直流電流	交流電圧	交流電流
記号	Ω S576	DCV $\underline{\underline{V}}$	DCA $\underline{\underline{A}}$	ACV $\underset{\sim}{V}$	ACA $\underset{\sim}{A}$

〔用語〕DC：「Direct Current」の略で直流。

　　　　AC：「Alternating Current」の略で交流。

◎アナログ式とデジタル式があるが、デジタル式は精度が高い。

■2.　絶縁抵抗計

◎絶縁抵抗計は、測定回路に直流高電圧（例えば250Vや500V）を加え、非常に大きな抵抗を測定する器具である。

◎一般にMΩ単位で測定結果を表示するため、メガーと呼ばれることがある。

◎回路計（サーキットテスター）の抵抗測定レンジと大きく異なるのは、測定電圧が高く、それに伴い非常に大きな抵抗を測定できる点である。

◎絶縁抵抗は、電路と大地間及び線間の２つがある。

◎線間の絶縁抵抗を測定する場合は、測定電圧から電気部品を保護するため、線間にある電気部品は全て取り外す必要がある。

◎絶縁抵抗計と回路計は外観が似ているため、外観だけから判定するのは困難である。ただし、次のポイントで見分けることができる。

　①メーターの指示部に「MΩ」と表示されているものは、絶縁抵抗計と判断する。

　②測定端子がワニ口クリップとなっているものは、絶縁抵抗計と判断する。

　③棒状の測定端子が細長いものは、絶縁抵抗計と判断する。

◎ただし、測定端子については、回路計であってもワニ口クリップが付属品として付いている場合もあるため、総合的に判断する必要がある。

■３．接地抵抗計

▶接地抵抗の測定

◎接地抵抗を測定するには、**本体の他に接地抵抗計に付属されている３本の測定コード**と**２本の補助接地棒**を使用する。測定手順は次のとおり。

　①測定対象となる接地電極（被測定接地電極）からほぼ10m間隔で、ほぼ一直線上となるように２本の補助接地棒を大地に深く埋め込む。この際、大地はできるだけ湿気の多い場所を選ぶ。

　②接地抵抗計のＥ端子と被測定接地電極間を緑コードで接続する。同様に、Ｐ端子及びＣ端子と２本の補助接地棒間をそれぞれ黄コード及び赤コードで接続する。

　③接地抵抗計のレンジを最大（主に×100Ωレンジ）にして、測定を開始する。測定値に応じて、順にレンジを下げていく。

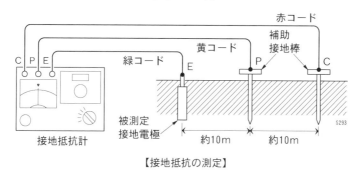

【接地抵抗の測定】

◎２本の補助接地棒を使用するのは、測定原理に由来する。接地抵抗計では、Ｅ（接地電極）とＣ（補助接地棒）間に交流電流を流し、ＥとＰ（補助接地棒）間の電位差を求め、そこからＥとＣ（補助接地棒）間の接地抵抗を算出する仕組みになっている。

◎なお、絶縁抵抗計は直流電圧を使用するのに対し、接地抵抗計は交流電圧を使用する。理由として、直流では電気分解による分極作用と、異種類のアース極による電池の生成の２つの影響が生じるためである。

▶接地抵抗計の構成

◎接地抵抗計は、測定コード（最も短い緑色・黄色・最も長い赤色）と補助接地棒が付属されている。また、本体にはＥ端子、Ｐ端子、Ｃ端子の３端子が付いている。このため、接地抵抗計の特定は容易である。

◎ただし、３本の測定コードについては、巻き取り器に収納した状態で出題されることがある。

■4．クランプメーター

◎クランプメーターは、クランプ式電流計や架線電流計とも呼ばれる。

◎先端部のクランプと呼ばれる輪の部分で電線を挟み込んで使用する。このため、回路を切断することなく、**電流を測定**することができる。通常の電流計は、回路の一部を切断して開き、そこに電流計を通す形で接続しなければならない。

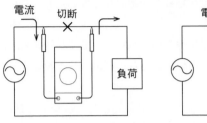
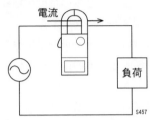

【通常の電流計による測定】　【クランプメーターによる測定】

◎クランプメーターは、交流用、直流用、交流直流両用のものがある。いずれも、電流そのものを測定するのではなく、電流が流れることでその周囲に発生する磁界の強弱をセンサで検出し、それを電流に換算している。なお、センサは数種類あるが、詳細は省略する。

◎クランプメーターは測定できる電流の種類によるほか、測定電流の大きさの違いで、負荷電流測定型と漏れ電流測定型に分類される。

◎負荷電流測定型は、数A以上の大きな負荷電流を測定する。一方、漏れ電流測定型は、数A以下の微少な漏れ電流を測定する。

◎クランプメーターには、**回路計の機能**が組み込まれているものがある。この場合、電流の他に**電圧**や**抵抗**も測定できる。

■5．検電器

◎検電器は、**電圧の有無を検出**するためのものである。ネオン発光式と電子回路式がある。

◎**ネオン発光式検電器**は、ネオン放電管に一定以上の電圧が加わると、微小な電流でも鮮やかな紅橙色にグロー放電する特性を利用したものである。構造が簡単で取扱いやすいため、低圧から高圧用のものまで、古くから広く使われている。欠点として、明るい場所ではその発光が確認しにくいこと、絶縁電線被覆の上からでは検電ができないこと、が挙げられる。

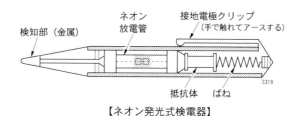

【ネオン発光式検電器】

◎一方、**電子回路式検電器**は、内部に電池（電源）と半導体回路を内蔵し、微弱な検出電流を内蔵回路で増幅し、見やすい表示灯を点灯させたり、スイッチング回路と発振回路を使って音声周波数に変換して、確認しやすい音響を発生することで、電圧の有無を表示する。

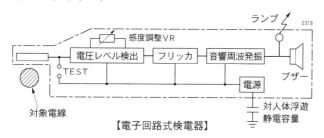

【電子回路式検電器】

◎電子回路式検電器は、高圧・低圧の共用が可能であるとともに、絶縁被覆の上から検電できるのが大きな利点である。現在、検電器の主流となっているのは電子回路式である。

◎電子回路式は、交流専用のものと交流直流両用のものがある。

■6．各種計器の外観

▶回路計の例
◎三和電気計器
アナログ式

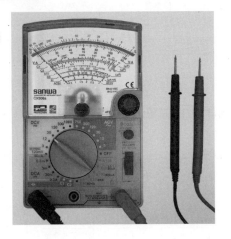

▶絶縁抵抗計の例
◎三和電気計器　MG500
デジタル式
定格測定電圧　500V／250V／125V
測定レンジ　400k／4M／40M
　　　　／400M／4000MΩ

◎日置電機　IR4013
アナログ式
定格測定電圧　500V
最大表示値　1000MΩ

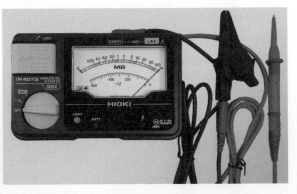

▶接地抵抗計の例

◎日置電機（アナログ式）

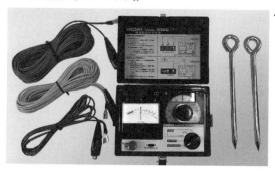

◀黒色測定コード（ワニ口付き）、黄色コード、赤色コード、補助接地棒２本がセットになっている。測定コードの端子は本体の接続端子（左上）に挿入する。

▶測定コードの巻き取り器の例

- -

◎日置電機（デジタル式）

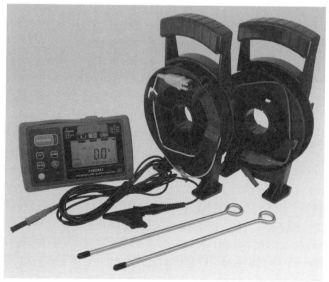

◀セット内容はアナログ式と同じ。ただし、黄色・赤色測定コードは巻き取り器付き。

▶クランプメーターの例

◎共立電気計器

◎日置電機

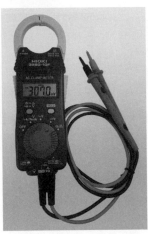

▲測定レンジは20Aと200Aがある。
▶電流の他に、電圧（交直）と抵抗も測定できる。

▶電子回路式検電器の例

◎長谷川電気工業

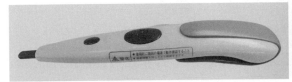

◎日置電機

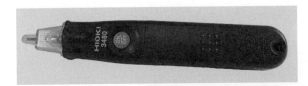

【1】写真A〜Dは、測定用器具の一例を示したものである。それぞれの器具の名
称を答えなさい。

□

A

B

C

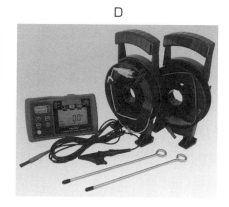

D

【2】下の図に示す器具について、その名称と用途を答えなさい。[★]

□

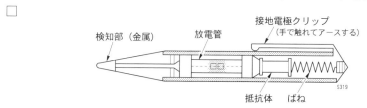

検知部（金属）　放電管　接地電極クリップ
（手で触れてアースする）

抵抗体　ばね

S319

【3】写真に示す器具について、その名称及び用途を答えなさい。

□
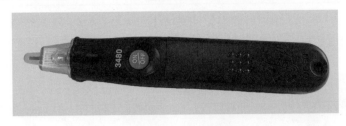

【4】下の写真は、ある測定器具の一例を示したものである。次の各設問に答えなさい。

〈目盛部拡大〉

〈測定レンジ部拡大〉

□ 1．この器具の名称を答えなさい。
　　2．この器具で、電圧の他に測定することができるものを2つ答えなさい。ただ
　　　し、電池チェックと温度測定は除く。

【5】写真A及び写真Bは、消防用設備等に係わる配線工事の完了後に行う試験に
用いる測定用器具の一例を示したものである。それぞれの器具の名称及び使用
する試験の名称を答えなさい。

A

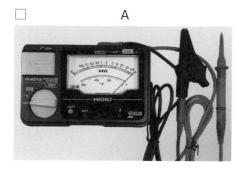

B

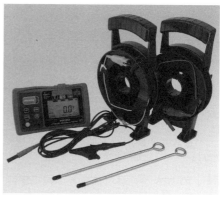

【6】写真は漏電火災警報器の点検時に使用する器具を示したものである。次の各
設問に答えなさい。

1. この器具を用いて行う試験の名称を答えなさい。
2. 矢印で示す部分は、どこに接続して使用するか答えなさい。

【7】写真Aと図Bの測定用器具について、次の各設問に答えなさい。

A

B

1. A及びBの名称を答えなさい。

2. A及びBは、何の測定に使用されるものか答えなさい。

3. Aを使用する利点を、Bと比較して答えなさい。

【8】写真A及びB（写真Bは編集部にて図に変換）は、電路の測定器具を示した
ものである。この設定レンジの状態で測定するものは何か、それぞれ答えなさい。

A

B

Aの設定レンジ

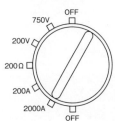

Bの設定レンジ

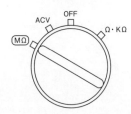

【9】写真A〜Dは、測定器具を表したものである。次の各設問に答えなさい。

A

B

C

D

☐ 1．絶縁抵抗の測定に用いる器具を1つ選び、記号で答えなさい。

2．交流電圧の測定に用いる器具を1つ選び、記号で答えなさい。

【1】正解

> A：絶縁抵抗計　　　　B：騒音計
> C：クランプメーター　D：接地抵抗計

A．表示部に「MΩ」があれば、絶縁抵抗計と判断する。

B．先端部に球形のウインドスクリーンがあれば、騒音計と判断する。音響装置の音圧を測定するときに使用する。

C．先端部に輪の部分（クランプ）があれば、クランプメーターと判断する。

D．測定コードと補助接地棒が付属されていれば、接地抵抗計と判断する。

【2】正解

> 名称：検電器
> 用途：電圧の有無を検出する。

図は、ネオン発光式の検電器である。

【3】正解

> 名称：検電器
> 用途：電圧の有無を検出する。

写真は、電子回路式の検電器である。

【4】正解

> 1．名称：回路計（サーキットテスター）
> 2．測定できるもの：電流と抵抗

【5】正解

> A．器具の名称：絶縁抵抗計　　　　試験の名称：絶縁抵抗試験
> B．器具の名称：接地抵抗計　　　　試験の名称：接地抵抗試験

【6】正解

> 1．絶縁抵抗試験
> 2．アース端子（接地端子）

写真は日置電機のアナログ式絶縁抵抗計である。指針の文字盤に「MΩ」の表示がある。矢印で示すリード線の先端にはワニ口クリップがついており、接地端子（アース端子）に接続する。もう1本のリード線には棒状の測定端子が付いており、路線端子に接続する。絶縁抵抗計では、2本のリード線をL（LINE：路線）とE（EARTH：接地）で区分している。

【7】正解

1．Aの名称：クランプメーター　　　Bの名称：交流電流計
2．交流電流の測定
3．Aの利点：Bは回路の一部を切断して測定するが、Aは切断せずに測定できる。

　　図Bの交流電流計は、メーターの指示部に「Ａ」と表示されているため、交流の電流計であると判断する。

　　写真Aのクランプメーターは、交流の電流を測定できるものが多い。また、直流を測定できるものもあるが、２．についてはAとBに共通するものを回答する。

【8】正解

A．負荷電流
B．絶縁抵抗

　　Aはクランプメーター、またはクランプ式電流計と呼ばれる測定器具である。
設問のクランプメーターは、測定端子付きのコードを接続することで、設定レンジから電圧と抵抗も測定することができる。

　　クランプメーターは、負荷電流のほかに漏れ電流も測定できるものがあるが、設定レンジが「2000A」となっていることから、測定するのは「負荷電流」となる（漏れ電流を測定する場合は、数A以下の微小なレンジとなる）。

　　Bは設定レンジの「MΩ」から絶縁抵抗計である。なお、設定レンジの「ACV」は交流電圧、「Ω・MΩ」は抵抗を表す。

【9】正解

1．C（絶縁抵抗計）
2．A（クランプメーター）

A．クランプメーター
　　回路計の機能が付加されたものであり、電流の他に、電圧（交直）や抵抗を測定することができる。
B．メーターリレー試験器
　　自動火災報知設備の差動式分布型感知器（熱電対式）の試験器である。
D．接地抵抗計

3. 漏電火災警報器の器具

▶配線用遮断器

◎開閉器と過電流遮断器を兼ね備えたものである。

◎配線用遮断器は、定格電流（例えば20A）を超えると自動で回路を遮断することで、過負荷電流や短絡電流による機器の損傷や電線の焼損を防止する。

◎配線用遮断器には、トリップボタンの付いているものがある。このボタンを押すと、遮断器が作動して回路を遮断（トリップ）する。

▲三菱製　　▲テンパール製　　▲日東製　　▲パナソニック製

▲テンパール製

▶漏電遮断器

◎この器具を取り付けた以降の回路に漏電が生じた場合、自動的に回路を遮断するものである。ただし、配線用遮断器の機能も備えている。このため、機器には定格電流（例えば30A）が表示されている。

◎漏電遮断器には、漏電表示装置が備わっているものがある。

◎漏電遮断器が漏電により作動（回路遮断）すると、レバーが中間位置まで下がるとともに、多くの場合、漏電表示ボタンが手前に飛び出す仕組みとなっている。このため、漏電遮断器が漏電により遮断したのか、過電流により遮断したのかボタンの状態で判断できる。

◎漏電遮断器には、ほとんどテストボタンが備わっている。正常な状態では、テストボタンを押すと、レバーが中間位置まで下がって回路を遮断するとともに、漏電表示ボタンが手前に飛び出る。

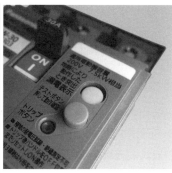

▲パナソニック製

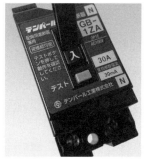

▲テンパール製

◎漏電遮断器には、「定格感度電流」（例えば30mA）が必ず表示されている。漏えい電流がこの数値の値になると、漏電として作動する。

◎以上、［漏電表示ボタン］［テストボタン］［定格感度電流］の有無で、漏電遮断器か配線用遮断器かの識別が可能となる。

【1】写真は、漏電火災警報器の操作電源回路に設けることとされている器具の一例を示したものである。次の各設問に答えなさい。

□ 1. この器具の名称を答えなさい。
2. この器具を設ける場合、定格電流は何A以下でなければならないか答えなさい。

【2】下の写真の器具について、次の各設問に答えなさい。

□ 1. この器具の名称を答えなさい。
2. 矢印で示す部分の数字「30」は何を表すか答えなさい。

▶▶正解＆解説……………………………………………………………………………

【1】正解

1. 名称：配線用遮断器
2. 定格電流：20A以下

【2】正解

1. 名称：漏電遮断器
2. 矢印で示す「30」：定格電流

4. 変流器

◎変流器は、用途に応じて屋内型と屋外型に分類される。また、構造に応じて貫通形と分割形に分類される。

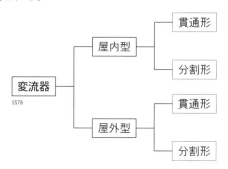

◎屋内型は、配線を二次巻線と接続するための端子が付いている。一方、屋外型は、変流器にあらかじめ電線が接続されており、変流器が防水仕様となっている。

◎分割形は、分割している変流器を密着して締め付けるためのねじ部を備えている。

◎変流器本体の表示部に表示されている「設計出力電圧」とは、変流器及び受信機の、基準に適合しているかを調べる試験などにおいて、一つの指標として用いられている。

◎例えば、本体の表示部に「設計出力電圧：40mV/100mA」と表示されている場合、その変流器の貫通孔に 100mA の漏えい電流を流したとき、変流器の出力電圧値が 40mV であることを表している。

▶屋内型貫通形の例

◎テンパール工業

配線の接続端子▶

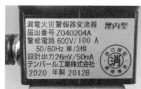

▲本体の表示部

◎泰和電気工業（警戒電路 600V 200A）

漏電火災警報器 変流器
ＺＢ－５８Ｍ2s 屋内型
届出番号　Z030502A
警戒電路 600V 200A 50/60Hz 単 / 3相
設計出力電圧 40mV/100mA 2021年製
泰和電気工業株式会社

▲本体の表示部

配線の接続端子（左右）▶

◎泰和電気工業（警戒電路 600V 100A）

漏電火災警報器　変流器
ＺＢ－30Ｍ1s 屋内型
届出番号　Z030501A
警戒電路 600V 100A 50/60Hz 単 /3相
設計出力電圧 40mV/100mA 2021年

泰和電気工業株式会社

▲配線の接続端子（左右）と
　本体の表示部

◎オムロン（警戒電路 600V 100A）

出力端子は、k,l端子
です。(受信機に接続)
kt , lt 端子は、試験
端子となります。

omron OTG-LA30
漏電火災警報器変流器　　　　屋内型
届出番号 Z010302A　　　　単相/三相
警戒電路 600V100A 50/60Hz 2021年製
設計出力電圧 30mV/50mA
オムロン株式会社　　　　　　MADE IN JAPAN

▲本体の表示部

▲配線の接続端子
　（中央2端子）

◎オムロン（警戒電路600V 50A）

▲本体の表示部

▶屋内型分割形の例
◎テンパール工業

▲本体の下部と上部

▲環状鉄心の接合部
（本体下部）

▲配線の接続端子（右）と
上下の締付けねじ（左）

本体の表示部▶

◎河村電器産業

▲環状鉄心の接合面

▲配線の接続端子（右）と
上下コイルの接続部（左）

本体の表示部（中央）
と上下の締付けねじ▶

▶屋外型貫通形の例

◎テンパール工業

▲本体の表示部　　　▲配線の引出し部

◎オムロン

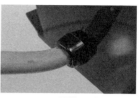

▲配線の引出し部

omron OTG-LA30W
漏電火災警報器変流器　　　屋外型
型出番号　Z010306A　　　　　　　単相/三相
警戒電路　600V 100A　50/60Hz　2020 年製
設計出力電圧　30mV/50mA

◀本体の表示部

- -

◎河村電器産業

▼本体の表示部

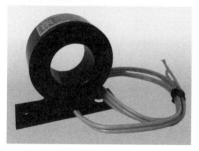

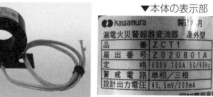

kawamura 漏電火災警報器変流器　屋外型	製造 月
品　　　　番	Z C T 1
届 出 番 号	Z 0 2 0 8 0 1 A
定　　　　格	600V 100A 50/60Hz
警 戒 電 路	単相/三相
設計出力電圧	45.5mV/200mA

配線の引出し部▶

- -

▶屋外型分割形の例

◎泰和電気工業

▲上下の締付けねじ

漏電火災警報器変流器
CW-36　屋外型
届出番号　Z031001A
設計出力電圧 74mV/100mA
警戒電路 600V.150A.50/60Hz
相数 単相/3相　**2020** 年製
泰和電気工業株式会社

▲本体の表示部

▲配線の引出し部

〈組合せ位置〉
マーク位置を合
わせてください。

【1】写真は、漏電火災警報器を構成する機器の一例を示したものであり、上下に分割できる構造となっている。次の各設問に答えなさい。

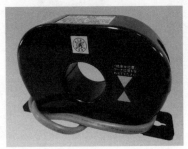

□　1．この機器の名称を答えなさい。

　　2．この機器の説明について、記述の（　）に当てはまる語句を答えなさい。

　　　「この機器は、警戒電路の配線が（①）の場合でも、機器を2つに分割して、電線を通してから機器の上下を締め付けて設置できる。また、この機器の施工上の留意点として、合わせ目を食い違いのないようによく合わせ、かつ、（②）するように均等に十分締め付けること。」

【2】下の図は、屋外型変流器の配線への施工方法の一例を示したものである。次の各設問に答えなさい。[★]

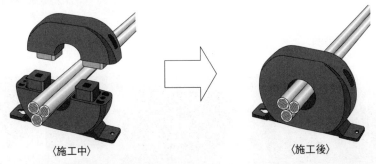

〈施工中〉　　　　　　　　　　　　　〈施工後〉

□　1．この変流器の構造上の形式を答えなさい。

　　2．この変流器の施工上の利点を簡潔に答えなさい。

　　3．この変流器を使用する場合の留意点について、次の記述の（　）内に当てはまる語句を記入しなさい。

　　　「合わせ目を食い違いがないようによく合わせ、かつ、（①）するように均等に十分（②）こと」。

【3】写真A及びBは、漏電火災警報器の変流器の一例を示したもので、これらは分割できる構造である。次の各設問に答えなさい。

A   B

 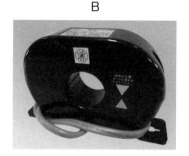

- □ 1．変流器の設置場所により、屋内型と屋外型に分類されるが、屋外型に分類されるのはどちらか、記号で答えなさい。
  - 2．写真A及びBの変流器の施工上の利点を簡潔に答えなさい。
  - 3．写真A及びBの変流器を設置する場合の施工上の留意点について、文中の（　）に当てはまる語句を答えなさい。

  「写真A及びBの変流器は、合わせ目に食い違いがないようによく合わせて、かつ、（　）するように均等に十分締め付けること。」

【4】下の写真の変流器について、次の各設問に答えなさい。

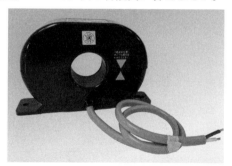

- □ 1．この変流器を取り付ける場合の構造上の形式を答えなさい。
  - 2．この変流器を設置する場合、必要な性能を発揮させる施工上の留意点を簡素に述べなさい。

【5】写真は漏電火災警報器の変流器を分解したところを示したものである。次の各設問に答えなさい。

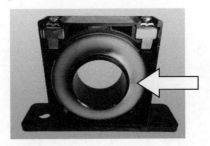

□　1．矢印で示すコイル部分の名称を答えなさい。

　　2．矢印で示すコイル部分に流れる電流について、次の説明文のうち正しいものを2つ選び、記号で答えなさい。

　　〈説明文〉

　　ア．常時警戒電流（監視電流）を流している。

　　イ．正常時は、電流が流れていない。

　　ウ．漏電が発生しなくても、微小な電流が流れることがある。

　　エ．漏電した電流が、このコイル内を流れる。

　　オ．コイルは閉回路であり、電流はコイル内を循環する。

【6】下の写真は、漏電火災警報器の変流器の一例を示したものであり、端子が露出している構造となっている。次の各設問に答えなさい。

□　1．この変流器は、屋内型と屋外型のどちらに分類されるか。該当する方を答えなさい。

　　2．この変流器の内部構造の説明について、下の記述の（　）に当てはまる語句を答えなさい。

　　　この変流器は、環状（ア）に検出用（イ）線を施してケースに収めている。

【7】写真A及びBは、漏電火災警報器の変流器を示したものである。次の各設問に答えなさい。

A

B

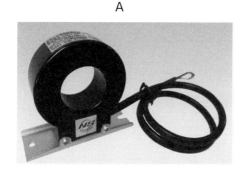

☐ 1．屋外型変流器は、A及びBのどちらか答えなさい。

2．写真に示す変流器をB種接地線に設置した場合、変流器の定格電流は警戒電路の定格電圧の数値の何％に相当する数値以上の電流値としなければならないか答えなさい。

【8】写真は、変流器及び変流器に貼付された銘板の一例を示したものである。次の各設問に答えなさい。

変流器

銘板

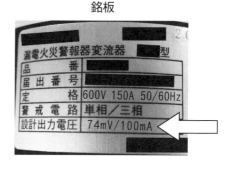

☐ 1．この変流器の設置方法に応じた構造上の形式及び設置場所に応じた型式をそれぞれ答えなさい。

2．矢印で示す「設計出力電圧」の数値は何を表しているか説明しなさい。

▶▶正解&解説··

【1】正解

1. 名称：屋外型分割形変流器
2. ①既設　②密着

【2】正解

1. 構造上の形式：分割形
2. 警戒電路の配線が既設の場合でも、後から取り付けることができる。
3. ①密着　②締め付ける

【3】正解

1. B
2. 警戒電路の配線が既設の場合でも、後から取り付けることができる。
3. 密着

1. Bは引き出し配線が付いているため、屋外型と判断できる。

【4】正解

1. 構造上の形式：分割形
2. 合わせ目を食い違いがないようによく合わせ、かつ、密着するように均等に十分締め付ける。

【5】正解

1. 名称：検出用二次巻線
2. イ&ウ

ウ. 誘導障害により、二次巻線に微小な電流が流れることがある。

エ. 漏電した電流が二次巻線に流れることはない。貫通孔を通っている電線に漏電が生じると、二次巻線に電流が生じる。

　矢印で示されている部分は、固定用の樹脂部分であるが、設問で「コイル部分」としていることから、検出用二次巻線と判断する。下の写真は、変流器を更に分解して、コイル部分が見えるようにしたものである（編集部）。

【6】正解

1．屋内型
2．ア：鉄心
　　イ：二次巻

　1．配線の引出し部がなく、かつ、配線の接続部があるため、屋内型と判断できる。

【7】正解

1．A
2．20%

　1．Aは引出し配線が付いているため、屋外型と判断できる。

　2．B種接地線に変流器を設置する場合、定格電流は消防庁の課長通達により「当該警戒電路の定格電圧の数値の20%に相当する数値以上の電流値」とすることが示されている。第5章「4．漏電火災警報器の定格電流」215P参照。

【8】正解

1．構造上の形式：貫通形
　　設置場所に応じた型式：屋外型
2．変流器の貫通孔に100mAの漏えい電流を流したとき、変流器の出力電圧が
　　74mVであることを表している。

　問題に使用している写真は、編集部により数値等を加工している（編集部）。

【1】写真は、漏電火災警報器の受信機の一部を示したものである。次の各設問に
答えなさい。[★]

☐ 1．この受信機は、変流器を複数接続することができるが、この受信機の名称
を答えなさい。

2．矢印で示す装置の名称を答えなさい。また、この装置で設定する値の名称
を答えなさい。

3．B種接地線に設置した変流器を、この受信機の警戒電路1に接続した場合、
この写真の設定値（100mA）は適切であるか答えなさい。

【2】写真は、漏電火災警報器の受信機を示したものである。次の各設問に答えな
さい。[★]

☐ 1．矢印で示す部分の名称及び目的を簡記しなさい。

2．この受信機に接続できる変流器の最大数を答えなさい。また、このような
受信機を何というか答えなさい。

【3】写真は漏電火災警報器の受信機の一例である。次の各設問に答えなさい。

□　1．この受信機に接続できる変流器の最大数及びこの受信機の名称を答えなさい。
　　2．矢印で示す装置の名称を答えなさい。

▶▶正解＆解説………………………………………………………………………………………
【1】正解

> 1．受信機の名称：集合型受信機
> 2．装置の名称　：感度調整装置
> 　　設定する値の名称：公称作動電流値
> 3．100mAは適切ではない。

　3．検出漏えい電流設定値（公称作動電流値）は、Ｂ種接地線に変流器を取り付ける場合（接地線方式）、400mA ～ 800mAを標準とする。写真の設定値は100mAとなっており、適切ではない。なお、変流器の取付けが回路方式の場合は、100mA ～ 400mAが標準となる。

【2】正解

> 1．名称：感度調整装置
> 　　目的：公称作動電流値を切り替える
> 2．変流器の最大数：2個
> 　　受信機の名称：集合型受信機

【3】正解

> 1．変流器の最大数：2個
> 　　受信機の名称：集合型受信機
> 2．名称：感度調整装置

【1】低圧引込線がラス（鉄網）入りモルタル壁を貫通している部分で漏電している状態の図である。次の各設問に答えなさい。

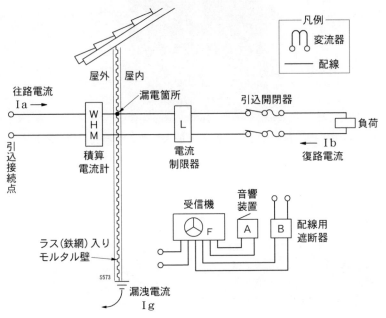

☐ 1. 漏洩電流Igを検出するため、図中に変流器とその配線及び操作電源の配線を、凡例の記号を用いて記入しなさい。

2. 漏洩電流Igが流れている場合と流れていない場合、往路電流のIa、復路電流のIb及び漏洩電流Igの関係式をそれぞれ答えなさい。

漏電が起きていない場合　Ia = ▢

漏電が起きている場合　　Ig = ▢

【2】次の図は、漏電火災警報器の正常時と漏電時の状態を示したものである。三相３線式の警戒回路における、漏電検出原理について述べた次の文中の（　）に当てはまる式及び数値を記入しなさい。

□〈正常時〉

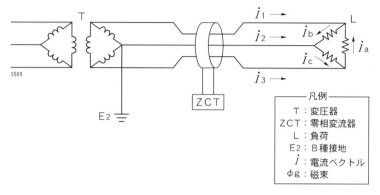

各線の電流は、

$$i_1 = i_b - i_a \qquad i_2 = （①） \qquad i_3 = i_a - i_c$$

各線電流のベクトル和は、　$i_1 + i_2 + i_3 = （②）$

となり、零相変流器の二次側に出力は現れない。

〈漏電時〉

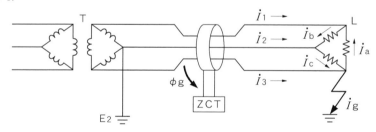

各線の電流は、

$$i_1 = （③） \qquad i_2 = i_c - i_b \qquad i_3 = （④）$$

各線電流のベクトル和は、　$i_1 + i_2 + i_3 = i_g$

となり、零相変流器に磁束 ϕg が発生し、二次側には起電力が誘起され漏電が検出される。

【3】図は、漏洩電流検出の原理及び変流器の設置について示したものである。次の各設問に答えなさい。

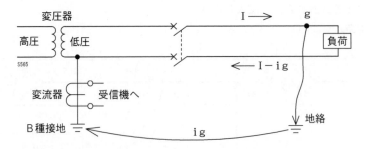

□　1．図のように変流器を設置する方式の名称を答えなさい。また、その方式以外の方式の名称を答えなさい。

　　2．次のアとイに、図のように変流器を設置することができる場合は「○」を、設置することができない場合は「×」を記入しなさい。

　　　ア．電力会社との需給契約が高圧契約で、自家用変電設備を有する防火対象物

　　　イ．電力会社との需給契約が低圧契約の防火対象物

【4】図は漏洩電流検出の原理を示し、下の記述はその原理を説明したものである。（　）内に当てはまる数式又は語句を答えなさい。

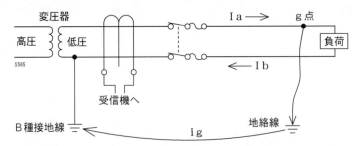

□　図のg点で漏電している場合、往路の電流Ia、復路の電流Ib、漏洩電流igの関係は、ig＝（A）となる。

　　変流器には、漏洩電流igに相当する（B）が作用し、その（B）の変化によって変流器の（C）線に（D）電圧が生じ、この電圧を受信機の増幅部に入力信号として与え、継電器を働かせて警報を発するものである。

【1】正解

1．正解例

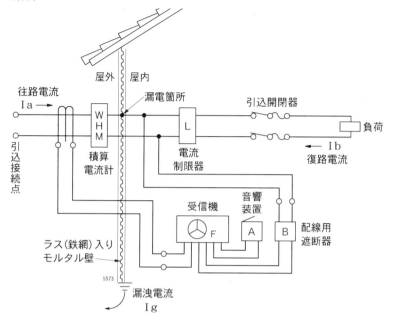

変流器の取付位置：漏電箇所より電源側に取り付けることから、取付位置は屋外となる。また、積算電流計より電源側に取り付ける。積算電流計より負荷回路側に変流器を取り付けると、積算電流計で漏電が起きた場合、漏電が検出できない。

配線用遮断器の配線接続位置：漏電火災警報器の操作電源は、電流制限器の一次側から専用回路として分岐する。また、その専用回路には、定格15Aのヒューズ付き開閉器、または定格20A以下の配線用遮断器を設ける。

- -
2．漏電が起きていない場合　Ia＝Ib

　漏電が起きている場合　　Ig＝Ia－Ib
- -

　例えば、負荷電流が100Aで漏えい電流が1Aの場合、往路電流Iaは101Aとなり、復路電流Ibは100Aとなる。漏えい電流Ig＝Ia－Ib＝101A－100A＝1A。

【2】正解

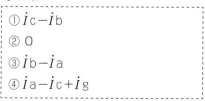

① $i_c - i_b$

② 0

③ $i_b - i_a$

④ $i_a - i_c + i_g$

333

1. 図の方式の名称：接地線方式
   図の方式以外の方式の名称：回路方式
2. ア：○
   イ：×

2．アの防火対象物は、接地線方式及び回路方式いずれの変流器でも取り付けることが
できる。

　イの防火対象物は、降圧する変圧器及びB種接地線がいずれも電力会社の所有物で
あり、契約者はB種接地線に変流器を取り付けることができない。

【4】正解

A：Ia－Ib　　　B：磁束
C：二次巻　　　D：誘起

7. 壁体等の構造

▶▶過去問題◀◀

【1】下の図A～Cは、電気の引込部分と壁体等の構造を示したものである。A～C
において、漏電火災警報器を設置しなければならないものには○を、そうでないも
のには×の記号を記入しなさい。ただし、A～Cの防火対象物はすべて消防法施行
令別表第1（5）項ロに該当し、延べ面積は150m² である。[★]

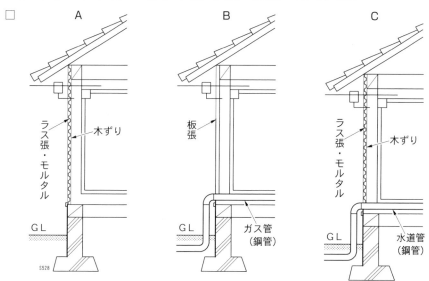

【2】図A～Dは、壁体部分の構造と防火対象物の用途及び延べ面積との組合せを示したものである。これらのうち漏電火災警報器の設置が必要となるものを2つ選び、記号で答えなさい。ただし、契約電流容量については考慮しないものとする。

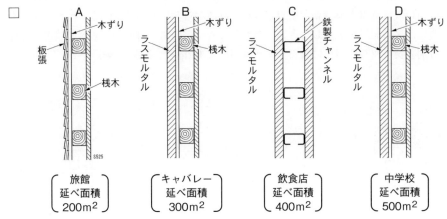

（注）ラスモルタルはワイヤラスにモルタル塗りを施したもの

【3】下の図A～Dは、延べ面積300m²の共同住宅の構造を示したものである。A～Dの中で、漏電火災警報器の設置が法令上必要となるものを2つ選び、記号で答えなさい。ただし、契約電流容量については考慮しないものとする。

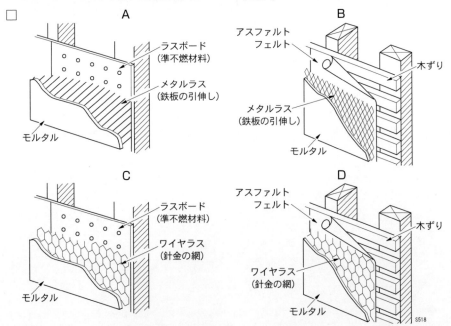

【4】 図A～Dは、防火対象物の用途及び延べ面積と壁体部分の構造との組合せを示したものである。これらのうち漏電火災警報器の設置が必要となるものを2つ選び、記号で答えなさい。ただし、契約電流容量については考慮しないものとする。

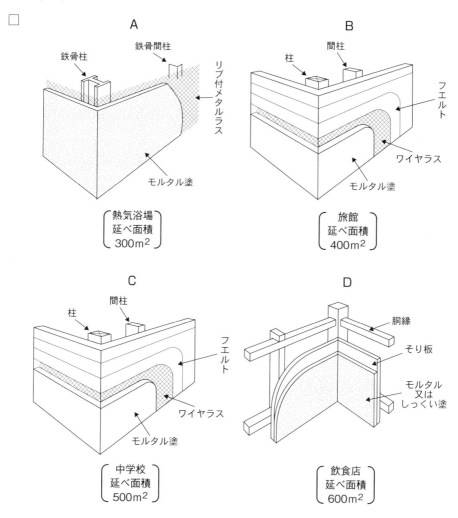

A

鉄骨柱
鉄骨間柱
リブ付メタルラス
モルタル塗

熱気浴場
延べ面積
300m²

B

柱
間柱
フエルト
ワイヤラス
モルタル塗

旅館
延べ面積
400m²

C

柱
間柱
フエルト
ワイヤラス
モルタル塗

中学校
延べ面積
500m²

D

胴縁
そり板
モルタル
又は
しっくい塗

飲食店
延べ面積
600m²

▶▶ 正解＆解説……………………………………………………………………………………………

【1】正解

A：〇
B：×
C：〇

漏電火災警報器を設置しなければならない防火対象物は、[延べ面積（契約電流容量）]と[構造]の2つの基準がある。2つの基準をいずれも満たす場合に、漏電火災警報器の設置が必要となる。

令別表第1（5）項ロに該当するのは、寄宿舎、下宿、共同住宅などである。[延べ面積]の基準は150m²以上であることから、設問のA・B・Cは、いずれも[延べ面積]の基準を満たすことになる。

[構造]の基準は設問の場合、壁の下地等が準不燃材料以外の材料であることと、ラス（鉄網）張の2点である。設問のA及びCは、いずれもこの基準を満たしているが、設問のBはラス（鉄網）張ではないため、基準を満たさない。

なお、木ずりはモルタルなどの下地となる横板を指す。ラス板とも呼ばる。準不燃材料以外の材料となる。

【2】正解

BとD

[延べ面積]の基準は以下のとおり。
旅館…150m²以上
キャバレー…300m²以上
飲食店…300m²以上
中学校…500m²以上

B及びDは壁の下地が木ずりであり、準不燃材料以外の材料に該当する。更に、壁に金網（ラス）が入っていることから、[構造]の基準を満たす。2つの基準を満たすため、漏電火災警報器の設置が必要となる。なお、桟木は建築で用いる角材を指す。

Aは壁の下地が木ずりであり、準不燃材料以外の材料に該当する。ただし、壁に金網（ラス）が入っていないことから、[構造]の基準は満たさない。

Cは壁の下地が鉄であり、準不燃材料に該当することから、[構造]の基準は満たさない。なお、「チャンネル・channel」はテレビのチャンネルの他、道路の溝・側溝などの意味もある。鋼材として、チャンネル鋼（溝形鋼）やアングル鋼（山形鋼）がある。

【3】正解

    BとD

　　共同住宅における［延べ面積］の基準は150m²以上であり、設問の共同住宅は延べ面積が300m²であることから、基準を満たす。

　　A及びCは壁の下地がラスボード（準不燃材料）であり、準不燃材料に該当することから、［構造］の基準は満たさない。

　　B及びDは壁の下地が木ずりであり、準不燃材料以外の材料に該当する。更に、壁に金網（メタルラス及びワイヤラス）が入っていることから、［構造］の基準を満たすため、漏電火災警報器の設置が必要となる。

【4】正解

    BとC

　　［延べ面積］の基準は以下のとおり。

　　熱気浴場…150m²以上

　　旅館…150m²以上

　　中学校…500m²以上

　　飲食店…300m²以上

　　Aは間柱が鉄骨であり、不燃材料に該当することから、［構造］の基準は満たさない。

　　B及びCは壁の下地の材質が示されていないが、間柱が木材であり準不燃材料以外の材料に該当する。更に、壁に金網（ラス）が入っていることから、［構造］の基準を満たす。2つの基準を満たすため、漏電火災警報器の設置が必要となる。

　　Dは壁の下地が木材であり、準不燃材料以外の材料に該当する。ただし、壁に金網（ラス）が入っていないことから、［構造］の基準は満たさない。

8. 漏電火災警報器の回路図

▶▶過去問題◀◀

【1】下の図は、漏電火災警報器を設置する場合の回路図の一部を示したものである。次の各設問に答えなさい。[★]

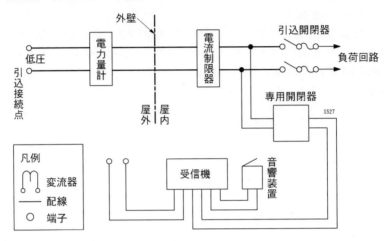

□　1．図中の回路図で誤っている箇所を×印で示し、訂正しなさい。また、その誤っていると判断した理由を簡潔に答えなさい。

　　2．変流器を、凡例の記号を用いて図中の適切な位置に記入し、回路図を完成させなさい。ただし、この建築物は、変流器を屋内又は屋外に設置することについて、建築構造上の困難性はない。

【2】漏電火災警報器の操作電源について、次の各設問に答えなさい。

□　1．次の文中の（　　）に当てはまる語句を語群から選び、記号で答えなさい。

　　　「漏電火災警報器の操作電源は、（A）の（B）から専用回路として分岐し、その専用回路に設ける配線用遮断器の定格電流の値は（C）A以下としなければならない。」

┌─〈語群〉────────────────────────────────
│　ア．電流制限器　　　イ．引込開閉器　　　ウ．一次側　　　エ．二次側
│　オ．15　　　　　　　カ．20　　　　　　　キ．30
│
└────────────────────────────────────

2．図は漏電火災警報器を設置する場合の配線図の一部を示したものである。
図中に操作電源の配線を記入し、配線図を完成させなさい。

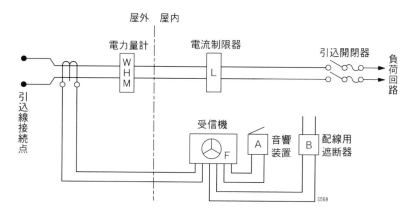

【3】図は、漏電火災警報器を設置する場合の配線図の一部を示したものである。
次の各設問に答えなさい。

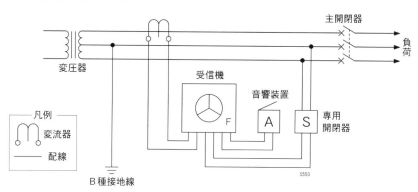

□　1．図中の誤っている部分を×印で示し、凡例を用いて接地線方式に訂正しな
さい。

2．設問1の場合、検出漏洩電流設定値の標準として、電流値の範囲を答えな
さい。

[　　　mA ～　　　mA]

3．変流器の二次側屋内配線又は屋外配線に使用する電線に、JIS C3307に適
合する600Vビニル絶縁配線（IV）を使用した場合、最小限有するものと定
められている導体直径の数値をア～エから選び、記号で答えなさい。

ア．0.8mm　　　イ．1.0mm　　　ウ．1.2mm　　　エ．2.0mm

【4】 漏電火災警報器の設置について、次の各設問に答えなさい。

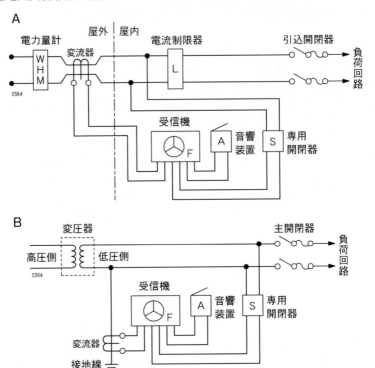

□ 1．検出漏洩電流の設定値を100mA ～ 400mAとするのは、図A及び図Bのどちらか答えなさい。

 2．定格電圧200V、負荷電流500Aの警戒電路のB種接地線に設置することができる変流器の定格電流の最小値を答えなさい。

【5】 図A及び図B（【4】と同じ）は、漏電火災警報器の変流器を引込み線及び接地線に設置した場合の例を示したものである。次の各設問に答えなさい。

□ 1．図A及び図Bの回路の検出漏洩電流設定値が200mA、800mAに設定されているとき、標準とされる範囲をそれぞれ答えなさい。

 2．図A及び図Bの回路で、受信機の機能試験である漏洩電流検出試験をそれぞれ行った。作動電流値が正常と判定できる範囲をそれぞれ答えなさい。

 図Aの回路：（ 　 ）mA以上（ 　 ）mA以下

 図Bの回路：（ 　 ）mA以上（ 　 ）mA以下

【6】漏電火災警報器の設置について、次のうち正しいものには「○」を、誤って
いるものには「×」を記入しなさい。

☐　A

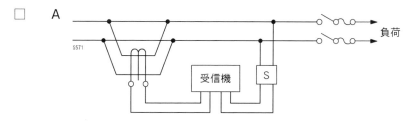

B

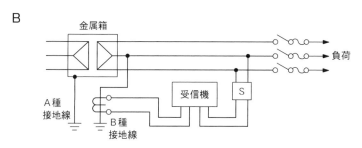

C

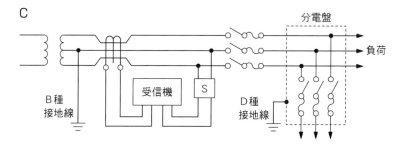

D

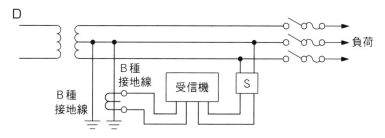

【7】 下の図A及び図Bは、漏電火災警報器の変流器を設置した例を示したものである。検出漏洩電流設定値の標準とされている範囲をそれぞれ答えなさい。

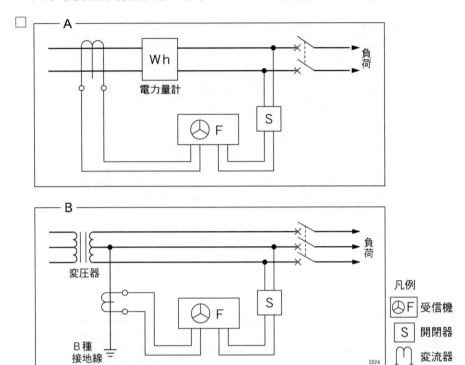

凡例

⊕F	受信機
S	開閉器
ᑎ	変流器

【8】 下の図は、漏電火災警報器の設置例を示したものである。この設置方法は不適
切な例であるが、その理由について述べた下記の文中の（　）に当てはまる語句を
下記の語群から選び記号で答えなさい。

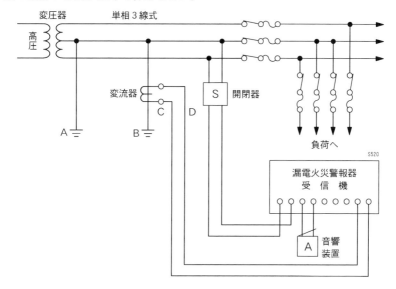

□　変流器がBの（①）に設置されているが、この状態では中性線の負荷電流（②）
に電圧を生じ、漏電がなくても変流器に電流が流れ受信機が（③）。したがって、
適切に設置するには（④）とよい。

┌〈語群〉
│　ア．A種接地線　　カ．破壊するおそれがある
│　イ．B種接地線　　キ．誤作動することがある
│　ウ．AB間　　　　ク．必ず作動する
│　エ．BC間　　　　ケ．B線に付けた変流器をA線に設置替えする
│　オ．CD間　　　　コ．A線に変流器を付け、B線は取り外す
│　　　　　　　　　　サ．ABの中間に変流器専用の接地線を取り付ける
│　　　　　　　　　　シ．変流器は中性線に直接取り付ける
└

【9】 下の図は、建築物に電気を供給する電路を示したものである。凡例の記号を用いて、図中の適切な位置に変流器を記入するとともに、下の図の受信機の端子記入欄に接続端子を記入し、配線により接続しなさい。ただし、この建築物は、変流器を設けることに対して、建築構造上の困難性はない。

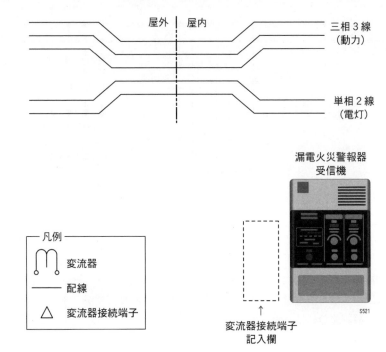

▶▶正解&解説・・・

【1】正解

1 & 2. 正解例

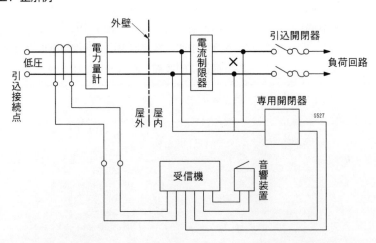

346

2．変流器は、原則として屋外の電路に設ける。また、屋外では電力量計の電源側に取り付ける。電力量計で漏電があっても検出できるようにするためである。

【2】正解

1．第5章「6．受信機の操作電源」219P参照。

2．正解例

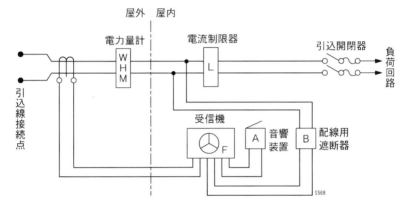

【3】正解

1．正解例（太線＆×印）

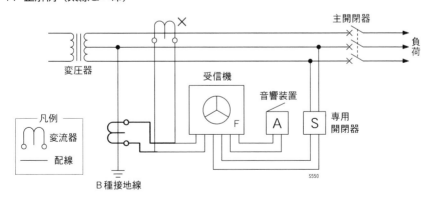

【4】正解

> 1．A
> 2．40A

2．B種接地線に変流器を設置する場合、定格電流は「当該警戒電路の定格電圧の数値の20％に相当する数値以上の電流値」とすることが示されている。定格電圧が200Vの場合、「定格電圧の数値の20％に相当する数値」は40であり、変流器の定格電流は40A以上にする必要がある。

【5】正解

> 1．図Aの回路：100mA ～ 400mA
>   図Bの回路：400mA ～ 800mA
> 2．図Aの回路：(80) mA以上 (210) mA以下
>   図Bの回路：(320) mA以上 (840) mA以下

2．検出漏えい電流設定値の40％以上105％以下で受信機が作動すること。
　図Aの回路の検出漏えい電流設定値は200mAで、40％が80mA、105％が210mA。
　図Bの回路の検出漏えい電流設定値は800mAで、40％が320mA、105％が840mA。

【6】正解

> A：×　　B：○
> C：○　　D：×

A．正確な漏えい電流値を示さない。変流器を正しく貫通させる。次の図は、正しい設置例である。

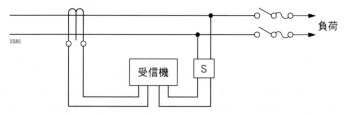

B．設問の図のように、変圧器のフレームアースはA種接地線として独立させる。次の図は誤設置の例（漏電が起こっても作動しない）である。

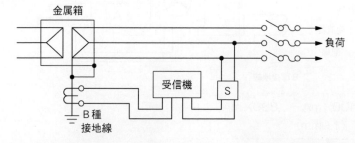

C．分電盤は設問の図のように、D種接地線を独立させる。次の図は、誤設置の例（分電盤と中性線を接続）である。

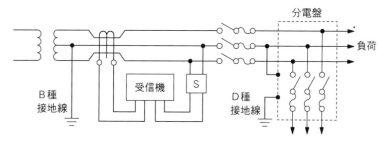

D．中性線の負荷電流によって2本の接地線間を電流が分流し、誤作動する。変圧器から離れている接地線を遮断し、残りの接地線に変流器を設置する。次の図は、正しい設置例である。

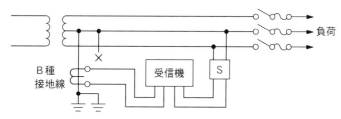

【7】正解

> A：100mA 〜 400mA
> B：400mA 〜 800mA

A：回路方式
B：接地線方式

【8】正解

> ①：イ（B種接地線）
> ②：ウ（AB間）
> ③：キ（誤作動することがある）
> ④：コ（A線に変流器を付け、B線は取り外す）

【9】 正解
正解例

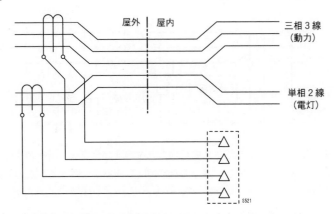

受信機の写真から変流器は2個まで取り付けることができる。

電源が動力用の三相3線と電灯用の単相2線によりそれぞれ供給されている場合
は、回路ごとに個別に変流器を取り付ける。また、屋内と屋外について、特に指示さ
れていない場合は、屋外に変流器を取り付ける。

9. 誘導障害

▶ ▶ 過去問題 ◀ ◀

【1】図は、大電流回路の近くに漏電火災警報器の変流器二次側配線が設置されている状況を示したものである。この場合、誘導障害の防止対策としてどのような措置を講ずればよいか。文中の（　）に当てはまる語句として最も適当なものを語群から選び、記号で答えなさい。

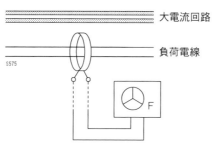

大電流回路

負荷電線

S575

F

□　1．誘導防止用（A）を、受信機の変流器接続用端子及び操作電源端子に入れる。

　　2．二次側配線には（B）などを使用するか、二次側配線相互間を（C）して配線し、かつ、その配線こう長をできる限り（D）する。

〈語群〉

ア．長く	イ．短く	ウ．還流
エ．リアクタンス	オ．抵抗	カ．コンデンサ
キ．離隔	ク．CDケーブル	ケ．シールドケーブル
コ．MIケーブル	サ．密着	シ．接続

【2】図は、漏電火災警報器の変流器と受信機間の配線に金属管を施した状況を示したものである。次の各設問に答えなさい。

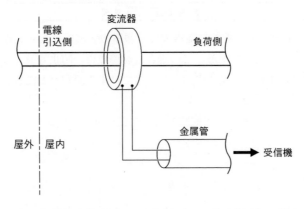

□ 1．この配線に金属管を施すことは「適切」か「不適切」か答えなさい。
　　 2．金属管を施すことによる効果または障害について、簡潔に１つ答えなさい。

▶▶正解＆解説……………………………………………………………………………

【1】正解

```
1．A：カ（コンデンサ）
2．B：ケ（シールドケーブル）
　 C：サ（密着）
　 D：イ（短く）
```

1．誘導防止用［コンデンサ］を、受信機の変流器接続用端子及び操作電源端子に入れる。
2．二次側配線には［シールドケーブル］などを使用するか、二次側配線相互間を［密着］して配線し、かつ、その配線こう長をできる限り［短く］する。

【2】正解

```
1．適切
2．効果：電磁誘導を防止することができる。
```

第５章「12．誘導障害」233P参照。

【1】図及び文は、漏電火災警報器の変流器について、金属管への設置例及びこれに関する記述である。文中の（　）に当てはまる語句を語群から選び、記号で答えなさい。

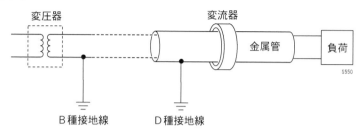

□　図のように設置した場合、金属管に漏電が起こったとき、漏電火災警報器が正常に作動しない場合がある。

　このようなときは、変流器の（A）側に（B）接地を移すか、変流器の取付位置を（C）以外のところに変える方法がある。これも難しいときは、（D）取り付け部分の金属部分を取り除くなど、適当な処置が必要となる。

┌〈語群〉
│　ア．警戒電路　　　イ．B種　　　ウ．B種接地　　　エ．D種　　　オ．D種接地
│　カ．変圧器　　　　キ．負荷　　　ク．金属管　　　ケ．変流器
└

▶▶正解＆解説・・

【1】正解

┌──────────────────
│　A：キ（負荷）
│　B：エ（D種）
│　C：ク（金属管）
│　D：ケ（変流器）
└──────────────────

　このようなときは、変流器の［負荷］側に［D種］接地を移すか、変流器の取付位置を［金属管］以外のところに変える方法がある。これも難しいときは、［変流器］取り付け部分の金属部分を取り除くなど、適当な処置が必要となる。

▶ ▶ 過去問題 ◀ ◀

【1】図は、漏電火災警報器の設置工事が完了した時点における、試験器を使用して行う受信機の機能試験の一例を示したものである。次の各設問に答えなさい。

[★]

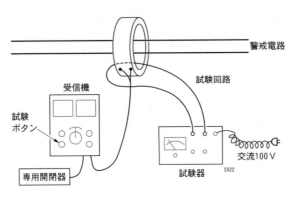

□ 1．この試験の名称を答えなさい。

2．下の記述は、設問1の試験の合否判定基準である。（ ）に当てはまる語句または数値を答えなさい。

（①）設定値の（②）％以上（③）％以下で受信機が作動すること。

【2】図は、漏電火災警報器の設置時における受信機の機能試験の一部を示したものである。次の各設問に答えなさい。

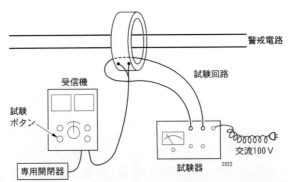

□ 1．受信機の試験ボタンを操作して行う試験の名称及び確認事項を2つ答えなさい。

2．試験器を用いて行う試験の名称を答えなさい。

【3】 下の図は、漏電火災警報器の機能試験の一部を示したものである。機能試験時の合否の判定基準について、下の記述の（　）に入る語句を、語群から選び記号で答えなさい。

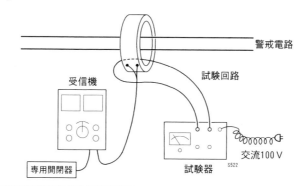

・赤色の（A）の点灯及び（B）が鳴動すること。
・検出漏洩電流設定値の（C）以上（D）以下で受信機が作動すること。

〈語群〉
ア．受信機	イ．音響装置	ウ．40％
エ．電源表示灯	オ．105％	カ．音声装置
キ．表示灯	ク．110％	ケ．60％

【4】 下の図は、漏電火災警報器の設置工事が完了した時点における、試験器を使用して行う受信機の機能試験の一例である。次の各設問に答えなさい。

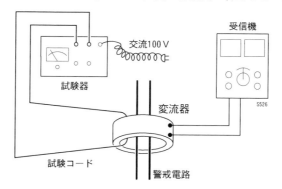

1．この試験の名称を答えなさい。
2．下の記述は、設問1の試験の合否の判定基準である。（　）に当てはまる語句及び数値を答えなさい。
「（①）設定値の（②）％以上（③）％以下で受信機が作動すること。」

【5】 下の図は漏電火災警報器試験器を用いた「ある試験」を示したものである。次の各設問に答えなさい。

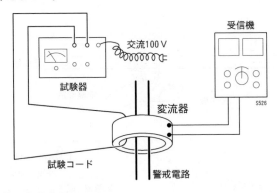

□　1．この試験の名称を答えなさい。
　　2．この試験の目的を具体的に答えなさい。

【6】 図は漏電火災警報器の設置後における受信機の機能試験を示したものである。次の各設問に答えなさい。

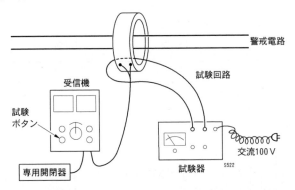

□　1．試験ボタンを押すと作動するが、公称作動電流値（検出漏洩電流設定値）の40％〜105％の漏洩電流を擬似的に流しても、受信機が作動しない状況が確認された。この原因に該当しないものを次のア〜カから2つ選び、記号で答えなさい。
　　ア．受信機と変流器の二次側配線に短絡がある。
　　イ．受信機と変流器の二次側配線に断線がある。
　　ウ．変流器の設置方法が適正でない。
　　エ．変流器二次巻線内部に短絡がある。
　　オ．変流器二次巻線内部に断線がある。
　　カ．作動電流設定値が適切でない。
　　2．設問1の漏洩電流を擬似的に流す試験の名称を答えなさい。

【7】図は、漏電火災警報器について電流計と可変抵抗器を用いて漏洩電流検出試験を行う状況を示したものである。図中のA～Gの各端子が未接続であるが、漏洩電流検出試験を行えるように、必要な端子を適正に接続（結線）しなさい。

[★]

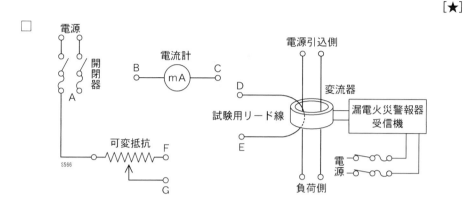

【8】図は、漏電火災警報器の漏洩電流検出試験の状況を示したものである。この試験を適正に行うためにA～Dの端子と接続しなければならないものを語群から選び、記号で答えなさい。（重複回答可）

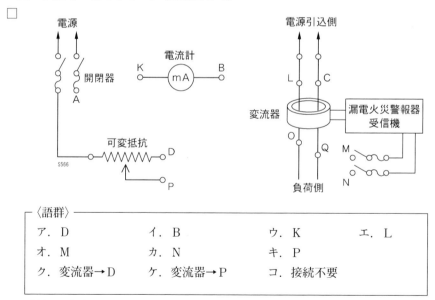

〈語群〉

ア．D　　　　　イ．B　　　　　ウ．K　　　　　エ．L

オ．M　　　　　カ．N　　　　　キ．P

ク．変流器→D　　ケ．変流器→P　　コ．接続不要

（注）ク及びケについては、ある端子から変流器を貫通してDまたはPの端子に接続することを表している。

357

【9】写真は、漏電火災警報器試験器の一例である。次の各設問に答えなさい。

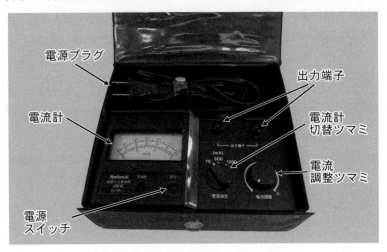

□　1．総合点検において、この試験器を使用して行う試験の名称を答えなさい。
　　2．漏電火災警報器の公称作動電流値が 200mA に設定されているとき、試験
　　　の結果が正常と判定される範囲を答えなさい。

▶▶正解＆解説……………………………………………………………………………………

【1】正解

　　1．名称：漏えい電流検出試験
　　2．①：検出漏えい電流
　　　　②：40（％以上）
　　　　③：105（％以下）

　　2．漏電火災警報器の「設置に係る工事が完了」したときの「機能試験」における漏え
　　　い電流検出試験では、検出漏えい電流設定値の40％以上105％以下で受信機が作動す
　　　ること。なお、総合点検では「公称作動電流値」を使用しており、使い分けた方がよ
　　　い（編集部）。

【2】 正解

1. 名称：作動試験
   確認事項：赤色の表示灯の点灯
   　　　　　音響装置の鳴動
2. 名称：漏えい電流検出試験

【3】 正解

A：キ（表示灯）　　B：イ（音響装置）
C：ウ（40%）　　D：オ（105%）

　設問では、「機能試験」時の合否の判定基準としていることから、「設置に係る工事が完了」したときの漏えい電流検出試験と判断する。
・赤色の［表示灯］の点灯及び［音響装置］が鳴動すること。
・検出漏えい電流設定値の［40%］以上［105%］以下で受信機が作動すること。

【4】 正解

1. 名称：漏えい電流検出試験
2. ①：検出漏えい電流
   ②：40（%以上）
   ③：105（%以下）

【5】 正解

1. 名称：漏えい電流検出試験
2. 目的：試験器により変流器の貫通孔に規定範囲の漏えい電流を流したとき、受信機が漏電と判定し、正しく作動することを点検する。

【6】 正解

1. イとオ
2. 名称：漏えい電流検出試験

　受信機には試験装置が組み込まれており、試験ボタンを押すと、内部の増幅部を電気的に作動させて、赤色の漏電表示灯と音響装置の作動を確認できる。また、変流器の二次巻線及び変流器と受信機間の配線の導通試験ができるものとなっている。そのため、試験ボタンを押すと作動することから、選択肢イ及びオの断線は考えられない。第4章「5. 受信機の構造と機能　▶試験装置」203P参照。

【7】 正解

正解例

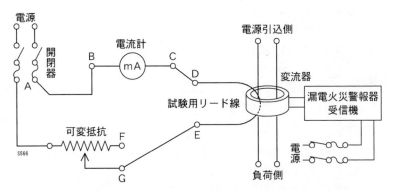

例えば、試験用の電圧が100Vで、可変抵抗が200Ω⇔800Ωに変化する場合、試験用リード線による漏えい電流は、125mA⇔500mAの範囲に設定できる。

　　100V／200Ω＝0.5A＝500mA　　　100V／800Ω＝0.125A＝125mA

【8】 正解

A：ウ（K）　　　　　　B：ケ（変流器→P）
C：コ（接続不要）　　　D：コ（接続不要）

正解例

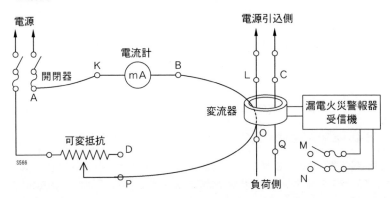

【9】 正解

1．漏えい電流検出試験
2．80mA〜220mA

2．すべての作動電流値は、公称作動電流値（作動電流設定値）に対して－60％〜＋10％（40％以上110％以下）の範囲であること。なお、許容誤差の範囲を超えている場合は、メーカーに修理を依頼すること。

12. 接地工事

▶▶過去問題◀◀

【1】図A～Cは、接地工事の例を示したものである。次の各設問に答えなさい。

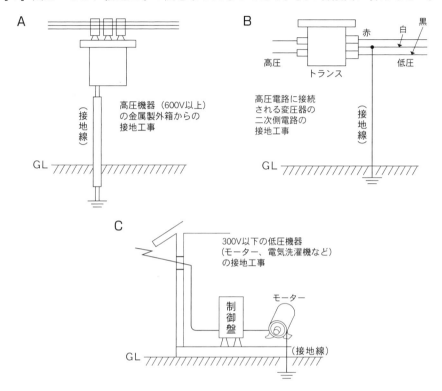

□ 1. 図A～Cは、それぞれ何種の接地工事に該当するか答えなさい。

2. 漏電火災警報器の変流器を接地線に取り付ける場合、有効とされているものを記号で答えなさい。

▶▶正解＆解説……………………………………………………………………………………

【1】正解

1. A：〈A〉種接地工事
   B：〈B〉種接地工事
   C：〈D〉種接地工事

2. 記号：B

第5章「18. 接地工事　■2. 接地工事　」257P参照。

361

索　引

書籍の訂正について

本書の記載内容について正誤が発生した場合は、弊社ホームページに
正誤情報を掲載しています。

株式会社公論出版 ホームページ
書籍サポート/訂正
URL：https://kouronpub.com/book_correction.html

本書籍に関するお問い合わせ

メール ✉	問合せフォーム	FAX	03-3837-5740

必要事項
・お客様の氏名とフリガナ
・FAX 番号（FAX の場合のみ）
・書籍名　・該当ページ数　・問合せ内容

※お問い合わせは、**本書の内容に限ります**。
　下記のようなご質問にはお答えできません。

EX：・実際に出た試験問題について　　・書籍の内容を大きく超える質問
　　・個人指導に相当するような質問　・旧年版の書籍に関する質問　等

また、回答までにお時間をいただく場合がございます。ご了承ください。
なお、**電話でのお問い合わせは受け付けておりません。**

消防設備士第7類　令和6年版

■発行所　株式会社 公論出版
　　　　　〒110-0005
　　　　　東京都台東区上野3-1-8
　　　　　TEL.03-3837-5731
　　　　　FAX.03-3837-5740

■定価　2,750円　■送料　300円（共に税込）

■発行日　令和6年9月25日　初版 二刷

ISBN978-4-86275-282-6